郭齐勇 主编

清代卷 下册

吴根友 著

# 中国哲学通史

A
HISTORY
OF
CHINESE
PHILOSOPHY

江苏人民出版社

# 目　录

第六章　戴震的哲学　307

第一节　青年戴震的学术思想　307

一、35 岁前戴震的著述情况　307

二、35 岁前戴震学术思想简论　309

第二节　戴震的道论思想　317

一、戴震道论思想的发展历程　317

二、戴震论天道与人道　319

第三节　戴震的伦理学思想　322

一、戴震与宋明理学伦理学之分歧　322

二、戴震伦理学的基本内容及其内在结构　325

三、戴震伦理学的新贡献　336

第四节　戴震的语言哲学　338

一、戴震的名学思想　341

二、戴震语言哲学中的句法分析　344

三、语词、句子意涵与文本中的言语脉络诸分析　347

四、戴震的言意观及其语言哲学的形上学追求　351

**第七章　章学诚、崔述的历史哲学　360**

**第一节　《文史通义》的性质及其学术定位　361**

**第二节　章学诚的道论思想　366**

一、章学诚道论思想的形成过程　366

二、章学诚道论的基本内容　371

三、"六经皆器"说与"道器关系"论的历史学向度　377

四、"道公而学私"——章学诚的道论与其学术理想　380

**第三节　章学诚历史文化哲学的内在结构　384**

一、章学诚历史文化哲学的内在结构及其终极追求　386

二、"六经皆史"说及其历史意义再评价　390

三、"言性命必究于史"——章学诚历史文化哲学的实证品格　397

**第四节　崔述的历史哲学思想　399**

一、崔述史学的价值取向与乾嘉学术精神的内在关系　400

二、尊经疑古，考信求真——崔述的实证史学精神　403

三、崔述对《六经》之外典籍成伪原因的分析与归纳　414

四、崔述的经史论、封建论与正统论　425

**第八章　扬州学派的哲学思想　435**

**第一节　焦循的哲学思想　439**

一、焦循的道论与一贯论　441

二、焦循的伦理学思想　447

三、焦循的哲学思考方法　454

四、焦循经学思想中的内在张力　466

**第二节　段玉裁的语言哲学思想　476**

一、段玉裁的"求是"精神　477

二、"治经莫重乎得义，得义莫切于得音"的语言学路途　481

三、段玉裁的治经方法与语言哲学的方法论追求　487

四、语言分析与段玉裁的政治伦理思想　490

第三节　阮元的仁学与人性论　495

一、阮元论道　496

二、阮元的哲学方法论　498

三、阮元的政治思想与人生、道德哲学　502

四、阮元的语言学思想及其历史还原主义　509

第九章　龚自珍与魏源的哲学思想　515

第一节　龚自珍的社会政治思想　517

一、以饮食为始基的社会政治之道　517

二、社会批判与社会变革思想　520

第二节　龚自珍的心力论与人性论　527

一、以"心力"挽颓波与"尊命"的矛盾　527

二、肯定人性有私的人性论与伦理学思想　531

第三节　龚自珍的语言哲学与"宗史"思想　535

一、从语言学转向史学　535

二、龚自珍对古典文献定本及本字说的怀疑　538

三、对文字起源与发展的哲学新思　540

四、龚自珍对名实关系与言语方式的新阐释　545

五、龚自珍对思想类型与语言类型的分类　547

第四节　魏源的经学与哲学思想　550

一、魏源的经学思想　551

二、魏源的哲学思想　554

三、魏源的经世思想　564

主要参考文献　574

后　记　582

# 第六章　戴震的哲学

　　戴震(1723—1777),字慎修,又字东原,安徽休宁人。因与其同乡前辈学者江永字相重,后仅以东原为其字。他出身于一个贫寒的小商人家中,少年时无力就师学习,仅在私塾里读书。35 岁以前的戴震基本上是靠自学成材。当然也曾向同乡先贤江永等人问学。其一生最重要的哲学著作为《孟子字义疏证》一书,目前有《戴震全书》《戴震全集》行于世,为学界全面研究戴震的学术与哲学思想提供了比较完备的资料。学界关于戴震学术与思想研究的著作、文章已经很多。本章在努力吸取前贤已有的主要成果基础上,试图对戴震的哲学思想的形成及其特点,做出新的阐述。至于他的生平事迹,他与乾嘉学者的关系,可以参看李开的《戴震评传》,许苏民的《戴震与中国文化》等书。

## 第一节　青年戴震的学术思想

### 一、35 岁前戴震的著述情况

　　根据前贤与时贤的研究成果来看,戴震在接识惠栋之前就已经有相当大的学术成就了。从今天的学问(知识)分类来看,其学术成就大体在

以下四个方面(若依四部分类则为经、子、集三部)①:

其一,在科学技术史方面。他 22 岁撰成《筹算》,后改名为《策算》,而且自 22 岁以后,几乎每年都出版著作一种或二种。这即是说,在乾隆二十二年(1757)接识惠栋之前,他已经是一个著作等身的青年学问家了。24 岁撰成《考工记图注》,33 岁撰成《勾股割圜记》(三卷),又作《周礼太史正岁解》二篇,《周髀北极璇机四游解》二篇。

其二,在文字学与音韵学方面。23 岁撰写《六书论》三卷,此书后来散佚,今仅存《六书论序》一文。25 岁撰成《转语》二十章,今亦不存。27 岁撰成《尔雅文字考》十卷。

其三,在经学研究方面。31 岁撰成《诗补传》。《法象论》约作于此时。

其四,在集部研究方面。30 岁撰成《屈原赋注》九卷,《音义》三卷。

接识惠栋之前,有几封重要的论学书信颇能反映戴震的学术思想,兹列举如下,然后稍加分析。其一,《与是仲明论学书》,段玉裁于《年谱》中记为乾隆癸酉年,即公元 1753 年,据钱穆考证当为乾隆己巳至庚午年间,即公元 1749—1750 年间,约戴震 26—27 岁之间的作品。据信中"仆欲究其本始,为之又十年"一句来看,自戴震 17 岁从塾师处学习许慎《说文解字》始,至此年,正好十年整。钱穆所订或更准确。

其二,《与姚孝廉姬传书》,该封信作于乾隆乙亥年(1755),戴震33 岁。

其三,《与方希原书》,该书亦作于乾隆乙亥年,戴震 33 岁。

---

① 参见张立文《戴震年表》,《戴震》,台北,东大图书股份有限公司,1991。2011 年 11 月 23 日,在台湾"中研院"参加明清国际学术会议期间,我认识了美国圣塔克鲁兹加州大学历史系助理教授胡明辉博士,他把他的论文《青年戴震:十八世纪中国士人社会的"局外人"与儒学的新动向》赠给我,该文以详细的史料,特别的视角揭示了青年戴震自学成才的人生经历与心路历程。可谓是从不同角度得出了大体相同的结论,即青年时代的戴震已经形成了"自己独特的字词学以及方法论,并提出了崭新的经学知识认识论"。参见《清史研究》2010 年第3 期。

## 二、35 岁前戴震学术思想简论

### （一）《与是仲明论学书》与戴震学术思想的第一次总结

《与是仲明论学书》比较全面地反映了戴震学思经历及其早年的学术思想。分析如下：

第一，戴震早年的学术成长经历主要是靠自学，没有专门的师承关系。在长期的摸索之后得出了如下的认识："经之至者道也，所以明道者其词也，所以成词者字也。由字以通其词，由词以通其道，必有渐。"①这是 30 岁以前戴震明确的经学思想与研究经学的方法论，即通过文字、语言的途径寻求"经"文中的抽象哲学道理——道，而"由词通道"的过程是一个循序渐进的过程。

第二，他的文字学研究起源于许慎的《说文解字》。然后他又发现《说文解字》对于故训的解释不够充分，又研习《十三经》的注、疏，然而在学术思想上又获得新的认识："则知一字之义，当贯群经、本六书，然后为定。"②这一思想极为重要，体现了戴震从局部到整体，又从整体到局部的经学解释学思想。而其经学解释学思想是以文字、语言的理解与分析为基础的。

第三，除了文字与语言的功夫之外，从事经学研究还需要解决"若干事"，这"若干事"即是戴震后来概括的"制数"之学。这一段文字较长，但为了能充分揭示戴震早年的学术思想，不得不引证如下：

> 至若经之难明，尚有若干事。诵《尧典》数行至"乃命羲和"，不知恒星七政所以运行，则掩卷不能卒业。诵《周南》《召南》，自《关雎》而往，不知古音，徒强以协韵，则龃龉失读。诵古《礼经》，先《士冠礼》，不知古者宫室、衣服等制，则迷于其方，莫辨其用。不知古今

---

① 戴震：《与姚孝廉姬传书》，《戴震全书》第 6 册，张岱年主编，第 370 页，合肥，黄山书社，1995。

② 戴震：《与姚孝廉姬传书》，《戴震全书》第 6 册，张岱年主编，第 371 页。

地名沿革，则《禹贡》职方失其处所。不知少广、旁要，则《考工》之器不能因文而推其制。不知鸟兽虫鱼草木之状类名号，则比兴之意乖。而字学、故训、音声未始相离，声与音又经纬衡从宜辨。……中土测天用句股，今西人易名三角、八线，其三角即句股，八线即缀术。然而三角之法穷，必以句股御之，用知句股者，法之尽备，名之至当也。管、吕言五声十二律，宫位乎中，黄钟之宫四寸五分，为起律之本。学者蔽于钟律失传之后，不追溯未失传之先，宜乎说之多凿也。凡经之难明右（原文为竖排版，引者注）干事，儒者不宜忽置不讲。仆欲究其本始，为之又十年，渐于经有所会通，然后知圣人之道，如悬绳树桀，毫厘不可有差。①

上述文献表明，戴震在 30 岁之前还花费了十年时间研究古代典章制度、古代科学史、数学史，西方传来的数学知识。其中戴震对中国勾股、缀术，即将圆形图展开进行细分，然后再合成为圆形，与西方三角形八线方法的优长比较有认识上的不妥之外，其余的部分都可以看作是他在文字、语言之外还重视"制数"的治经学术思想。如果比较简洁地来概括戴震的治经学术思想，大体上可以说有两条路线，一是传统的小学（或曰类似西方的语文学），一是典章制度史、科学史等史学知识。而这两种知识在人文学领域里都具有较强的客观性与可实证的特征。这也是晚明以来学者要求以实学（此词意义极其宽泛）代替宋明理学、心学的思辨哲学——虚学的共同倾向。戴震很少用实学一词，因为宋儒也将他们的学说称之为实学②，并以之与佛学与道家、道教学说区别开来。但在晚明、清代学者看来，宋明儒的理学、心学在对待经学的问题上过于偏重思辨，一方面缺乏故训的基础，另一方面缺乏对上古制度史、科学技术史的了解。要而言之，宋明儒在经学方面缺乏必要的实证性知识。因此，在

---

① 戴震：《与姚孝廉姬传书》，《戴震全书》第 6 册，张岱年主编，第 371 页。
② 如朱熹讲"吾儒万理皆实，释氏万理皆空"（《朱子语类》卷一二四），又认为《中庸》一书所讲的道理"皆实学也"。参见葛荣晋主编《中国实学史》上卷，第 290 页，北京，首都师范大学出版社，1994。

戴震看来,他们对经学的研究成果就难以令人信服。上述戴震所说的
"若干事",可以概括为知识的考古工作。这即是说,经学研究除了文字、
语言学的基础知识之外,还需要一个更加广泛的知识考古工作做辅助。

第四,研究经学有三大困难,即"淹博难,识断难,精审难"①。

第五,从"道问学"的角度批评历史上的贤人,一类是博学而不精审
的郑樵与杨慎;另一类是陆九渊、陈白沙、王阳明等心学一系的人物。他
说:"前人之博闻强识,如郑渔仲、杨用修诸君子,著书满家,淹博有之,精
审未也。别有略是而谓大道可以径至者,如宋之陆,明之陈、王,废讲习
讨论之学,假所谓'尊德性'以美其名,然舍夫'道问学'则恶可命之'尊德
性'乎? 未得为中正可知。群经六艺之未达,儒者所耻。"②而最后一句
"群经六艺之未达,儒者所耻"。似乎就是顾炎武"博学于文,行己有耻"
的改编版。与顾氏不同的地方在于,戴震将儒者在知识方面的欠缺看作
是儒者之耻,而不再是顾炎武强调道德修身方面的耻感。然而我们也不
能简单地认为,戴震仅"道问学"而不"尊德性"了。更准确地讲,戴震认
为"尊德性"必须通过"道问学"的实学途径去实现。这与他后来在《绪
言》《孟子字义疏证》两书中强调的通过不断扩大知识视野,提高认识能
力,以使人的德性上升到神明境界的哲学、伦理学思想,在精神实质上是
一致的。

(二)《与姚孝廉姬传书》与戴震学术、思想的变化

《与姚孝廉姬传书》一信,主要讨论了经学研究过程中如何获得"十
分之见"的方法论,和学者应当确立"求道"的高远目标这样两个问题。
所谓"十分之见"也即是上文所讲的为学应当"精审"的意思,只是用词不
同而已。而学问的"精审""十分之见"即是指学问中包含着高度准确性
的知识,与现代哲学认识论所追求的目标——"真理"比较相似。该信已
经开始批评汉儒、宋儒在为学精审方面的不足与缺失之处了,另外还旁

---

① 戴震:《与姚孝廉姬传书》,《戴震全书》第 6 册,张岱年主编,第 371 页。
② 戴震:《与姚孝廉姬传书》,《戴震全书》第 6 册,张岱年主编,第 371—372 页。

涉学者要"深思自得"的学术个性问题,以及如何看待师友之道的新见解等两个方面的问题。主要内容有如下四点,分述如下:

第一,寻求"十分之见"及其方法论的问题。戴震这样说:

> 凡仆所以寻求于遗经,惧圣人之绪言暗汶于后世也。然寻求而获,有十分之见,有未至十分之见。所谓十分之见,必征之古而靡不条贯,合诸道而不留余议,钜细毕究,本末兼察。若夫依于传闻以拟其是,择于众说以裁其优,出于空言以定其论,据于孤证以信其通,虽溯流可以知源,不目睹渊泉所导,循根可以达杪,不手披枝肄所歧,皆未至十分之见也。①

上述这段文献极其重要,至少包含了三层意思。其一,在有关经学研究方面有两大类型的成果,一类是"十分之见"(绝对正确)的成果,另一类是"未至十分之见"(部分正确)的成果。其二,对"十分之见"从理论上给出了规定,它是一种融贯性的、系统性的真理认识。古今贯通,与道相合,本末兼顾。其三,对如何达到"十分之见"的方法从否定性的方面进行了规定,不能依据传闻而猜测事情的真相,不能从众人的说辞或观点中选择一种看起来更好的观点当作是正确的认识,不能凭玄想而没有证据来决定是非,不能根据一个孤立的证据来确立一种融贯性的认识。要而言之,不是亲自考察事情的原委,不是亲自考察并梳理事情发展的细节与过程,都不可能达到"十分之见"。

第二,批评汉儒、宋儒"得失中判"。戴震说:"先儒之学,如汉郑氏、宋程子、张子、朱子,其为书至详博,然犹得失中判。其得者,取义远,资理闳……其失者,即目未睹渊泉所导,手未披枝肄所歧者也。"②刚过而立之年的戴震,在学问上具有极大的气魄,敢于目空千古,对前贤大儒在学问上不能"目睹渊泉所导,手披枝肄所歧"的缺陷给予了大胆的批评。

第三,批评学习郑玄、程、朱者不能以求道为学问的终极价值关怀,

---

① 戴震:《与姚孝廉姬传书》,《戴震全书》第6册,张岱年主编,第372页。
② 戴震:《与姚孝廉姬传书》,《戴震全书》第6册,张岱年主编,第372页。

缺乏深思自得的"十分之见"。他说,后世"学者浅涉而坚信之(代指郑玄、程、朱之学),用自满其量之能容受,不复求远者闳者。故诵法康成、程、朱不必无人,而皆失康成、程、朱于诵法中,则不志乎闻道之过也。诚有能志乎闻道,必去其两失,殚力于其两得。既深思自得而近之矣,然后知孰为十分之见,孰为未至十分之见"①。

戴震认为,郑玄、程、朱之学的两失在于:一是详博而不精审,二是"目未睹渊泉所导,手未披枝肆所歧者",即未能认真地把一个问题的来龙去脉搞清楚。换句话说,他们的学问均未能达至戴震所理想的"十分之见"的境界:"必征之古而靡不条惯,合诸道而不留余议,钜细毕究,本末兼察。"而他们学问的"两得"则是:"取义远,资理闳"。戴震要求郑玄、程、朱之后的学者对于他们前贤学问的态度应当是:"传其信,不传其疑,疑则阙,庶几治经不害。"②由此可见,戴震既批评了汉儒郑玄、宋儒程朱在学问方面的不足之处,又肯定了他们学问的各自长处,可谓相当冷静、理性。

第四,在这封信中,戴震还涉及师友之道的问题。对此问题他提出了别具一格的新见解,他说:"古之所谓友,固分师之半。仆与足下无妨交相师,而参互以求十分之见,苟有过则相规,使道在人不在言,斯不失友之谓,固大善。"③戴震在这里以追求"十分之见""道"作为交"友"的终极价值目标,而且以托古的方式说真正的朋友即是一半之师。其愿意以交相为师的方式与姚鼐做朋友,从而让"道"在人的能动性追求之中保持而不停留在僵化的语言之中。这是一种开阔而光明净洁的人格境界!可惜姚鼐不理解戴震高阔遥远之志,拜师不成,反而日后交恶,成为学术方面的敌人。然而这也从反面体现了戴震的远见卓识,未收此人为学生。

《与方希原书》一信作于第二次逃难于北京之时。戴震曾于 26 岁与

---

① 戴震:《与姚孝廉姬传书》,《戴震全书》第 6 册,张岱年主编,第 373 页。
② 戴震:《与姚孝廉姬传书》,《戴震全书》第 6 册,张岱年主编,第 373 页。
③ 戴震:《与姚孝廉姬传书》,《戴震全书》第 6 册,张岱年主编,第 373 页。

族人"争祖坟之被侵者,讼不能胜,乃入都门"。① 33 岁时,其族中豪者又侵占其祖坟,族豪倚财,贿赂县令,欲致罪戴震,戴震紧急脱身到北京,连行李衣服都没有携带,寄居歙县会馆。此次在京与当时著名的青年学者纪昀、王鸣盛、钱大昕、王昶、朱筠结交,戴震以扎实的学术知识,名动京师。故这封信的结尾说:"仆奔走避难,向之所欣,久弃不治,数千里外闻足下为之,意志动荡,不禁有言。"②

这封信末尾所说的"向之所欣,久弃不治"的学问,即是指 30 岁之前四个方面的学问:(1)科学技术史方面的学问;(2)文字学与音韵学方面的学问;(3)在经学研究方面的补注一类的工作;(4)在集部研究方面,如《屈原赋注》之类的注释工作。但故乡友人提起这些学问,还是令戴震情不自禁,要对友人说一说自己对做这些学问的终极目的的看法,进而对整个经学学术史有一个反思性的评价,一是陈述自己对传统学问分类的看法,二是劝诫友人"致力于古文之学"当以求道为终极目的,否则徒费精神。

这封信的第一部分讨论学问(知识)分类问题,戴震认为:"古今学问之途,其大致有三:或事于理义,或事于制数,或事于文章。事于文章者,等而末者也"③很显然,戴震明确地认为,文章之学在三种学问之中是最不重要的。戴震的这一观点后来遭到章学诚的严厉的批评。④ 当然,戴震这里所讨论的"学问(知识)三途",可能与程颐所言有关。程颐曾说:"古之学者一,今之学者三,异端不与焉;一曰文章之学,二训诂之学,三曰儒者之学。欲趋道,舍儒者之学不可。"⑤但戴震所说的"三途",其具体内容毕竟与程颐所言又有所不同。此点不可不察。而且,其价值取向与

① 段玉裁:《诰封孺人戴母朱夫人八十寿序》,《经韵楼集》卷八,《续修四库全书》第 1435 册,第 201 页,上海,上海古籍出版社,2008。
② 戴震:《与方希原书》,《戴震全书》第 6 册,张岱年主编,第 376 页。
③ 戴震:《与方希原书》,《戴震全书》第 6 册,张岱年主编,第 375 页。
④ 见章学诚《文史正义》外篇三《又与正甫论文》:"马、班之史,韩、柳之文,其与于道,犹马、郑之训诂,贾、孔之疏义也。戴氏则谓彼皆艺而非道,此犹资舟楫以入都,而谓陆程非京路也。"
⑤《程氏遗书》卷十八,转引之李开《戴震评传》,第 47 页,南京,南京大学出版社,2001。

程颐亦不同。戴震非常看重的是理义之学与制数之学，并且强调由制数通达理义之学的实证途径。

这封信第二部分明确批评汉儒与宋儒之失，表现了戴震要超越汉学与宋学的思想倾向。他说："圣人之道在六经。汉儒得其制数，失其义理；宋儒得其义理，失其制数。"①

另外，该封信两次提到郑君，一次提到汪君，当指同郡的郑用牧、汪凤梧二人。而在《答郑丈用牧书》一信结尾处提到"好友数人，思归而共讲明正道，不入四者之弊，修词立诚以俟后学"，当指身在外地的四位年青时代的朋友，想回故乡从事讲学活动，以发扬圣人之正道。该信不著具体年月，在《戴震全书》中被编在《与姚孝廉姬传书》与《与方希原书》之间，不知编辑者是否暗示该书为 35 岁以前之书信？若依信中内容没有过激批评程朱理学言论这一点看，应当是戴震的早年书信。该信要求友人在立身、为学两方面避免四弊，要皆以"闻道"为终极价值目标方可避免四弊。《答郑丈用牧书》权且寄放于此一时段，以佐证未见惠栋之前的戴震已经学有宗旨，以求道、闻道为核心，然后有自己的一套方法论。该信云："立身守二字曰不苟，待人守二字曰无憾。事事不苟，犹未能寡耻辱，念念求无憾，犹未能免怨尤。此数十年得于行事者。其得于学，不以人蔽己，不以己自蔽，不为一时之名，亦不期后世之名。有名之见其弊二：非掊击前人以自表曝，即依傍昔儒以附骥尾。二者不同，而鄙陋之心同，是以君子务在闻道。"②

戴震在此正面表达了自己为学"务在闻道"，尽量避免"以人蔽己""以己自蔽""为一时之名""期后世之名"的"四蔽"。接下来批评当时"博雅文章善考核者"道：

> 今之博雅文章善考核者，皆未志乎闻道，徒株守先儒而信之笃，如南北朝人所讥，"宁言周、孔误，莫道郑、服非"，亦未志乎闻道者

---

① 戴震：《与方希原书》，《戴震全书》第 6 册，张岱年主编，第 375 页。
② 戴震：《答郑丈用牧书》，《戴震全书》第 6 册，张岱年主编，第 374 页。

也,私智穿凿者,或非尽掊击以自表曝,积非成是而无从知,先入为主而惑以终身;或非尽依傍以附骥尾,无鄙陋之心,而失与之等。故学难言也。①

综上分析可以得出如下三点结论:第一,戴震在见惠栋之前,已经明确地确立了以闻道、求道为终极价值目标的学问精神。这是三封信的共同主题。第二,戴震从重视"学问"的立场出发,批评了陆九渊、陈白沙、王阳明空谈心性学派轻视学问的缺陷,同时又从追求学问的精审性目标出发,批评了汉儒郑玄,宋儒张载、程子、朱子在为学方面缺乏精审,未能穷源达杪的缺陷与不足。但这些都没有涉及对他们思想主张,特别是他们的伦理学观点的批评,然已经表现了戴震试图超越汉学与宋学的思想倾向。第三,戴震已经形成了比较完整的于经中求道的方法论体系。其一是"由字以通其词,由词以通其道"语言学纲领,或曰"语言学解释哲学"②。其二是"制数"之学的方法。具体而言,即是对古代科学技术史、制度史、吕律学的广泛了解与把握,从而正确解释古代"经"文中所蕴涵的"圣人之道"。

另外,《答郑丈用牧书》中"立身不苟""事事不苟,犹未能寡耻辱"两句,可证明以戴震为代表的乾嘉学者亦重视"尊德性"的问题。这也证明并非如余英时先生所言,清人只是一味地"道问学",同时也可以此反驳现代新儒家批评戴震,进而批评清儒不讲道德修养的观点。

透过以上分析,我们可以看到,戴震在乾隆二十三年冬天于扬州见到惠栋以前,基本上已经形成了自己一套学问方法,对汉儒、宋明儒在学问方面的缺失均有批评,但未涉及理气及伦理学诸问题。客居扬州四载后,其学术与思想开始发生变化。这究竟是受惠栋的影响,还是有其他原因所致,未可轻易下判断。钱穆认为戴震的反理学思想是受惠栋的影响所致,缺乏令人信服的证据。

---

① 戴震:《答郑丈用牧书》,《戴震全书》第 6 册,张岱年主编,第 374 页。
② 参见李开《戴震评传》第七章内容。

## 第二节　戴震的道论思想

### 一、戴震道论思想的发展历程

戴震道论思想有一个较长的发展时期。30 岁左右时,戴震从"体用"的角度来论述"道",他说:"盈天地之间,道,其体也;阴阳,其徒也;日月星,其运行而寒暑昼夜也;山川原隰,丘陵溪谷,其相得而终始也。"(《法象论》)这即是说,道为体,阴阳为用,而日月星辰是道体的具体表现。这段文献表明,戴震此时的道论思想还打上很深的程朱理学的印痕,因为他将"道"看作是更根本的存在,而阴阴二气只是道体的显现。这与朱子理学讲理先气后的根本思想有类似性。

不过,戴震又从分与合的角度论述条理与道的关系,说道:

> 天地之道,动静也,清浊也,气形也,明幽也。外内上下尊卑之纪也,明者施而幽者化也,地在天中,德承天,是以配天。凡天之文,地之义,人之纪分则得其专,合则得其和。分也者,道之条理也;合也者,道之统合也。(《法象论》)

这一道分为条理,合则为道的思想又有不同于程朱理学之处。程朱理学有时将道、理互用,多数情况下讲他们自己所创立的"理",而不讲"道之分为条理"观点。

到了作《中庸补注》和《绪言》时(40 岁左右),戴震对"道"的认识开始有了自己更为鲜明的特色了。《中庸补注》中说:"经传中或言天道,或言人道。天道,气化流行,生生不息是也。人道,以生以养,行之乎君臣、父子、夫妇、昆弟、朋友之交也。凡人伦日用,无非血气心知之自然,故曰'率性之谓道'。"从此则材料可以看出,40 岁左右的戴震已经将自己的道论奠基于气化论的思想基础之上了。气化论与道论融为一体。这一思想与早年的道体气用观点有了根本性质上的不同。

《绪言》一书中,戴震有意将"道"与"理"分开言说,并表现出以道论统合历史上理、气两派学说的理论倾向。他说:"古人言道,恒赅理气;理乃专属不易之则,不赅道之实体。而道、理二字对举,或以道属动,理属静,如《大戴礼记》孔子之言曰'君子动必以道,静必以理'是也。或道主统,理主分;或道赅变,理主常。此皆虚以会之于事为,而非言乎实体也。"①在此条文献里,戴震深化、细化了早年"道之分为条理"的思想,明确地以道来统贯理与气,从理论上表现出要综合宋明理学中气学与理学两大思想传统的思想倾向。

晚年,戴震作《孟子字义疏证》一书,分别从天道与人道两个方面,阐述了道的特征,专门列出了天道与(人)道的条目,既看到天道与人道的区别,又阐述了人道与天道的内在关系。在天道层面,戴震明确地从"气化流行"的角度阐述天道的"实体"特征:"道,犹行也;气化流行,生生不息,是故谓之道。"②在人道层面,他从人性具有血气心知双重属性的起点出发,以人伦日用的"实事"来阐述人道的特征:"人道,人伦日用身之所行皆是也。在天地,则气化流行,生生不息,是谓道;在人物,则凡生生所有事,亦如气化之不可已,是谓道。"③

由上所论可知,在戴震的思想中无论是"天道"还是"人道",都不是虚构的思维实体,而是有其具体感性内容的"实体实事",故"立天之道,曰阴与阳,立地之道,曰柔与刚"。阴阳、刚柔是天道之实,而"人伦日用"则是人道的"实事","率性之谓道""修道之谓教""天下之达道五"都是人道"实事"的具体表现。但戴震的这一思想似乎又不能与西方哲学中的自然主义简单的划等号,从理论上讲,他看到了人伦之道与大自然的气化之道一样,都具有实在性的特征,但人道似乎更受"必然"(今天伦理学上的"当然")的制约,而这一"必然"又不脱离"自然",而是恰恰通过"必然"来实现"自然"的极致。惜乎戴震然没有花费更多的笔墨来讲清楚天道与人道二者之间的区别,给后人留下了很多的理论空间。

---

① 戴震:《绪言》,《戴震全书》第 6 册,张岱年主编,第 88 页。
② 戴震:《孟子字义疏证·天道》,《戴震全书》第 6 册,张岱年主编,第 175 页。
③ 戴震:《孟子字义疏证·人道》,《戴震全书》第 6 册,张岱年主编,第 199 页。

二、戴震论天道与人道

在戴震看来，天道与人道的区别在于："在天道不言分，而在人物，分言之始明。"戴震的意思是说，天道运行是自然浑沦的，不讲分别与差异。而人道则要讲究分别、差异，甚至是"察之而几微必区以别之"，因而要讲"分理"，这样，人伦的关系才能变得更清晰，更有秩序。但是，天道与人道又有内在的联系，这种联系是通过人的能动性——"继之者善"的社会行为来实现天人之间的贯通的。"易言天道而下及人物，不徒曰'成之者性'，而先曰'继之者善'。继谓人物于天地其善固继承不隔者也；善者，称其纯粹中正之名；性者，指其实体实事之名。一事之善，则一事合于天；成性虽殊而其善也则一。善，其必然也；性，其自然也；归于必然，适完其自然，此之谓自然之极致，天地人物之道于是乎尽。"①

此段文献中所讲的"必然"，即是今天伦理学中所讲的"应然"。戴震在理论上相信人伦具有某种客观性，尤其相信儒家的"五伦"具有不得不如此这样的必然性，故称之为"必然"。而他将人性之性看作是"自然而然"的实有性，必须受善的"必然"法则的规范与约束。就此点而言，他的人性论思想接近历史上的告子、荀子，从自然性的角度规定人性的哲学思路，属于孟子一系所谓的"义外"论者。然而，戴震又十分重视人性中"心知"的先验性，认为通过长养人性中的心知，可以让人性提升到神明的境界。故戴震自己坚决维护孟子的性善说，反而批评荀子的性恶说。因此，对于戴震的人性论思想，我们既不能简单地说是告子、荀子一系的，也不能简单地说就完全等同于孟子的性善论。尤其不能接受的是，因为戴震的人性论思想中有告子、荀子的思想元素，就推论说戴震不重视道德、伦理。更不能像熊十力所说的那样，清代以后社会风气的败坏、道德的沦丧与戴震提倡的伦理学思想有关。

---

① 戴震：《孟子字义疏证·道》，《戴震全书》第 6 册，张岱年主编，第 201 页。

戴震还进一步地论述了人道的特殊性，那就是"人道"概念既描述"实体实事"的"人伦日用之行"，也包含了表征"纯粹中正之名"的"仁义礼"的伦理法则。如他说："古圣贤之所谓道，人伦日用而已矣，于是而求其无失，则仁义礼之名因之而生。非仁义礼有加于道也，于人伦日用行之无失，如是之谓仁，如是之谓义，如是之谓礼而已矣。"①

戴震此处所言，其实就是《中庸》"道不远人。人之为道而远人，不可以为道"思想的重新表述，也可说是在晚明以降，特别是泰州学派"百姓日用即是道"的解释脉络之下的再阐释。但戴震对此古老命题在理论上似乎有所推进，即从"取实予名"的角度阐述了仁、义、礼等人伦规范之名，是从人伦日用的无失状态中产生的。换句话说，仁、义、礼等人伦之名是对人伦日用无失状态的一种命名。因此，仁、义、礼等人伦规范本身不具有第一性，而"人伦日用"本身才是第一性的。从这一"取实予名"的理论立场出发，戴震批评宋儒把仁义礼等伦理法则客观化，进而把伦理法则与具体人伦日用行为两分，最终在理论与实践两个层面导致蔑视具体感性生活的伦理学思想，如他说：

> 宋儒合仁义礼而统谓之理，视之"如有物焉，得于天而具于心"，因以此为"形而上"，为"冲漠无朕"；以人伦日用为"形而下"，为"万象纷罗"。盖由老庄、释氏之舍人伦日用而别有所(贵)[谓]道，遂转之以言夫理。②

而在戴震看来：

> 人伦日用，其物也；曰仁，曰义，曰礼，其则也。专以人伦日用，举凡出于身者谓之道，故曰"修身以道，修道以仁"，分物与则言之也；中节之为达道，中庸之为道，合物与则言也。③

---

① 戴震：《孟子字义疏证·道》，《戴震全书》第 6 册，张岱年主编，第 202 页。
② 戴震：《孟子字义疏证·道》，《戴震全书》第 6 册，张岱年主编，第 202 页。
③ 戴震：《孟子字义疏证·道》，《戴震全书》第 6 册，张岱年主编，第 203 页。

　　由上所引两段文献可知，戴震所讲的"道"，既表征实体实事——物，又表征人伦法则。从其天道论来看，气化之物是内在的具有自身法则的，也即是他所说的"气化即道"。而人道与天道相似，故人伦日用的生活本身也是有规则的，人道的法则即是仁、义、礼等"纯粹中正之名"。这就是他与传统经学"有物有则"的思想保持高度一致的地方。

　　但是，戴震的上述论证也有其理论上的困难之处，即我们如果没有一个评判是非得失的标准在先，又如何能讨论人伦日用的无失与有失呢？更进一步地说，用来描述人道无失状态的仁、义、礼等规范难道与我们描述恒星运动的法则一样，具有极高的客观性内容，具有普遍的有效性吗？站在儒家立场之外的道家、佛教、基督教等人群能接受仁、义、礼这套法则吗？戴震批评"宋儒合仁义礼而统谓之理，视之'如有物焉，得于天而具于心'"的客观唯心主义进路的伦理学，体现了他重视"人伦日用"——感性生活第一性的新伦理思想倾向。但对于我们生活中的合理伦理规范是从哪里来的重大理论问题，戴震仍然没有给出新的、令人满意的回答。他所坚持的"取实予名"的经验论的认识论进路，将仁、义、礼等伦理规范看作是对我们日常生活无失状态的一种命名，在思辨的理论层面具有一定的开放性，具有肯定感性生活优先性的思想倾向。但他将仁、义、礼等规范看作是对人道中正无失状态的恰到好处的描述，即他所说的"纯粹中正之名"，又从经验论的理论进路将这些伦理规范客观化了。再者，由于仁、义、礼等伦理规范在中国文化传统里具有相对稳定的历史内涵，因而在现实层面就基本上消解了其理论中所包含的微弱的新义。

　　因此，我们可以这样说，他非常有力地批判了宋明儒伦理学客观唯心主义的缺失，但又在唯气论的理论体系之中将仁、义、礼等的伦理规范重新客观化了，因而也就没有提供出一个更好的、能够替代宋明儒的新伦理学。

### 第三节　戴震的伦理学思想

#### 一、戴震与宋明理学伦理学之分歧

　　伴随着专制政治的解体,思想意识形态的解放,戴震思想中所包含的近代思想因素也逐步被人们所认识。从 20 世纪初期开始,戴震伦理学中包含的自由精神就为现代进步思想家所认同。最早认同戴震等人自由思想的是蔡元培。蔡先生于 1907—1911 年在德国留学撰写《中国伦理学史》时就说道:"然如梨洲、东原、理初(即俞正燮——引者)诸家,则已渐脱有宋以来理学之羁绊,是殆为自由之先声。"蔡先生还将戴震的伦理学与西洋的功利派的伦理学作了比较,认为两者之间有相似之处:"至东原而始以人之欲为己之欲之界,以人之情为己之情之界,与西洋功利派之伦理学所谓人各自由而以他人之自由为界者同。"①

　　继蔡元培之后,梁启超在《戴东原哲学》一书中将戴震的哲学说成是"情感主义哲学",并认为这种哲学对宋明理学的"理性主义哲学"是一种反动。而对其伦理学中具有的自由意志亦有明确的论述。在梁启超之后,系统研究戴震的现代思想家要数胡适。胡适的《戴东原的哲学》一书虽然主要从科学主义的立场来研究戴震的伦理学,并没有明确地说戴震伦理学包含有自由意志的成份,但在把戴震的伦理学与西洋的功利学派的伦理学作比较时,还是间接地揭示了戴震伦理学有追求自由的倾向。如胡适说:戴氏的主张颇近于边沁(Bentham)、弥尔(J. S. Mill)一派的乐利主义(Utilitarianism)。乐利主义的目的是要谋"最大多数的最大幸福"。戴氏也是主张:"'圣人治天下,体民之情,遂民之欲,而王道备。'道德之盛,使人之欲无不遂,人之情无不达,斯已矣。"②而边沁、弥尔(今作密尔)等人功利主义派的伦理学恰恰是属于自由主义学派的,胡适看到

---

① 蔡元培:《中国伦理学史》,第 56—61 页,北京,商务印书馆,1910。
② 胡适:《戴东原的哲学》,《胡适学术论文集》,第 1033 页,北京,中华书局,1991。

戴震伦理学与功利主义学派的关系,实际上也算是看到了其伦理学追求自由的特征。

新中国成立后,首先认识到戴震伦理学中包含自由精神的是周辅成先生。他在1956年撰写的长文《戴震的哲学》,以及1957年出版的著作《戴震——十八世纪唯物主义思想家》一书中,对此作了精辟的论述。周先生认为,戴震所讲的"客观规则,并不妨害人类的自由。因为二者都是天性或自然规律在人身上的表现"。戴震既讲"命"之限制,又讲循"性"的自由发展以尽"才",而对于性、命、才三者之间的矛盾关系,戴震是这样来处理的,那就是让性、命、才三者同时俱进,使它们处在相反相成的关系之中。周先生说,用现代哲学的语言来说,"性既是'存乎材质所'自为,'逞己而为',则性的展开,是特殊性的展开,也是特殊展开的自由,这就指道德行为上'自由'的意义;也合乎马克思主义出现以前唯物主义者如斯宾诺莎等所谓'内在必然性即自由'的意义"。[1] 戴震所谓道德上的"善"的意义,就是从人这个"自由"中推演出来的。"善不是背叛'命'而是循乎'命';这就指人类的意志自由是相对的。""须知,人类的意志行为,如果是绝对自由,这其间决不能推演出善的意义。因为失去了公正评判的标准。任何人皆可自有一标准。反之,若人类意志行为,完全是被客观世界决定,人类自身无丝毫自由可言,那么,任何善行皆是客观世界的机械活动的结果,都是被动的,这样善与不善,不能区别,也等于否认善的存在。这个道理在中国古代哲学家中,本来已被荀子和王充都见到,但他们说得不详细。只有到了戴震他在相对的意志自由论的基础上,提出'无失'和'纯粹中正'为善的标准,才使这问题更得到发展。"[2] "善乃是人的自由在循乎命定中所取得的成绩。"因为人有道德理性,有自由意志,他可以权衡轻重,因此,人的一切行为,必须自负其责,"他在必然中,可以充分自由,但也必须对于命、对于他人负完全的责任"[3]。这

---

[1] 周辅成:《戴震的哲学》,《哲学研究》1956年第3期。
[2] 周辅成:《戴震的哲学》,《哲学研究》1956年第3期。
[3] 周辅成:《戴震的哲学》,《哲学研究》1956年第3期。

是 20 世纪中国学界对戴震伦理学中所包含的自由思想揭示得最为充分的观点。但是,周先生并没有把戴震伦理学中的自由精神看作是与宋明理学伦理学思想相区别的根本标志,亦未从"分理"与自由的关系上来论述戴震的自由观,即未从其伦理学的本体论角度来阐述戴震伦理学中的自由意志。

在我们看来,戴震伦理学中所包含的自由思想可以从以下四个层面来认识:第一,本体论意义上的,即分理与自由的关系。戴震坚信,人类像宇宙中的万物一样都有自己得之于天的先天的秩序与规定性——分理,每个人因为有得之于天的内在秩序与规定性——分理,因而就是自律的。当他们表现为类的活动时也必然是有内在的秩序性,因而是无须管束的。人按照自己的内在秩序、规定性展开自己,因而它在本质上是自律而自由的。这便是戴震伦理学中本体论意义上的自由。也是他将宋儒的普遍性的"天理"解构成自然之"分理"的理论意义之所在。第二,自由意志与道德律令二者之间的孰先孰后的关系问题。戴震认为,人类伦理规范的本质就是人的自律而自由的正当活动。用戴震的话来说即是:"理者,情之不爽失也。"①人欲、人情是人之为人的基本属性,只有让人的合理欲望、情感得到充分的满足以达到纤毫无憾的境地,才有所谓的"理"存在。因此,人类生活的本质是实现人的自由意志,只有在实现自由意志的过程中,为了保证每个人的自由不受侵犯而制定出一定的规则,才会有真正的人伦规则可言。人类社会里并不存在优先于人类自由活动的先验的"天理",无论是在历史的时间维度上还是人类的思维逻辑中。戴震把人的自由意志及在自由意志指导下的遂欲达情的合理行为界定为"理",从而亦就把人的自由意志从时间上和逻辑上放在了优先的地位。第三,"欲而不私"。充分领悟忠恕、絜矩之道,做到"欲而不私"。这一命题探讨了自由的边界问题,亦即个人自由与社会公正、社会法则的关系问题。第四,尽性知命以逞才。揭示了自由与必然、自由与具体

---

① 戴震:《孟子字义疏证·理》,《戴震全书》第 6 册,张岱年主编,第 152 页。

历史条件下的当然之则的关系。下面就从这四个方面来分述戴震伦理学中的自由思想。

## 二、戴震伦理学的基本内容及其内在结构

### （一）"天理云者，言乎自然之分理也"

戴震一再把"理"解释成"分理"，他说："天理云者，言乎自然之分理也。"①这种自然的"分理"，在人类社会生活中就具体地表现为"以我之情絜人之情"的"忠恕之道"，这种忠恕之道承认每个人的基本欲望、情感的满足是他人欲望、情感满足的前提，因而包含有每个人都是目的而不是手段的思想内容，故这种"忠恕之道"与近现代西方发展出的承认每个人的生存权、发展权的人道主义思想有着相互诠释的可能性，至少从理论上说是不相冲突的。这一"分理"可以从以下三个层面来认识：

其一，从生成论角度看，这一"分理"禀自于自然气化不息的过程。由于自然的气化不息过程，是一个有条理的过程，亦即是一个自然而然的过程。每一具体的事物都根据自然的原则而自在地存在着，从而构成了一个万象纷呈而条理森然的物质世界。人类是从自然世界衍化而来的，在自然界中表现的自然而然的特性，在人类的自身上就表现为先天禀赋的自律而自由的本性——也可以说人类生生不息的活动中先天具有一种道德的秩序性。但这种先天的道德秩序性不是宋明理学先于气而存在的"天理"，而是人区别于物的人之所以为人的一种质的规定性。这种质的规定是血气心知合一的人，通过心知的培养与学习而能做到去私、解蔽，从而具有较高的道德理性。

其二，从存在论的静态角度看，每一事物都有自己的内在结构和秩序。戴震坚决相信事物有自己的内在秩序与条理，这就是他一再阐发的观点："有物有则"。"有物有则"的思想在《诗经》中就有，但与《诗经》中"物"的概念内涵不同，戴震思想体系中"物"的概念，具有高度的概括性，

---

① 戴震：《孟子字义疏证·理》，《戴震全书》第 6 册，张岱年主编，第 151 页。

它包括自然之物与人类之事。他是这样来定义"物"概念的:"物者,指实体实事之名。"(《孟子私淑录》)"有物有则"偏重于对事物作静态的结构分析,其理论目的是反对宋明理学无处不在、无所不包的"天理"。具体事物之则即是"分理",而"分理"在人伦日用世界则无非是在"遂欲达情"的过程之中的中正无失的"条理"——亦即人伦。戴震强调事物的内在秩序和条理,实际上是借自然的秩序性来为人类的感性活动的自律性特征作理论上的论证,又借人类的自律性特征来为人达情遂欲的感性自由活动作理论的辩护,从而也即是借"分理"来保护每个具体个人的个性及其个性化的需求。

其三,分理与人的自律、自由的关系。在自然哲学层面上,戴震所说的"分理"即是自然气化的有条不紊的过程,这一条理化的过程表现在人事之中即是一自律的过程。而正因为在自然领域里物和事是有条理的,在人类社会活动中人的行为是自律的,故尔也就不受任何超越具体事物之上的先验"天理"的干涉。人虽然要服从仁、义、礼等法则的约束。但在戴震看来,作为"分理"具体化表现的仁、义、礼等具体法则,具有"以我之情絜人之情,而无不得其平也"的理想效果。换句话说,具有以"必然"来规范"自然"而实现自然之极致的效果。

从自然哲学的角度来看,"分理"与人的自律与自由之间的关系应当是这样的:首先,自然的气化过程是一个"生生而条理"的过程,因而每一事物按照自己所禀而具有了内在的秩序与规定性。这一"内在的秩序与规定性"使自己成为独特的"这一类",获得了自己类的本质规定性,即戴震所说的"性"。由于所有的事物都处于生生不息的大化洪流之中,在这种气化的过程中,事物都遵循自己类的规定性而表现为一定的秩序性,这种秩序性即是"分理"。在人类社会,这种"分理"即是人的行为的自律性特征,即人伦日用之道。正因为这种"自律性"特征,使得人的行为不受一个无所不在的"天理"束缚,人类道德行为秩序——"分理"也不是这一"天理"的影子,因为这一秩序——"分理"乃是从大化流行,从自然而又有秩序的自然界获得的自身的内在秩序,他先验地有秩序地存在着,因而也就是自律而自由地存在着。自然界不存在自由的问题,也即是戴震所说,"天道不言分",但其"生生而条理"的自然而然特征在人类看来仿佛是一种自律而自由的活动。因而这种"条理"性的特征就被人视为自己"自律而自由"的本性象征,成为人实现自己目的的一种最高的哲学说明。因此,戴震自然哲学中的"分理"落实在人类社会之中就变成了道德的自律,而这种自律正是其伦理学中自由的前提。正因为人具有这种道德的自律性特征,人才具有了自由的资格。在此,戴震自然哲学中的"分理"就成了理解戴震伦理学中包含"自由"思想萌芽的关键。

但必须预先指出,尽管戴震是从自然哲学的"分理"角度来谈论伦理学中人的自律与自由问题,但他并没有把人类社会伦理的当然之则等同于自然界的"自然法则"(亦即我们今天所讲的"必然"法则)。他只是把"分理"作为人具有道德自律特征的形而上的根据,而并没有将二者划等号。自然哲学中的"分理"与伦理学中"自律与自由"的区分,就在于人类的自律与自由是人在理智指导下由自然的存在达到自为的存在的提升结果;人类的自律与自由是人的心智通过学习人道的一切规范,如仁义礼智、忠恕之道而上升到神明的理智境界,用戴震的话说,是"由自然而归于必然",用今天的话说也即是由自在最终上升到自为,由野蛮进化到文明的过程。但为了解决人的道德理性是从哪里来的(或者说人为什么具有道德理性)这一理论问题,戴震才煞费苦心地论证了自然的条理性特征。自然的这一条理性特征下落到人类社会之中不仅表现为自由而自律的存在,即表现为人先天地具有道德理性,还表现为人先验地具有道德理性认知的潜能,这种潜在的道德理性认知能力通过学习而展开为现实的道德理性,从而使人远远地超越动物式的存在而让人把自己提升到神明境界。这是戴震在讲人性的问题时,一定要将"血气心知"紧密地联系在一起来讲,而不能有所偏至的道理之所在。正因为人具有这种道德认知潜能——心知,人才可以通过学习使这种潜能得以展开和扩充,把自己提升到"遂己之欲而遂人之欲""达己之情而达人之情"的自由而自律的境界。戴震非常抽象地要求人欲、人情的充分满足,以至于纤微无憾而区以别之的境地。这与宋明理学简单地把人的食色之性名之曰"天理",而把人在社会历史过程中所形成的追求美色美味的行为斥之为人欲之荡逸的伦理思想大不相同。宋明理学与传统的儒家思想一样,都不绝对地排斥人欲,这是作为明清时期官方意识形态的理学与西方中世纪神学对待人欲的不同之处。但是这种理论一旦作为官方的意识形态来压制中下层社会成员发展经济的要求,其理论的保守性就充分的暴露出来了。

在戴震的哲学中,"必然"即是不得不如此、应当如此的意思,是趋时而更新的,是伴随着人的具体历史生存条件的变化而变化的,不是一种僵化的外在规范。这种"必然"之则本身并不具有优先存在的可能性,而只是从具体生活中抽象出来的"至正",它不能脱离具体的感性生活,也不具有永恒性,就其存在的理由来说,这一代表"至正"的当然之则就是要遂人之欲、之情以至于无纤毫之憾。反过来说,束缚人性自由发展的任何规范都不能作为人类生活的"当然之则"。

这样,戴震伦理学中的"必然"法则实乃是人类自由的保护伞,这把保护伞不是直接从气化的自然界顺手牵羊得来的"分理",而是人类道德理性通过学习而上升到神明境界之后对人性的内在法则认知并将其制定出来的结果,如戴震说:"夫人之异于物者,人能明于必然,而百物之生各遂其自然也。"(《字义疏证·理》)这即是说人类在遂欲达情的过程中能保持合理的界限,做到"欲而不私",合理的利己,而动物则不能。

不过,亦应指出的是,戴震从自然的"分理"角度来论证人类道德生活的自律与自由问题,也有他的理论局限。那就是他从"生生即条理"的前定和谐论的理论前提出发的,没有充分地注意到人类生活中的历史性特征。进而也就没有看到自由的相对性问题,也没有把自由看作是人的类生活的特征,仿佛每个人通过自己的道德努力而无须人类的社会实践也可以进入自由的境界。这是马克思历史唯物主义出现以前所有唯物和唯心主义思想家在讨论人的自由的问题时所表现出的理论局限。

（二）"理也者，情之不爽失也"①

戴震的自由思想在现实生活领域就表现在替人情的充分实现而大声疾呼，他一再要为人情辩护，认为现实的规范无非就是为人的情感、欲望的充分满足服务的。他说："理也者，情之不爽失也，未有情不得而理得者也。"②又说："由血气之自然，而审察之以知其必然，是之谓理义；自然与必然，非二事也。就其自然，明之尽而无几微之失焉，是其必然也。如是而后无憾，如是而后安，是乃自然之极则。"③这即是说，人类的伦理规范本身不具有本体的意义，其存在的现实理由就是要更好地为人的现实欲望、情感之满足服务。人的现实生活本身才是伦理规范之"体"，伦理规范则是生活之"用"；变化发展了的生活是"本"，而为生活本身服务的伦理是"末"。戴震说："天下惟一本，无所外。有血气，则有心知；有心知，则学以进于神明，一本然也。"不存在什么超越物质生活之上的伦理规范。所有的伦理规范都属于精神范畴，是人的"心智"上升到"神明"境界后的产物。而人的心智则是奠基于"血气"的物质生命的基础之上的；伦理规范本身不具有本体意义，它是人的感性生活的"至正"的表现，是深深地扎根于感性生活之中的。人类与时俱进的感性欲求，人根据自己的自由意志成全个性的发展，这种要求才是人类生活的本质特征。这样，无论是程朱的"理在气先"，还是陆王的"理具于心"，他们的共同理论失误都在于把具体历史进程中形成的伦理原则放在了社会感性生活的优先地位，使本应与时更新的伦理原则成为束缚人性自由的理论教条。

---

① 对于此一理论主张，刘述先有非常严厉的批评。既然情有不爽失，就表明情是可爽失的。以可爽失之情如何能作为伦理的标准呢？刘氏的批评实际上不能成立。戴震并不要求以爽失之情来作为理，而只是要求以不爽失之情作为矩来度量人与人之间的关系。不仅情是可爽失的，"理"也不尽然是正确的。戴震主张以正当的、恰到好处的"情"作为度量与他人相处的标尺，恰是传统儒家恕道在清代哲学中的发展。戴震所说的"情"并非新儒家思想中的"炎炽之情"，而只是一种"欲而不私"的合理的利己之情，虽不高尚，但也无甚大害。至于生活中有人以"炎炽之情"为标准去度量他人，亦如生活有人以不尽人情之理来要求别人一样，这已经不是理论的问题，而是道德实践问题了。
② 戴震：《孟子字义疏证·理》，《戴震全书》第 6 册，张岱年主编，第 152 页。
③ 戴震：《孟子字义疏证·理》，《戴震全书》第 6 册，张岱年主编，第 171 页。

戴震用"情之不爽失"来界定"理",其理论意义在于:要求人类从自己具体的感性生活中,从自己自由的社会实践中抽象出维护人的自由,更好地实现人的自由本性的道德、伦理,而不是把历史上的道德、伦理作为教条来束缚人与时俱进的自由本性。

戴震把舍情而求理的行为称之为"任意见":"苟舍情求理,无非意见也。未有任其意见而不祸斯民者。"①在《答彭进士允初书》书之中,他对欲、情的内涵及其与理的关系做了非常明晰的规定,说道:"欲者,有生则愿遂其生而备其休嘉者也;情者,有亲疏、长幼、尊卑感而发于自然者也;理者,尽夫情欲之微而区以别焉,使顺而达.各如其分寸毫厘之谓也。"②其对欲、情之于人的客观性与实在性做出了明确的阐述,并将"理"看作是充分展现差别性的个人欲望与情感的正当表达与实现。戴震的言论中没有现代西方哲学"个性"一词,然"理者,尽夫情欲之微而区以别焉,使顺而达.各如其分寸毫厘之谓也"的理论化表述,在思想上与近现代西方重视"个性"、个性自由的理论主张,有相当一致性的地方。因此,我们可以这样说,上述戴震对欲望、情感与理之间关系的辩证阐述,实即是对自由意志与道德律令、个人自由与社会规范之间的关系做出了辩证的论述。他肯定生活的优先地位,亦即肯定了自由意志的优先地位,但并不因此而否定伦理和道德律令的重要性。他要反对的是"冥心求理"的理,"严于商、韩之法"的理,而不是"尽夫情欲之微区以别焉"的理(即分理),如戴震说:"圣人之道,使天下无不遂之情,求遂其欲而天下治。后儒不知情之至于纤微无憾是谓理者,同酷吏之所谓法。酷吏以法杀人,后儒以理杀人,浸浸乎舍法而论理,更无可救矣!"③又说:"后儒冥心求理,其绳以理严于商、韩之法,故学成而民情不知,天下自此多迂儒,及其责民也,民莫能辩。彼方自以为理得,而天下受其害者众矣。"④戴震对意识形

① 戴震:《孟子字义疏证·理》,《戴震全书》第 6 册,张岱年主编,第 155 页。
② 戴震:《答彭进士允初书》,《戴震全书》第 6 册,张岱年主编,第 358—359 页。
③ 戴震:《与某书》,《戴震全书》第 6 册,张岱年主编,第 496 页。
④ 戴震:《与某书》,《戴震全书》第 6 册,张岱年主编,第 496 页。

态化了的理学思想从社会、政治治理恶果的角度加以批判,是乾隆时代高度政治专制的历史背景下大胆批评泛道德主义的不同凡响的声音,是那个时代社会良知的典型表露,具有不同寻常的思想史与社会意义。如果说黄宗羲的《明夷待访录》初步地表达了早期启蒙学者要求将政治与伦理作一适当的区分,使传统的人治走向近代的法治的历史要求,那么,戴震批评后儒"以理杀人",则表达了要将伦理与法律作一适当区分的历史愿望。作为当代的人们都应当而且理所当然地指责中世纪基督宗教的宗教裁判所对于科学发明的严酷镇压行为。那么,对于异化的儒家伦理不也应当像戴震一样予以严厉的批判吗?而且正是通过对异化的儒家伦理的严厉批判,才能将儒家思想中合理的内核释放出来。

戴震批评宋明理学不知"权",把人的所有需求都统统称之为人欲:"举凡饥寒愁怨、饮食男女、常情隐曲之感,则名之曰'人欲'。"①然后要用他们所谓的"理"来控制人欲。从表面上看,这一批评并未切中宋明理学的要害,因为朱熹明白地说过"饮食男女,天理也"的话,因而戴震的批评未能切中宋明理学的"理欲之辨"的要害。其实不是这样的。从具体的历史脉络来看,首先,戴震不可能明目张胆地批评在位的统治者,他只能通过理论的批判达到对现实批判的目的。其次,戴震所说的"欲",除了"饱寒愁怨、饮食男女、常情隐曲之感"的基本需求以外,更本质的含义乃是指人的,尤其是当时社会正在成长的市民阶层追求"美色美味"的欲望,这种欲望的真实历史内容即是新兴工商业阶层要求发展经济,提高自己社会地位的自由意志。如戴震说:"天下必无舍生养之道而得存者,凡事为皆有于欲,无欲则无为矣;有欲而后有为,有为而归于至当不可易之谓理;无欲无为又焉有理!"②戴震在中国传统的思想脉络里,没有也不可能使用自由意志的概念,但上述文献所说的思想内容,其实即是说人的自由意志是人的有为的前提,也是人类社会规范、律令产生的前提。

① 戴震:《孟子字义疏证·权》,《戴震全书》第 6 册,张岱年主编,第 216 页。
② 戴震:《孟子字义疏证·权》,《戴震全书》第 6 册,张岱年主编,第 216 页。

人类若没有了任何欲望,哪里有人的现实活动呢?而没有了人的有为行动,何以产生制约人的社会规范呢?合理的做法是:"君子使欲出于正而不出于邪,不必无饥寒愁怨、饮食男女、常情隐曲之感。"①历史上的大圣人治天下,"何一非为民谋其人欲之事!惟顺而道之,使归于善"。② 伦理规范存在的前提是承认人有自由意志,如果人无欲无为,如木石僵尸一般,又哪里还需要制约人的"天理"呢?因此,问题不在于要不要人欲,而在于使人欲处于合理的范围之内,使个人的自由意志与社会必要的限制之间处于动态的平衡之中。

戴震称当时"在上者"所坚持的宋明理学的"天理",乃是"忍而杀人之具",他们所坚持的"天理"其实是祸民之"理"。尽管他们可以通过政治权力把自己所坚持的"理"美其名为"天理""公义",但真正落实到社会之中则只能"祸其人"。因为他们是在"离人情欲求,使之忍而不顾之"的基础上来谈论所谓"理欲之辨"的问题,因而也就"适以穷天下之人尽转移为欺伪之人",其为祸天下之人也就不可胜言了。正是从这一角度看,戴震对人情物欲的肯定与辩护,可以看作是为人的自由意志做辩护。

(三)"欲而不私"

20世纪上半叶,前辈学者在谈到戴震的伦理学时,大多都提到了其学说与西方19世纪的功利主义伦理学有相似之处,但却是语焉不详,仅仅是一笔带过。实际上,最能体现戴震伦理学与西方功利主义伦理学派相似之处的是其"欲而不私"的命题。戴震承认,人在自然属性方面与禽兽有相同的一面,他说:"凡血气之属皆知怀生畏死,因而趋利避害;虽明暗不同,不出乎怀生畏死者同也。人之异于禽兽不在是。"③又说:"一私于身,一及于身之所亲,皆仁之属也。私于身者,仁其身也;及于身之所亲者,仁其所亲也;心知之发乎自然有如是。人之异于禽兽不在是。"④这

---

① 戴震:《孟子字义疏证·权》,《戴震全书》第6册,张岱年主编,第216页。
② 戴震:《孟子字义疏证·权》,《戴震全书》第6册,张岱年主编,第216页。
③ 戴震:《孟子字义疏证·性》,《戴震全书》第6册,张岱年主编,第181页。
④ 戴震:《孟子字义疏证·性》,《戴震全书》第6册,张岱年主编,第181页。

实际上也含蓄地肯定了人有趋利避害、怀生畏死，以及自私的本能，与李贽所说的"人必有私，而后其心乃见"的观点在原则上是相通的。但与李贽所不同的是，戴震并没有就此为人的自私自利本性大唱赞歌。他认为人虽有私心以及趋利避害之心，但人之为人的特征乃在于人有理性，可以超越这种本能的自私，从而做到遂己之欲，广之能遂天下之欲。这应当看作是戴震的伦理学思想比李贽更为圆通的地方。他为了补救人在"遂欲达情"过程中的缺陷，便提出了个人的欲望、情感满足的边界问题，那就是每个人的欲望、情感的满足是以他人的欲望、情感的满足为前提的，从而就从理论上弥补了李贽"各从所好，各骋所长"的早期自由伦理思想中隐含的极端个人主义的理论缺陷。但如何使一般民众做到"遂己之欲而遂人之欲"，"达己之情而能达人之情"呢？那就是通过理智的扩充，使普通的人们做到"欲而不私"。

我们需要追问的是，人为什么具有扩充道德理性的可能性呢？在戴震看来，就在于人具有内在的道德理性——分理，这种内在的道德理性是王道教化的基础。当这种潜在的道德理性具体地展开为现实的人性时，就表现为"人之欲无不遂，人之情无不达"。整个社会充满着进取的活力，同时，又保持着整体的协调、和谐。如戴震说："惟有欲有情而又有知，然后欲得遂也，情得达也。天下之事，使欲之得遂，情之得达，斯已矣。惟人之知，小之能尽美丑之极致，大之能尽是非之极致。然后遂己之欲者，广之能遂人之欲；达己之情者，广之能达人之情。道德之盛，使人之欲无不遂，人之情无不达，斯已矣。欲之失为私，私则贪邪随之矣；情之失为偏，偏则乖戾随之矣；知之失为蔽，蔽则差谬随之矣。不私，则其欲皆仁也，皆礼义也；不偏，则其情必和易而平恕也；不蔽，则其知乃所谓聪明圣智也。"[1]"圣贤之道，无私而非无欲。"[2]

上述戴震所论，从理论方向上改变了宋明以来"理欲之辩"的论争方

① 戴震：《孟子字义疏证·才》，《戴震全书》第 6 册，张岱年主编，第 197 页。
② 戴震：《孟子字义疏证·权》，《戴震全书》第 6 册，张岱年主编，第 211 页。

向,将"理欲"问题转化为人我关系的问题,从而也就改变了宋明理学以自我心性修养为核心的"成己"的伦理学方向,使之向"成己成物"的人我关系的伦理学方向转化。换句话来讲,即是由"内圣"的伦理学向"外王"的伦理学方向转化。这一新的理论方向的转化,还可以从戴震对"克己复礼"所做的新解释中再一次得到证实,他说:"克己复礼为仁,以'己'对'天下'言也。礼者,至当不易之则,故曰'动容周旋中礼,盛德之至也'。"①只有当人"能克己以还其至当不易之则",也即是使自然之人欲归于"必然",符合社会的当然之则,个人的欲求与天下之人的欲求"不隔",则天下所有人的欲望就无一不是仁的体现了。如此的"天下"当然是一个理想的王道天下了。

(四)性、命、才

探讨性、命、才三者之间的关系,实际上是探讨人的自由与外在的客观限制的关系,亦可以说是探讨人的自由与自然和社会的必然性的关系。戴震是这样来定义才、命、性的:"才者,人与百物各如其性以为形质,而知能遂区以别焉……气化生人生物,据其限于所分而言谓之命,据其为人物之本始而言谓之性,据其体质而言谓之才。"②这即是说,才是人性的物质化的形态,是每个人先天具有的与其他个体相区别的现实化的特性。性是从每个人在开端处与他人形成差异的角度来说的,而命是就每个个体从自然中所禀赋的有限性的角度来说的,但才与性与命不是没有关系,三者其实可以说是人的"天性",如戴震说:"别而言之,曰命、曰性、曰才;合而言之,是谓天性。"③戴震又说:"性者,分于阴阳五行以为血气、心知、品物区以别焉,举凡既生以后所有之事,所具之能,所全之德,咸以是为其本,故易曰'成之者性也'。"④这即是说,性是人开端处的才质,才是每个人人性的现实性表现,是展开了的、现实化的人性。"才质

---

① 戴震:《孟子字义疏证·权》,《戴震全书》第 6 册,张岱年主编,第 214 页。
② 戴震:《孟子字义疏证·才》,《戴震全书》第 6 册,张岱年主编,第 195 页。
③ 戴震:《孟子字义疏证·才》,《戴震全书》第 6 册,张岱年主编,第 196 页。
④ 戴震:《孟子字义疏证·性》,《戴震全书》第 6 册,张岱年主编,第 179 页。

者,性之所呈也,舍才质安睹所谓性哉!"①而"命"则是人得之于天的限制性和受礼义规定的限制性。在《孟子私淑录》,戴震对此有较完整的规定,他说:"凡言命者,受以为限制之称,如命之东则不得而西。故理义以为之限制而不敢逾,谓之命;气数以为之限制而不能逾,亦谓之命。"②而戴震此处所讲的"命",与他所讲的"自然"与"必然"的辩证关系具有内在的一致性,如他说:

> 命即人心同然之理义,所以限制此者也。古人多言命,后人多言理,异名而同实。耳目百体之所欲,由于性之自然,明于其必然,斯协乎天地之中,以奉为限制而不敢逾,是故谓之命。命者非他,就性之自然,察之精明之尽,归于必然,为一定之限制,是乃自然之极则。若任其自然而流于失,转丧其自然而非自然也。故归于必然,适完其自然,如是斯"与天地合其德,鬼神合其吉凶"。③

在写作《绪言》时的戴震,把"命"看作是"自然之极则",认为人既要尽其自然之性,又要归于"必然之则"的约束,体现了戴震伦理思想既重视自由,又重视法则的辩证之处。在戴震看来,人的自由既有其内在的必然性限制,也有理义的限制。这种内在的必然性,可以从三个方面来认识:一是先天所得,如性别、家庭背景、身体素质与大脑智力;二是所处的时代大背景,如族别、国别、人种的限制;三是人自身的生理极限,如生命期限、记忆力、学习能力、生理需求和社会需求。而人类社会还有"心之所同然"的义理亦对人的行为有所限制。所有这些与人内在生命和外在社会活动规则相关的限制可以统称之为"命"。但是,人不应该,也不会因为这种限制而就表现为无所作为,听之任之,而是应当努力地克服各种限制,同时还需要正确利用"义理"的限制与保护,有选择地实现自己的理想。而一旦人通过个人的努力、朋友的帮助和社会的支持,充分

---

① 戴震:《孟子字义疏证·才》,《戴震全书》第 6 册,张岱年主编,第 195 页。
② 戴震:《孟子私淑录》,《戴震全书》第 6 册,张岱年主编,第 45 页。
③ 戴震:《绪言》,《戴震全书》第 6 册,张岱年主编,第 102 页。

地把握现有的条件,在合乎"义理"的范围内最大限度地展示自己的生命潜能,把理想化为现实或部分地化为现实,这便获得了现实性的"才能",从而在"命限"里展示了自由。这便是戴震在论"性、命、才"三者关系时所要阐述的思想。

## 三、戴震伦理学的新贡献

欲论戴震对中国自由思想之贡献,必须要讨论戴震的"分理"说与宋明理学的"天理"说之间的区别。后期戴震与宋明理学伦理学的根本分歧,并不能简单地看作是一个理欲、情理之辨的问题,而在于"分理"与"天理"之间的区别,即"分理"含蓄地表达了追求自由的理想,而"天理"则自觉不自觉地维护了郡县制下的君主专制权威。宋明理学的"理欲"之辨,实际上有两个层次的意义,在本体论上是"理气之辨",在社会生活中才是"理欲之辨"。在本体论意义上,"理"代表秩序,而"气"则是一种具体的感性存在。在理与气的关系问题上,朱熹虽然也说"理未尝离乎气"(《朱子语类》卷一),但他最终还是强调理的优先性地位:"若在理上看,则虽未有物而已有物之理。"(《文集》卷四十六:《答刘叔文》)在社会生活之中,这种先于天地之"理",无非就是人类特定历史阶段的道德秩序,在程朱理学的思想体系里也就是"三纲五常"的伦理规范而已。在哲学本体论上,朱熹强调理的优先性,在社会哲学层面,程朱理学便强调代表统治者利益的道德秩序的优先性。因此,在现实层面,"理欲之辨"其实涉及社会伦理规范与人的自由意志之辨。哲学本体论中的"气",下落在社会生活层面,其内涵之一就是指人的各种感性欲求,也即是传统哲学中所说的"人欲"和"人情"。这种"人欲"和"人情"不是人的一般性的与动物相同的食色之性,而是与人的自由意志相关的感性欲求,是人在变化发展的社会中根据自己的生存现状而表现出的对新奇之事之物的欲求,它并不是人们简单的、低级的自然生理需求。一些学者在批评宋明理学的时候,只是简单地列举了"存天理,灭人欲"一语,批评宋明理学的禁欲主义倾向;而维护宋明理学的学者则分析说,像朱熹等人并不反对人的自然欲求,因为朱熹明确地说过"食色之欲亦是天理"这样的话。这样一来,简单地批评宋明理学有禁欲主义倾向的命题似乎就不能成立。因此,不从自由意志的角度来看问题,就很难将宋明理学的"理欲观",与明清之际的"新理欲观"区分开来。宋明理学的一些中坚人物如朱熹虽然也曾明白地说过,饮食男女也是天理,但他反对人们追求美色美味的行为。笔者认为,戴震的伦理学与宋明理学的伦理学的根本分歧正在于此。

戴震的伦理学要求尽人情、人欲以至于纤微而无憾,当然就内在地肯定了人追求美色美味的要求。从人类道德生活的本质来看,过一种富裕的好生活与过一种贫穷的坏生活的本身并没有什么道德与非道德之分,因而追求美色美味的物质生活本身也就谈不上是道德的还是非道德的。问题的关键在于人们是用什么样的手段获得这一生活的。而手段的正当与否,又总是与特定的社会意识形态相关。当剥削者通过剥削而享受人间的美色美味被视为正当的、道德的,被剥削者过着饥寒交迫的生活被认为是天经地义的时候,当被剥削者甚至只能用暴力的手段获得基本的温饱,当新兴市民只能通过越礼逾制享受统治者才能享受的美色美味而又被视为不合法、不道德的时候,宋明理学所建构的旨在反对人们追求"美色美味"的理论就不是在一般地维护着道德的纯正性,而只是站在统治者的意识形态立场上借维护道德的纯正性之名来阻止社会的进步,来扼杀中下层社会人们的自由意志了。即使不从阶级的分析角度来看,专就人的感性生活特征来说,人的食色之欲都带有区别于动物的文明特征(不管人们是赞成还是反对这种文明特征)。从这一角度来看,人追求美色美味的感性生活也是人的社会本质特征之一,是人为了实现自己的自由意志,求得人性的更加充分发展的必然行径,而且也是人区别于动物的食色行为的本质之所在,是人实现自己自由本质的具体表现之一。人所具有的文明特征并不唯一表现在他所具有的纯粹的精神性方面。在今天,我们把满足人们日益增长的物质与文化生活需求看作是我们社会主义生产区别于资本主义社会生产的本质特征之一。因此,无论是从阶级分析的角度出发,还是从人类文明生活的一般性特征来看,宋明理学反对人们追求"美色美味"这种"人欲",从根本上说都是反人类文明生活的,也是对人的自由意志的扼杀,因而可以说是非人道的。而戴震与宋明理学的根本分歧也正在于此!

戴震不仅肯定人的自然欲求,而且要求达人之情、遂人之欲之极致,以至于无纤毫之憾,肯定人们追求美色美味的合理性,由"自然"而进于"必然"。这种要求充分满足人的情感、欲望的思想,其基本精神恰恰在于"自由"二字——即实现人的自由本质。因此,戴震与宋明理学伦理学的根本区别不在于要不要人欲的问题,而在于要不要自由的问题。"理欲之辨",在伦理学领域实质上是限制与自由之辨,在文化学领域则是野蛮与文明之辨,在历史学领域则是保守与进步之辨。这也是明清早期启蒙思想家的伦理学与宋明理学伦理学的根本区别之处。因此,揭示戴震"分理"说中所包含的自由精神,是判别后期戴震学说与程朱理学分道扬镳的根本标志。

## 第四节  戴震的语言哲学①

20世纪戴震与乾嘉学术思想研究取得了丰硕的成果,但从语言哲学的角度研究戴震哲学的论者还属于少数。李开在《戴震评传》中开启了这一新的研究视角,但并未由此看到这种语言哲学的出现对于整个清代哲学的转向意义。我们则从中国哲学发展史的角度,着重考察以戴震为代表的乾嘉学者从语言学角度来思考哲学问题,开创了中国哲学的新转向,形成了不同于宋明理学,甚至也不同于明末清初的"后理学时代"的哲学形态。这一新的哲学思考方式使中国传统哲学初步具备了前所未有的明晰性。在追求先秦儒家经典原意的历史还原主义的旗帜下,展开了对先秦儒家经典,进而扩大到对先秦诸子典籍的文本考察,对于重新

---

① 本书在此处所说的语言哲学是一广义的语言哲学,即凡是对语言及语言与哲学的关系的思考,均视之为语言哲学。

认识、理解先秦经典的思想产生了巨大的影响。这一哲学运动虽然并没有带来 19 世纪后半叶中国哲学形态的新变化，但由这一具有实证哲学精神所培养起来的"求真""求实""求是"的精神，为中国人培养近代的科学精神提供了自己的文化土壤。其中，以戴震为代表的哲学家群体，还为新伦理学的建设提供了新的思想资源。当然，由于这一哲学的语言学转向是以对先秦儒家经典研究为起点的，而且其理论目标带有鲜明的复古主义倾向（尽管戴震本人是托古言志），因此，其理论上的自身矛盾及其局限性也是显而易见的。语言虽然能够通向道，但毕竟不是道本身。经典中蕴含的思想虽然可以通过语言来把握，但对经典中的思想研究也不完全是一个语言问题，其中应该还有言说者的社会背景、个人背景和说话意图等非语言因素的影响，而这些因素不能简单通过语言分析来把握的。尽管戴震的理想是通过语言、制度、名物、训诂的综合研究来把握经典的原意和经中之道，但即使如此，人文学的研究还有超越这些实证方法之外的东西。而戴震本人对儒家经典中理、天道、道、性、命、仁义礼智、诚、权等概念的定义，也并非如自然科学那样，具有绝对的确定性。恰恰相反，这些解释在很大程度上表达了戴震本人的理解，并不具有他自己所想象的那样具有客观性。所以，我们可以看到，以戴震为代表的乾嘉学者所开创的中国哲学的语言学转向，并未完全取代其他哲学家的思考，也不可能取代其他哲学家从不同的角度从事哲学思考的工作。其中，以章学诚为代表的历史文化学派对戴震及其学派的批评，在很多方面都是相当中肯的。我们在章学诚一章里将讨论这些问题。①

不过，我们应当特别重视戴震在中国哲学史上的突出贡献。在《孟子字义疏》一书中，戴震对自己所讨论的理、分理、天道、性、才、道、仁义礼智、诚、权以及善、欲、私等概念和无欲与无私、自然与必然等范畴皆有明确的定义，使中国传统哲学在思维的明晰性方面上升到一个新的台

---

① 参见第八章及吴根友《从来前贤畏后生——重评章学诚对戴震的批评》，《安徽大学学报》2008 年第 2 期。

阶。中国传统的语言哲学主要包括"名实之辩""言意之辩"两大部分内容。在乾嘉考据学时代,中国的语言哲学又有新的发展,其纲领性的表述就是戴震提出的"由字以通其词,由词以通其道"的新思想。这一新思想内在地包含着言能通意的言意观,其言能通意的途径就是由字到词(语言),由词(语言)到意的"阶梯式"途径。在这一纲领性的表述中,"字"具有现代汉语中所说的字(词素)和词语两层意思。词,又作辞,即是现代汉语中的言语的意思。而戴震本人的语言哲学思想可以从四个方面加以理解:第一,名实之辩;第二,通过句法分析达到对传统哲学命题的重新解释;第三,通过句子和经典文本的语言脉络分析达到对传统哲学思想的还原性解释;第四,在言能达意的基本哲学立场上所阐述的"字→词→道"的"阶梯式"言意观。这种语言哲学与20世纪西方世界兴起的"以拒斥形而上学"为己任的语言哲学目标非常的不同。① 不仅如此,戴震的语言哲学思想还有强烈的现实政治关怀。他以孟子"辟杨墨",挽救世道人心为自况,说道:"孟子辩杨、墨;后世习闻杨、墨、老、庄、佛之言,且以其言汩乱孟子之言,是又后乎孟子者之不可已也。苟吾不能知之亦已矣,吾知之而不言,是不忠也,是对古圣人贤人而自负其学,对天下后世之仁人而自远于仁也。"②戴震将自己所从事的哲学分析与批判工作,上升到对人类文明的忠诚与对天下人的仁爱关怀高度,可见其哲学研究态度的严肃性与立言的谨慎性。这也是以戴震为代表的18世纪中国的语言哲学家们与20世纪英美语言哲学家们具有不同的哲学情怀。

---

① 李开将戴震透过语言来思考哲学问题的新哲学形态称之"语言解释哲学",这一语言解释哲学可以分成两个层次,第一层次是词义诠释,第二层次是哲学释义。在词义诠释层面,戴震使用的是"经验的实证的方法"。李开通过与西方近代以来的语言哲学的比较,得出了这样的结论:"西方语言哲学往往把语言看作与世界有相同的逻辑结构,从而以语言解释代替对世界的认识,戴震的语言解释哲学则以语言文字解释为逻辑起点,通过书本知识,寻求道德哲学本体及其具体表现。在语言和世界的关系上,西方是代替论,戴震是凭借论。"参见李开《戴震评传》,第288页。
② 戴震:《孟子字义疏证·序》,《戴震全书》第6册,张岱年主编,第147页。

一、戴震的名学思想

先秦名学思想集中探讨了名与实之间的关系,命名以及名本身是否具有实在性等一系列问题。荀子从儒家立场对先秦名学思想作出了理论的总结,但将命名权集中到王者身上,带有一定的权威主义倾向。先秦名学也涉及名的分类,如达名、共名、私名,即现代分类学中的通称、类称、具体指称某物的特称等三个层次。汉儒董仲舒在"深察名号"的过程中,涉及名的分类问题,然而没有明确的提出"指其实体实事之名"与"称夫纯美精好之名"的分类问题。就目前的文献研究来看,戴震是第一次明确地提出了表述事实与表述价值的这两类大名的划分问题。

（一）戴震对"名"的分类

戴震将名分为两大类,一为"指其实体实事之名",二为"称夫纯美精好之名"。他说:

> 学者体会古贤圣之言,宜先辨其字之虚实。今人谓之"字",古人谓之"名",《仪礼》云"百名以上书于策,不及百名书于方",《周礼》云"谕书名,听声音"是也。以字定名,有指其实体实事之名,有称夫纯美精好之名也。曰"道",曰"性",曰"言",曰"行",指其实体实事之名也;曰"圣",曰"贤",称夫纯美精好之名也。曰"道"曰"性",亦称夫纯美精好之名也。道有天道人道;天道,阴阳五行是也;人道,人伦日用是也。曰善曰理,亦称夫纯美精好之名也。曰中曰命,在形象,在言语,指其实体实事之名也;在心思之审察,能见于不可易不可逾,亦称夫纯美精好之名也。①

所谓"实体实事"之名,即是描述客观对象的名称与概念,不含价值判断。而"称夫纯美精好"之名,是指一种价值性的称谓,包含了价值的判断,因而是一种规范性的词汇。但是,由于天地之大德表现在生生不

---

① 戴震:《绪言》,《戴震全书》第 6 册,张岱年主编,第 104 页。

息的过程之中,所以用来描述这一最根本性的实体实事时,也暗含了价值的判断,如戴震说:

> 天地之气化,流行不已,生生不息,其实体实事即纯美精好,人伦日用,其自然不失即纯美精好。生于陆者入水而死,生于水者离水而死,生于南者习于温而不耐寒,生于北者习于寒而不耐温。此资之以为养者,彼受之以害生。"天地之大德曰生",物之不生而以杀者,岂天地之失德哉?故语于天地,实体即美好,不必分言也,《易》曰"一阴一阳之谓道"是也。①

在戴震看来,指称天地之名,实体实事即纯美精好,二者之间无需分别。这样,事实与价值,是与应当之间的内在联系性,由此而得以确立起来。凡符合天道自然而无偏失的人伦行为,因此也获得了正面的价值意义。只是人伦的行为与天道自然的行为还不完全一样,人道必须通过仁礼义的价值引导与规范,即通过"修道以仁","圣人修之以为教"的过程,才能达致"纯美精好"的境界。而君臣、父子、夫妇、昆弟、朋友"五达道",亦必需通过"智仁勇以行之,而后归于纯美精好"②。这便是戴震在事实描述之名与价值规范之名二者之间,既有分又有合的语言哲学思想的内容之一。

### (二) 两类之"名"的内在关系

在戴震的思想中,用来描述"实体实事"的概念与用来表达伦理与价值的规范概念,这二者之间是有所分别的,但在天道自然的层面,两者却又可以合而为一。所以,戴震说:"善者,称其美好之名,性者,指其实体之名;在天道不分言,而在人物分言之始明,究之美好者即其实体之美好,非别有美好以增饰之也。"③在《孟子字义疏证·道》篇,他将"纯美精好之名"又改成"纯粹中正之名":"曰'性'曰'道',指其实体实事之名;曰

---

① 戴震:《绪言》,《戴震全书》第 6 册,张岱年主编,第 104 页。
② 戴震:《绪言》,《戴震全书》第 6 册,张岱年主编,第 105 页。
③ 戴震:《绪言》,《戴震全书》第 6 册,张岱年主编,第 105—106 页。

仁、曰礼、曰义，称其纯粹中正之名。""善者，称其纯粹中正之名；性者，指其实体实事之名。"①

戴震之所以将描述"实体实事"与指称"纯粹中正"两类名称分开，与他对世界的整体看法有关。他将世界分成作为存在的"物"与作为抽象条理的"则"两大部分："物者，指其实体实事之名；则者，称其纯粹中正之名。实体实事，罔非自然而归于必然，天地、人物、事为之理得矣。自然之极则是谓理，宋儒借阶于释氏，是故失之也。"②戴震在此处从理论上揭示了宋儒"天理"论的缺陷，即他们将表达自然之极则的"理"看作是实体实事的存在，而这一思维方式恰恰是佛教唯心主义思维。宋儒受佛教唯心主义的影响，故尔在理论的根本立场上出现了失误。

从理论上说，戴震区分了描述"实体实事"与指称"纯粹中正"的两类名称，但他又认为，"纯粹中正"之名是基于"实体实事"之上的一种理想化的法则，因而称之为"理"。如此说来，"理"是包涵了自然法则的内容而具有超越自然法则的人伦规范。戴震通过对"物"与"则"的区分，把客观世界与人对客观世界内部蕴涵的秩序、法则、规律的认识这两者区别开来了，从而对宋明理学先验的客观唯心主义思想进行了批判与解构，进而在肯定人的感性生活的基础上重新肯定道德原则的神圣性，并表达了这样一种新的社会理想：通过神圣而合理的道德原则使人实现自然之极致。从中国哲学发展史的角度看，戴震区分描述"实体实事"与指称"纯粹中正"两类名称的语言哲学思想，已经蕴涵着主客二元对峙的思想倾向。这一思想倾向虽然还不能与近现代西方主客二元对立（如笛卡尔"我思故我在"）的思想相提并论，但在宋明理学的思想脉络里，这一思想倾向蕴涵着新的突破旧的思想萌芽，即要求世人，特别是士君子们立足于"实体实事"的经验世界去把握合理、恰当的社会规范，而不只是运用

---

① 戴震：《孟子字义疏证·道》，《戴震全书》第 6 册，张岱年主编，第 200—201 页。
② 戴震：《孟子私淑录》，《戴震全书》第 6 册，张岱年主编，第 74 页。关于此书是写于《绪言》《孟子字义疏证》之前还是之后，学界有不同的看法。依据该书的内容来看，应当是在《绪言》之后、《孟子字义疏证》之前。

古以有之的规范权威来约束变化了的经验世界。然而,由于乾隆时代的中国社会在整体上仍然保持着农业文明的自然经济形态,江南地区重新恢复的资本主义萌芽过于幼弱,人对自然的开发、利用能力还深深地停留在传统农业的生产方式之下,因而也就不可能给戴震的新哲学思考提供足够的社会动力。最终,他的新哲学思想还是窒息在传统哲学"天人合一"的思维框架里,并且用所谓的"必然"来规范"自然",丧失了对"自然"的深度认识与开发,进而也就无法提供新的"必然"。这恰恰从一个侧面说明,任何社会里新思想的产生与发展必须有与之相适应的社会经济、政治的土壤,否则,新思想本身也难以产生,即使产生了也无法得到必要的社会思想资源的营养,发展、成熟,进而形成广泛的社会思潮,反过来推动社会的发展。

## 二、戴震语言哲学中的句法分析

### (一)句法分析

在讨论何者为"道"的哲学形上学问题时,戴震首次引入语言学的分析方法,通过对古代汉语中两种谓语动词"之谓"与"谓之"在句子中的作用不同的分析,重新阐释了古典哲学众多命题的意义。《易传》中有"形而上者谓之道,形而下者谓之器"这一著名的哲学命题。程子对此两句话的解释是:"惟此语截得上下最分明,元来止此是道,要在人默而识之。"朱子对此两句话的解释是:"阴阳,气也,形而下者也;所以一阴一阳者,理也,形而上者,道即理之谓也。"程、朱的解释可以说是一种哲学的解释,即从自己的哲学体系出发对古典哲学命题给出新的解释。戴震从自己的"气化即道"的唯气论哲学体系出发,给出了不同于程子、朱子的解释。然而在他所处的时代,程、朱哲学是官方哲学,不容置疑。戴震不能直接说他们讲错了,而是借助语言的分析,以说理的方式来重新解释传统哲学中的核心概念——道,从而为自己的道论思想寻找经典的与语言学的支持。他说:

气化之于品物,则形而上下之分也。形乃品物之谓,非气化之谓。《易》又有之曰:"立天之道,曰阴与阳。"直举阴阳,不闻辨别所以阴阳而始可当道之称,岂圣人立言皆辞不备哉?……古人言辞,"之谓""谓之"有异:凡曰"之谓",以上所称解下,如《中庸》"天命之谓性,率性之谓道,修道之谓教",此为性、道、教言之,若曰性也者天命之谓也,道也者率性之谓也,教也者修道之谓也;《易》"一阴一阳之谓道",则为天道言之,若曰道也者一阴一阳之谓也。凡曰"谓之"者,以下所称之名辨上之实,如《中庸》"自诚明谓之性,自明诚谓之教",此非为性教言之,以性教区别"自诚明""自明诚"二者耳。《易》"形而上者谓之道,形而下者谓之器",本非为道器言之,以道器区别其形而上形而下耳。[①]

上述引文的主要意思是说,古代圣贤所说的"道",即是阴阳二气,阴阳二气未成形时,谓之形而上,凝结成形之后便称之为形而下。从来没有听说过有"所以阴阳者为道"的说法。就语法而言,谓语动词"之谓"与"谓之"在句子中的作用是不一样的。凡是"之谓"类型的句子,均是用主语来解释谓语宾词的,其句法可以等值的替换成"A(原宾语)也者 B(原主语)之谓也"的判断句式,如"天命之谓性"可以等值的替换为"性也者天命之谓也"。所以"一阴一阳之谓道"的意思是说:道也者,一阴一阳之谓也。而凡是"谓之"句式,则是用谓语宾词辨明主语所言的具体内容,如"自诚明谓之性,自明诚谓之教"两句,不是要说明性与教二个名词或概念,而只是以性与教来区分"自诚明"与"自明诚"二者之间的不同。同理,"形而上者谓之道,形而下者谓之器"这句话,并不是要说明何者为道,何者为器,而只是用道和器来区分"形而上"与"形而下"两种形态而已。

除了在《绪言》《孟子私淑录》二篇论道的文字中有同样的表述之外,

---

[①] 戴震:《孟子字义疏证·天道》,《戴震全书》第 6 册,张岱年主编,第 176 页。在《绪言》中,已经有如此的表述。据段玉裁《戴东原先生年谱》记载,约完成于 1772 年,是年戴震 49 岁。

现存《戴震全集》中还没有发现其他地方也有类似的句法分析。戴震在此处所说"古人言辞,'之谓''谓之'有异:凡曰'之谓',以上所称解下……凡曰'谓之'者,以下所称之名辨上之实"的说法,究竟是得之于语言学史的归纳结论,还是一种不完全归纳后得出的逻辑结论,我们一时很难判断。因为,只有当我们通过全面的文献检索之后,对"谓之"与"之谓"句在上古汉语中的全面运用的例子进行分析之后,才可作出最后的判断。而戴震在当时的条件下,还不太可能对先秦时代古汉语作一地毯似的文献搜罗工作,然后在此基础上给出判断。此一工作可以由古代汉语语法学者去做进一步的深入研究。

(二)对戴震句法分析的形式化考察

为了进一步理解戴震的句法分析在哲学思考方面的普遍意义,在此,我们首先将戴震的两种句式分析转换成现代汉语的形式化表达式。"A之谓B","Y之谓X",依等值替换原则,表述为B也者,A之谓也,X者也,Y之谓也,直译为"B就是A","X就是Y"。《中庸》"天命之谓性,率性之谓道,修道之谓教",可以直译成"性就是天命,道就是率性,教就是修道"。因此,"一阴一阳之谓道"就可直译为:"道就是一阴一阳"。在这样的句法中,我们无法转换出"所以一阴一阳之谓道"的说法。由此语言分析可知,程子与朱子的说法是不能成立的。

"A谓之B,Y谓之X",可以翻译成"A称之为B","Y称之为X"。《中庸》"自诚明谓之性,自明诚谓之教",可以翻译成"自诚明称之为性,自明诚称之为教"。由此类推,"形而上者谓之道,形而下者谓之器",也可以直译为"形而上者称之为道,形而下者称之为器"。这样,道与器之间就不是截然的不同存在形式,而只是人对两种不同存在形式的一种方便的称谓而已。

由上的翻译转换可以看出,"之谓"句类似为定义式的判断句,而"谓之"句则为一种解释句。戴震通过对经典命题的句法分析,对于比较准确、客观地理解经典的原初意义的确有帮助。但是,哲学解释学往往有一种故意的曲解或误读,通过曲解与误解而达到一种哲学的创造。程子、朱子对《易传》中"形而上者谓之道,形而下者谓之器"的解释,在语法上可能真的如戴震所言,是错了,不具有学术史的价值,然而具有思想史的价值。那是程子、朱子的哲学表达。也许,戴震对程子、朱子的批评并没有区分学术史与思想史这两者之间的不同,但戴震通过句法分析对经典意义进行还原,把程朱思想与原始儒家的思想分开,其学术努力的效果及其意义是多重的,一是巧妙地批判了官方树立的程朱理学;二是的确澄清了宋儒与先秦儒家思想的不同,本身具有很高的学术价值;三是树立了一种"求真""求是"的科学精神,并以语言学所具有的实证特征展示了人文学研究中的科学精神,有力地动摇了当时社会流行的权威主义的思想根基。

### 三、语词、句子意涵与文本中的言语脉络诸分析

戴震在批评宋明儒的思想同时,还引进了语词分析、句子意涵分析和文本中的言语脉络分析等具体的技术性方法。

(一)"天道""天德""天理""天命"等概念之间的区别

在戴震的思想体系中,各个概念都有明确的界定,如他对"天道""天德""天理""天命"等概念都作了明确的界定。他说:

> 一阴一阳,流行不已,生生不息。主其流行言,则曰道;主其生生言,则曰德。道其实体也,德即于道见之者也。……其流行,生生也,寻而求之,语大极于至钜,语小极于至细,莫不各呈其条理;失其条理而能生生者,未之有也。①

这即是说,"天道"是就气的运动过程而言的,"天德"就气运动过程中表现为不断地产生万物的品性而言的。"天道"是用来描述气化流行的客观实际过程,属于描述性的语言,"天德"是"天道"不断产生万物的品性之表现,是规范性语言。"天理"是指每类事物,每个具体的事物内

---

① 戴震:《孟子私淑录》,《戴震全书》第 6 册,张岱年主编,第 45 页。

部所具有的条理与秩序。所以,戴震说:"天理云者,言乎自然之分理也"。① 因此,"天理"属于描述性的概念。而且,天理是事物内部自然的条理与秩序。

而所谓的"天命"即是:

> 凡言命者,受以为限制之称,如命之东则不得而西。故理义以为之限制而不敢逾,谓之命;气数以为之限制而不能逾,亦谓之命。古人言天之所定,或曰天明,或曰天显,或曰天命,盖言乎昭示明显曰命,言乎经常不易曰理,一也。②

这样,"天命"其实也是一个描述性的概念,它主要揭示一种自然的或社会的固有法则对人的限制。从外在的规定性角度说是"天命",从内在规定性、不变性来说是"理"。尽管现代新儒家唐君毅严厉批评戴震对天命、命概念的规定,认为戴震将天命、命概念的丰富内涵狭隘化了,但从思想的明晰性来说,戴震将自己的思想概念界定得十分清晰,本身并没有什么过错。

(二)"形而上"与"形而下"

在戴震的思想体系中,"形"与"气化"是两个不同的概念。他说:

> 气化之于品物,则形而上下之分也。形乃品物之谓,非气化之谓。……《易》"形而上者谓之道,形而下者谓之器",本非为道器言之,以道器区别其形而上形而下耳。形谓已成形质,形而上犹曰形以前,形而下犹曰形以后。(如言"千载而上,千载而下"。《诗》:"下武维周。"郑笺云:"下,犹后也。")阴阳之未成形质,是谓形而上者也,非形而下明矣。③

戴震通过语言学史的例证,证明"而上"与"而下"具有"以前"与"以

---

① 戴震:《孟子字义疏证·理》,《戴震全书》第 6 册,张岱年主编,第 152 页。
② 戴震:《孟子私淑录》,《戴震全书》第 6 册,张岱年主编,第 45 页。
③ 戴震:《孟子字义疏证·天道》,《戴震全书》第 6 册,张岱年主编,第 176 页。

后"的意思,进而对"形而上"与"形而下"两词做出新的哲学解释。这种哲学思考方式具有语言学的实证性特征。但我们要清醒地意识到,戴震在这里并未举出足够多的例证。因此,其哲学论证是不够充分的。再者,他虽有明确的语法观念,也举出了大量的证据,但基本上还只是一种经验例证的归纳,没有上升到原理的层面,因而还很难得出逻辑上的必然结论。因此,就其哲学思考的结论而言,我们并不一定要同意戴震对"形而上"与"形而下"的具体解释。但通过上述的语言分析,我们可以看到,戴震试图把哲学思考建立在明白无误的语言分析的基础之上,这一新的哲学思考路线值得哲学史家给予充分的关注。那就是,在引进语言分析之后,戴震初步展示出中国传统哲学从未有过的概念自身的明晰性。

(三)"一以贯之"非"以一贯之"

通过非常细腻的语言学分析,戴震对朱子哲学中的一些思想观念进行了非常犀利的批评。他认为,孔子在《论语》中两次所说的"一以贯之"并不能像朱子所理解的那样:"圣人之心,浑然一理,而泛应曲当,用各不同;曾子于其用处,盖已随事精察而力行之,但未知其体之一耳。"戴震认为:

> "一以贯之",非言"以一贯之"也。道有下学上达之殊致,学有识其迹与精于道之异趋;"吾道一以贯之",言上达之道即下学之道也;"予一以贯之",不曰"予学",蒙上省文,言精于道,则心之所通,不假于纷然识其迹也。①

从表面上看,在这段文字里戴震只是区分了"一以"与"以一"的短语的不同,其实,在思想上却有非常大的差别。"一以贯之"是说孔子思想具有内在的一贯性,如曾子所说的"夫子之道,忠恕而已"。而戴震认为,孔子的"下学之道"与"上达之道"具有内在的统一性。而朱子"以一贯

---

① 戴震:《孟子字义疏证·权》卷下,《戴震全书》第6册,张岱年主编,第212—213页。

之"则是讲孔子的思想可以用一个核心的概念来贯通,在朱子那就是用一个"理"字来贯穿孔子的思想,这样一来,就把孔子思想中活泼的、丰富的内容狭隘化,理学化了。显然是朱子想用自己的"理"本论思想来代替孔子以"仁"为核心的思想,因而,"以一贯之"的理学思想根本不同于孔子下学之道即是上达之道的"一以贯之"的思想。

（四）"己非私"

"己非私"之辩,是清代考据学者反对宋明理学伦理学思想的一个具体的表现,也是清代哲学对于个人正当欲求加以维护的伦理学思想在此具体问题上的展开。戴震不仅从思想观念上反对将"无欲"与"无私"混为一谈,而且从文本的语境与语言脉络的分析出发,指出朱子将"己"释为"私"的不妥之处。对于《论语》中"克己复礼为仁"一语,朱子曾经这样解释道:"己,谓身之私欲;礼者,天理之节文。"戴震对朱子的解释反驳道:"'为仁由己',何以知'克己'之'己'不与下同？此章之外,亦绝不闻'私欲'而称之曰'己'者。"①戴震此处对于朱子释"己"为"私欲之身"的哲学化解释的批评虽然不是很充分,但对于后来学人的讨论提供了新的问题意识,阮元、凌廷堪等皖派学术后劲均详细地辨析了"己非私"的观点,可以说是对戴震伦理学思想的继承与深化。

（五）"孔子论太极之本指"

戴震认为,周敦颐、朱子对"太极"的解释都离开了孔子的"本指"。那么孔子言"太极"的"本指"是什么呢？ 戴震认为,孔子讲"易有太极,是生两仪,两仪生四象,四象生八卦",都是根据"作《易》"的过程而言,并非"气化之阴阳一身是得两仪四象之名"。"孔子赞《易》,盖言《易》之为书起于卦画,非漫然也,实有见于天道一阴一阳为物之终始会归,乃画两者从而仪之,故曰'易有太极,是生两仪'。既有两仪,而四象,而八卦,以次生矣。孔子以太极指气化之阴阳,承上文'明于天道'言之,即所云'一阴

---

① 此段虽设为问难语言,实亦戴震自己的观点。

一阳之谓道’，以两仪、四象、八卦指《易》画，后世儒者以两仪为阴阳，而求太极于阴阳之所由生，岂孔子之言乎？”①上述戴震对孔子“太极”概念本旨的追求，就其结论来看，其对孔子“太极”概念的理解也只能是一家之言，然其哲学思考方法是通过文本的脉络化分析来实现的。他的意思是说，孔子从天道变化始于和终于阴阳的实际认识出发，用两仪来摹拟天地变化这一实际过程。孔子所说的“太极”就是气化的阴阳，而不是别的东西。后来的儒者把两仪看作是阴阳，而又进一步去追问太极是如何从阴阳中产生出来的。这种思路哪里是孔子当初的意思呢？如实地讲，上述戴震对“太极”内涵的解释、分析已经远远超出了语言的分析，而进入了一种文本的哲学解释学领域，但其基础是语言的脉络分析。故仍然可以看作是语言哲学分析的一部分。

## 四、戴震的言意观及其语言哲学的形上学追求

### （一）从文字入手理解语言的意义

与宋明理学从哲学思考路径出发来重新诠释儒家经典的致思方法不同，戴震是直接从文字训诂与语言分析入手来重新解释儒家经典的哲学意义的。他在23岁时写作《六书论》（该书已经失传）一书时就基本上形成了其哲学思考的独特路径。《六书论》一书现已经失传，今从其序文仍可以看出基本思想。他认为“自昔儒者，其结发从事，必先小学。小学者，六书之文是也。……故其时儒者治经有法，不歧以异端”。然而自汉以后，“世远学乖，罕睹古人制作之本始”，这导致了对经典理解的偏差。所以戴震特别强调学者要明白“文字”制作的原理及其对理解经典的重要性。他说：“六书也者，文字之纲领，而治经之津涉也。载籍极博，统之不外文字；文字虽广，统之不越六书。”②

上述引文的意思是，戴震试图从文字的发生原理出发来把握文字的

① 戴震：《孟子字义疏生·天道》卷中，《戴震全书》第6册，张岱年主编，第177—178页。
② 戴震：《六书论序》，《戴震全书》第6册，张岱年主编，第295页。

意义,进而通过文字去理解古代的语言。他甚至非常夸张地说道:"六书废弃,经学荒谬,二千年以至今"①,从而将他之前的经学史全部否定了。他特别激烈地批评后儒(实暗指宋明儒者)不依据故训而凿空解释儒家经典的方法。他说:"夫今人读书,尚未识字,辄目故训之学不足为。其究也,文字之鲜能通,妄谓通其语言;语言之鲜能通,妄谓通其心志;而曰傅合不谬,吾不敢知也。"②戴震说人们不识字就试图解释经典,显然是夸张的说法。他的真正意思是说,后世儒者不懂文字、音韵、训诂学而去解释经典,所以对经典的解释很少不把意思搞错的。

当章学诚第一次听到戴震的这一说法时,甚至有点目瞪口呆的感觉。由此可见,戴震实为乾嘉时代的哲学狂人。不过,从原则上讲,戴震的观点是正确的,即只有通晓古今之异言,然后才能准确地理解古代的经典。但通晓了古代的语言是否就能真正地把握古代经典的真正意义,那就是另外一回事了。对于此点,戴震似乎没有做更多的论述。戴震非常重视文字与语言的关系,所以他本人特别重视对《尔雅》的研究。他说:"故古训之书,其传者莫先于尔雅,六艺之赖是以明也。所以通古今之异言,然后能讽诵乎章句,以求适于至道。"③

应当说,戴震是在言能达意的前提下讨论语言与经学经典的意义关系的。这种经学研究方法固然有其深刻性,但如果不将语言与社会制度背景,人伦生活实际结合起来,仅仅通过语言也还是不能准确地把握经典中的意义的。因此,戴震也十分强调对古代科学知识、制度背景的研究。

(二)声音与意义的关系

戴震还敏锐地意识到,要研究古代文字、词汇的意义,还必须通晓古代语言的发音及其变化的历史。他从人发声的自然节限出发来分析"六书"制作的原理,说道:"人之语言万变,而声气之微,有自然之节限。是

---

① 戴震:《与王内翰凤喈书》,《戴震全书》第6册,张岱年主编,第278页。
② 戴震:《尔雅注疏笺补序》,《戴震全书》第6册,张岱年主编,第276页。
③ 戴震:《尔雅注疏文字考序》,《戴震全书》第6册,张岱年主编,第275页。

故六书依声托事,假借相禅,其用博,操之至约也。"他注意到声音与意义之间的关系并不始于戴震,明末清初的顾炎武、方以智对此已经有所论述。戴震则更进一步地分析了声音与意义关系的具体规则。他说:"凡同位则同声,同声则可以通乎其义。位同则声变而同,声变而同则其义变可以比之而通。"因此,在训诂过程中,就可使用这样的原则:"疑于义者以声求之,疑于声者以义正之。"①

戴震的这一"因音而求义"的语言学方法,是顾炎武、方以智因声求义思想的继承与深化。这一方法,在其同时代的学者钱大昕那里,后学段玉裁、高邮王氏父子那里均得到了进一步的回应与继承。如钱大昕说:"古人以音载义,后人区音与义而二之,音声之不通而空言义理。吾未见其精于义也。"②

段玉裁说:"圣人之制字,有义而后有音,有音而后有形,学者之考字,因形以得其音,因音以得其义……治经莫重乎得义,得义莫切于得音。"③

王念孙说:"以训诂之旨,本于声音。故有声同字异,声近义同,虽或类聚群分,实亦同条共贯。譬如振裘必提其领,举网必挈其纲,故曰'本立而道生'。④"

王引之亦说:"大人(其父王念孙)曰:诂训之指存乎声音,字之声同声近者,经传往往假借,学者以声求义,破其假借之字而读以本字,则焕

---

① 戴震:《转语二十章序》,《戴震全书》第 6 册,张岱年主编,第 305 页。远在元代的戴侗就提出过"因音求意"的思想,清初方以智又继承了这一思想。在《通雅·凡例》中,他明确说"此书主于折衷音义",又说,"因声知义,知义而得声也"。参见方以智《通雅》卷六,《方以智全书》第 1 册,侯外庐主编,第 241 页。
② 段玉裁:《六书音均表序》,《说文解字注》第十五卷下,第 804 页,上海,上海古籍出版社,1981。
③ 段玉裁:《王怀祖广雅注序》,《经韵楼集》卷八,《续修四库全书》第 1435 册,第 71 页。
④ 王念孙:《广雅疏证序》,《王石臞先生遗文》卷二,《续修四库全书》第 1466 册,第 42 页,上海,上海古籍出版社,2002。

然冰释。如其假借之字而强为之解,则诘鞫为病矣。"①

这些乾嘉学者将对古代文字意义的研究深入到声音与意义的关系层面,进而更加深入、系统地考索古代经典中字、词的原义,这一点应当是汉人训诂学所缺乏的新内容,也是乾嘉考据学不能简单地看作是汉代训诂学翻版的理由之一。

（三）通过语言以求经中之道

将文字、名物制度的考订这一广义的语言学研究方法与考究古代圣贤的思想精神联系起来,并从此角度公开批评宋儒在学术方法上的缺失,是戴震哲学思考的根本特点。在《与某书》中,②他这样说:

> 治经先考字义,次通文理,志存闻道,必空所依傍。汉儒训故有师承,亦时有傅会。晋人傅会凿空益多。宋人则恃胸臆为断,故其袭取者多谬,而不谬者在其所弃。我辈读书,原非与后儒竞立说,宜平心体会经文,有一字非的解,则于所言之意必差,而道从此失。③

在此封信中,戴震从文字、名物制度的考订这一广义的语言学研究方法角度公开批评宋儒哲学思考的方法论缺失。他说:"宋以来儒者,以己之见,硬坐为古贤圣立言之意,而语言文字实未之知。"他对宋儒思想作知识论进路的批评,在当时具有非常大的震撼意义。先且不说宋儒们所说的道理对不对,只要一看宋儒们连基本的语言文字理解能力方面都有问题,则其所阐述的道理是否符合往古圣贤的思想,就自然地要引起人们的怀疑与重新思考了。特别是以朱子为代表的理学,向来以"格物致知"和"道问学"而见长。这时突然变得连字都认错了,岂不令人震惊!因此,戴震从广义的语言哲学的立场出发来解构宋儒理论的权威性,而

---

① 王引之:《经义述闻序》,《王文简公文集》卷三,《续修四库全书》第1490册,第383页,上海,上海古籍出版社,2002。
② 依钱穆先生考证,该信写于乾隆丁酉年,即公元1777年夏,属于临终前绝笔信之一。若钱先生的考证准确,则此信晚于《孟子字义疏证》一书,因而可以看作是《疏证》一书的理论概括,也可以看作是其晚年哲学方法论与新哲学创造实践统一后的高度理论总结。
③ 戴震:《与某书》,《戴震全书》第6册,张岱年主编,第495页。

借助的工具则是当时人们奉为圭臬的语言、文字学方法。在方法论上占有优势，并因此优势而获得时人的心理认同。

以戴震为代表的乾嘉考据学并不反对人们追求形而上的"道"，而只是强调人们应当通过广义的语言工具，以实证的方式去求道。这与西方20世纪语言哲学拒斥形而上学的思路非常不同。因此，我们可以说，戴震只是反对宋儒凿空而言道的方法，强调必须依赖文字、语言的工具以达到对存留于"六经"中的"道"——真理的把握。他说：

> 士生千载后，求道于典章制度而遗文垂绝。今古悬隔，时之相去殆无异地之相远，仅仅赖夫经师故训乃通，无异译言以为之传导也者。又况古人之小学亡，而后有故训，故训之法亡，流而为凿空。数百年以降，说经之弊，善凿空而已矣。[1]

戴震的意思是说，生在圣贤之后几千年的读书人，如何去理解他们留下的经典呢？如果仅仅依靠经师和历史上留给我们的训诂，与依赖翻译作为经典的传达者没有两样。故代系统的小学知识系统已经亡迭，故训的方法也已失传，所以几千年来的解经著作，其严重的弊端在于凭空臆说。基于他对几千年经学史作如此全面否定性的认识，戴震希望以语言学的实证方式来论道，反对宋儒思辨型的哲学思考方式。这一思路在他30岁以前作《与是仲明论学书》[2]时，就已经非常明白地表达出来了。他说：

> 仆自少时家贫，不获亲师，闻圣人之中有孔子者，定六经示后之人，求其一经，启而读之，茫茫然无觉。寻思之久，计于心曰："经之至者道也，所以明道者其词也，所以成词者字也。由字以通其词，由词以通其道，必有渐。"求所谓字，考诸篆书，得许氏《说文解字》，三年知其节目，渐睹古圣人制作本始。又疑许氏于故训未能尽，从友

---

① 戴震：《古经解钩沉序》，《戴震全书》第6册，张岱年主编，第377页。
② 该封书信作于癸酉年，是年为乾隆十八年，即公元1753年，戴震29岁。

人假《十三经注疏》读之,则知一字之义,当贯群经、本六书,然后为定。①

他为了批评宋明以来儒者中的"凿空"之风,不得不反复强调汉儒强调"故训"的方法论意义。所以他又说:

> 后之论汉儒者,辄曰故训之学云尔,未与于理精而义明。则试诘以求理义于古经之外乎?若犹存古经中也,则凿空者得乎?呜呼!经之至者,道也;所以明道者,其词也;所以成词者,未有能外小学文字者也。由文字以通乎语言,由语言以通乎古圣贤之心志,譬之适堂坛之必循其阶级,而不可以躐等。②

上述两则文献,前一则是戴震早年自学成才时的心得之见,此时他并未与惠栋见面。后一则是中晚年的作品。这两则文献均表明,以戴震为代表的皖派考据学,不仅不反对义理,而特别强调了通过文字、语言的正确途径通达义理方法的重要性。他将文字、词汇、语言看作是通向古经中圣人之道的必经台阶。舍此台阶,我们无由达到古经中的圣人之道。这样,戴震就明确地将文字、词汇、文化制度、语言研究的价值和意义与追求圣人之道的崇高的价值理想联系起来了。一方面,这种方法使得清代学人对古代圣人之道的认识获得了坚实的方法论的基础;另一方面,又在价值理想方面指明了文字、词汇、文化制度、语言学研究的方向与目标,避免文字、语言学研究重新陷入支离破碎之中。

戴震为什么要如此地强调文字、文化制度、语言学研究之于哲学思想研究的意义呢?因为在他看来,如果抛弃了文字、词汇、语言的实证方法,以"凿空"的方式求道于六经,则会出现两种弊病:"其一,缘词生训

---

① 戴震:《与是仲明论学书》,《戴震全书》第 6 册,张岱年主编,第 370—371 页。关于言与道的关系,类似的说法还有,如在《沈学子文集序》中,戴震说:"凡学始乎离词,中乎辨言,终乎闻道。离词,则舍小学故训无所籍;辨言,则舍其立言之体无从而相接以心。"见戴震《沈学子文集序》,《戴震全书》第 6 册,张岱年主编,第 393 页。
② 戴震:《古经解钩沉序》,《戴震全书》第 6 册,张岱年主编,第 378 页。

也;其二,守讹传谬也。缘词生训者,所释之义,非其本义。守讹传谬者,所据之经,并非其本经。"①用现代的语言来说,"缘词生训",即是根据作者的主观理解,对经典中的一些关键词汇根据上下文作推测性的解释,而会忽略经典所处时代的文字、词汇的本义。"守讹传谬",即是对经典的版本问题研究不透,据伪经来释义,有拉大旗作虎皮的意味。戴震的意图很明确,那就是要力求通过文字、语言的工具,使得后人对古代经典高深哲理的解释具有人文学的实证性,从而保证人文学释义的客观性与科学性,不要使人文学的研究陷入高度主观化的臆想之中,力求在历史的情境中理解古代圣人"与天地之心相协"的精神。在晚年《与段茂堂等十一札》的第九札中,戴震坦陈了其一生在哲学方面的终极价值追求与方法论追求:"仆自十七岁时,有志闻道,谓非求之六经、孔、孟不得,非从事于字义、制度、名物,无由能通其语言。宋儒讥训诂之学,轻语言文字,是欲渡江河而弃舟楫,欲登高而无阶梯也。为之卅余年,灼然知古今治乱之源在是。"②

　　戴震将通过文字、语言的正确方法把握儒家经典中蕴涵的道,与整个社会的治乱的大问题联系在一起,充分地展示了他的语言哲学与政治关怀的内在联系。如果从比较哲学的角度看,这也是戴震所开创的中国哲学的语言学转向与 20 世纪西方哲学的语言转向颇为不同的地方。综合上述几节所论,我们把以戴震为代表的皖派汉学"力求通过文字、典章制度、语言的工具"来获得经典解释中的客观性方法,暂时称之为"人文实证主义"③。这一人文实证主义的方法使得乾嘉时期的哲学思考迥然有别于宋明理学的思辨哲学,与明末清初的反理学思潮亦有不同之处。明末清初的反理学思潮可以看作是乾嘉时期哲学思想的一种过渡,而乾

---

① 戴震:《古经解钩沉序》,《戴震全书》第 6 册,张岱年主编,第 378 页。
② 戴震:《与段茂堂等十一札》,《戴震全书》第 6 册,张岱年主编,第 541 页。
③ 实证主义是 20 世纪西方哲学的一个流派。我借用实证主义的基本思想而将清代乾嘉时期皖派考据学称之为"人文实证主义"方法。其基本涵义即是通过文字、训诂、制度、名物的考订的广义语言学方法追求经典解释过程中的客观性。

嘉时期的人文实证主义哲学可以看作是清代哲学的典型风貌。

（四）戴震语言哲学的开放性

戴震的哲学思考虽然非常重视文字、音韵、训诂的方法，但他的哲学思考并没有完全依赖于对字、词的重新解释与语言的理解来解释经义，而是从更加广阔的文化史角度——即"知识考古"的角度来重新解释经典的原义。本章第一节提到，他在《与是仲明论学书》中曾说："至若经之难明，尚有若干事。"这若干事包括如下几个方面的内容，一是要懂得天文知识，二是要懂古代音韵知识，三是要懂得古代的礼制，四是要懂得古代历史地理，五是要懂得古代科技制造知识，六是要对生物、植物知识有所了解，从而更好地理解《诗经》中的比喻、比兴等文学手法。我将戴震提出的这些知识手段称之为"知识考古"的路径。除此之外，戴震所追求的"一字之义，当贯群经"遍举法，也可以理解为以整体来确证局部的哲学解释学方法。在《与姚孝廉姬传书》一信中，戴震提出了要追求"十分之见"的真理论，反对"据孤证以信其通"的或然证据法。显然，这些要求已经远远超出了语言哲学的领域之外，而具有科学的实证与追求真理的精神了。

除上述所讲的内容之外，戴震的语言哲学思想还与哲学的解释学有密切的关联，他还提出了"要大其心"以合于古圣贤与天地之心相协的伟大心灵相合的哲学解释学方法，实现后来者与古代圣贤精神的对话与沟通。这是一种近乎哲学解释学的方法，以往学术界对于此点一般比较忽视，现在学术界已经有人研究此问题了，如李开。在《古经解钩沉序》中，戴震说："由文字以通乎语言，由语言以通乎古圣贤之心志。"又说："人之有道义之心也，亦彰亦微。其彰也，是为心之精爽；其微也，则以未能至于神明。六经者，道义之宗而神明之府也。古圣哲往矣，其心志与天地之心协而为斯民道义之心，是之谓道。"①

在《郑学斋记》中，戴震颇为痛心地说道："学者大患，在自失其心。

---

① 戴震：《古经解钩沉序》，《戴震全书》第 6 册，张岱年主编，第 377 页。

心，全天德，制百行。不见天地之心者，不得己之心；不见圣人之心者，不得天地之心。不求诸前古贤圣之言与事，则无从探其心于千载下。是故由六书、九数、制度、名物，能通乎其词，然后以心相遇。"[1]

在《春秋究遗序》中，戴震这样说道："读《春秋》者，非大其心无以见夫道之大，非精其心无以察夫义之精。"在该文中，他借《春秋究遗》的作者叶书山的话，将经典研究过程中通过语言学的途径与"精心""大心"的思想领悟方法结合起来，体现了戴震语言哲学思想内涵的丰富性。他说：

> 震尝获闻先生论读书法曰："学者莫病于株守旧闻，而不复能造新意，莫病于好立异说，不深求之语言之间，以至于精微之所存。夫精微之所存，非强著书邀名者所能至也。日用饮食之地，一动一言，好学者皆有以合于当然之则。循是而尚论古人，如身居其世睹其事，然后圣人之情见乎词者，可以吾之精心遇之。非好道之久，涵养之深，未易与于此。"先生之言若是。然则《春秋》书法以二千载不得者，先生独能得之，在是也夫。[2]

这则序文，戴震当然有美誉叶书山之处，然叶书山所言多有与他自己的观点相合之处，如强调通过语言研究进入对道的理解，非勉强著书以邀名，合于当然之则这三点，都是戴震日常反复强调的思想。惟以研究者的"精心"与圣人之心相遇的思想，是戴震在晚年逐渐明晰的新思想。上述两篇序文，一篇学记，集中反映了戴震语言哲学思想之外的哲学解释学的内容。从一个侧面展示了戴震的语言哲学在理论视野上蕴涵着较强的开放性，需要我们从多个方面来理解其哲学思想。20世纪中国哲学研究长期以来受制于西方哲学视野与中国现实社会政治与文化需求的影响，对于戴震丰富的哲学思想的认识预留了相当大的理论空间，有待后来者进一步拓展其丰富的哲学内涵。

---

[1] 戴震：《郑学斋记》，《戴震全书》第6册，张岱年主编，第406页。
[2] 戴震：《春秋究遗序》，《戴震全书》第6册，张岱年主编，第381—382页。

# 第七章　章学诚、崔述的历史哲学

章学诚(1738—1801)，字实斋，号少岩，浙江会稽(今绍兴市)人。他是乾嘉时代颇具学术独立性的历史学家。其最重要的历史学著作是《文史通义》。从思想的发展过程看，作为与戴震同时代而在思想与学术两方面晚熟于戴震的章学诚，其学术、思想的成长深受戴震的影响。一方面，章学诚是当时能够理解戴震哲学思想的少数学者之一，另一方面，章学诚又是当时及戴震身后批评戴震学术与思想的最重要的学者与思想家之一。他处于乾嘉考据学鼎盛的时代而能抗拒考据学的时代压力，致力于文史通义的历史文化哲学的理论思考，在"六经皆器"的道器关系论的前提下，重新阐述了"六经皆史"的历史哲学命题，以"言性命必究于史"的实证哲学思想作为"渐东学术"的精神纲领，建构了"渐东学派"的史学理论流派。他与戴震一道成为乾嘉时代另一面哲学旗帜。章学诚所追求的"通史家风"，上接司马迁、刘知几等人的历史哲学精神，下开具有近代意义的历史文化哲学。其学说在当世并无多大影响，清末民初之后对我国学术界产生了巨大的影响，梁启超、胡适等人对其学说都有高度的评价。

## 第一节　《文史通义》的性质及其学术定位

与乾嘉时代三大考据史学家的代表著作相比较而言,章学诚的《文史通义》一书颇为另类。它与其说是一部历史学著作,不如说是一部历史文化哲学著作。从哲学思想史的角度看,其性质与经学家戴震的《孟子字义疏证》当属同类,并且可以毫不夸张地说,这两本书是该时代哲学著作的双璧。

从哲学思想史的角度看,《文史通义》一书的核心观念是"道不可见,可见者道之迹"的道论与"三人居室而成道"的人道论。作为"形上之道"的道体是变动不居的,圣人也无法把握,因而圣人并不能代表"道",更遑论以道自居,而只能从百姓日用而不知的生活轨迹中发现"道"之迹。"六经"是载道之书,但"六经"不能涵盖发生在"六经"之后的历史事件和变化之道。因此,"六经"也只能是道之器,而不是道体,即不是道本身。每一代人都必须通过对"六经"核心精神的领悟来重新研究、把握他们自己的时代之道。"六经"皆是大道变化的陈迹,是圣人因时而撰写的经典文本,因而"六经皆史"。

大道之体不可见,也不可说,则天人性命之理也不能凭空而论。要研究天人性命的抽象哲学道理,也只能在"道"变化的历史轨迹中去寻找。因此,"言性命必究于史"之史就是所有哲学研究的出发点。

历史是什么?凡是人间的所有文字、著述等都是历史。可见,章学诚思想中的历史即是历史文献及其所呈现出的道的变化轨迹。这是一个相当抽象的思辨历史哲学命题,而与司马迁所追求的"究天人之际,通古今之变"的历史学观念有相当大的不同。章学诚的历史学更多关注的是历史文献及其所呈现出的道之迹,而不是感性的人类活动本身。这大约与乾嘉时代重视文献的时代与学术氛围有关。按照章学诚的历史观来看,传统经、史、子、集四部分类的典籍与学问(知识)系统的文字表达形式,都是历史。换句话说,四部分类虽然由来已久,然而就人类的学问而言,只有一种,那就是章学诚所说的历史学。因此,文史,即一切通过文字形式存留下来的道之变化的陈迹——历史,是"道体"在人间留下的足迹,表面看起来有经、史、子、集四类形式,其实具有内在的共通性质——即是"道"之迹的表现。因此,历史学研究不是斤斤计较于具体历史事实的考订,经学研究也不是对六经原义的把握,人文学的研究无非是要把握那变动不居的道,通过对道变化轨迹的研究来研究现实的存在,把握现实中的道,从而实现研究者研究活动的价值。因此,所有学术研究的根本精神是对"公共之道"的把握,而不是为了研究者的名声去别立门户。如果一个人的研究成果的确体现了"道"的精神,即使不以这个人的名字去命名也没有关系,因为学术乃追求大道的"天下之公器"。只要是揭示了那个时代的变化之道,则具体个人的名声存留于人间与否,是没有多大关系的。这是章学诚在道论思想指导下所持有的特别的学术价值观。

然而,章学诚在《文史通义》中又对"独断之学"情有独钟,三致其意。而且也强调学术研究要体现研究者的"性灵"——即研究者的"别识心裁"。如果学术研究是对"公共之道"的把握,人们又何以能够有自己的"别识心裁",从而形成自己的"独断之学"呢?

这需要联系他"独断之学"的反面——考索之功和"别识心裁"的反面——记注史学,才能充分理解这一学术主张与其"道公而学私"的内在关系。

在《文史通义》一书中,章学诚将"独断之学"与"考索之功"严格区分开来,对乾嘉时代徒知考据为学问的时代风气给予了猛烈的抨击,体现了过人的胆识与学术智慧。他说:

> 学问文章,古人本一事,后乃分为二途。近人则不解文章,但言学问,而所谓学问者,乃是功力,非学问也。功力之与学问,实相似而不同。记诵名教,搜剔遗逸,排纂门类,考订异同,途辙多端,实皆学者求知所用之功力尔!即于数者之中,能得其所以然,因而上阐

古人精微,下启后人津逮,其中隐微可独喻,而难为他人言者,乃学问也。①

　　章氏将考索之功与理想中的真正学问(即独断之学)区别开来,与戴震将考据看作是抬轿者,而"求道"才是坐轿之人的说法类似。章学诚从学问的角度肯定戴震的同时,又批评戴震以"考索之功"为标准来衡量某人是否有学问的做法,如章学诚说:"近日言学问者,戴东原氏实为之最。以其实有见于古人大体,非徒矜考订而求博雅也。"②但是戴震又有过失之处,以己之长来要求天下所有学人必精于考订方能言学问:"戴氏深通训诂,长于制数,又得古人之所以然,故因考索而成学问,其言是也。然以此概人,谓必如其所举,始许诵经,则是数端皆出专门绝业,古今寥寥不数人耳,犹复此纠彼讼,未能一定,将遂古今无诵五经之人,岂不诬乎!"③

　　不过,章学诚并没有简单地否定"考索之功"的价值,只是认为在更高的层面上盾,考索之功与独断之学是不能够严格区分的,如果真正做到融功力于性情之中,则可以称之为有学问了。他认为,当孔子说"发愤忘食,乐以忘忧,不知老之将至"这段话时,我们已经无法区分什么是功力,什么是性情了,这就是学的究竟意。而孔子之所以能达到这一究竟的境界,是因为他能做到"好古而敏求之者也"。④ 章学诚将性情与功力融为一体,称之为学问,这与他追求独断之学的思想精神密切相关。这一点,也是他与戴震的学术思想颇为不同的地方。戴震追求"十分之见",似乎更倾向普遍有效的真理性知识。而章学诚则更追求"别识心裁","独断之学",更强调学问的个性,就这一点而言,章氏学术思想与焦循的"性灵"经学思想似乎更为接近。不过,他追求的"大道"与"独断之

① 章学诚:《又与正甫论文》,《文史通义新编新注》,仓修良编注,第 807 页,杭州,浙江古籍出版社,2005。
② 章学诚:《又与正甫论文》,《文史通义新编新注》,仓修良编注,第 807 页。
③ 章学诚:《又与正甫论文》,《文史通义新编新注》,仓修良编注,第 807 页。
④ 章学诚:《博约中》,《文史通义新编新注》,仓修良编注,第 118 页。

学"之间,也存在着一定的张力。

在批评了考据学末流斤斤于考据而自以为是真学问的同时,章学诚也毫不客气地批评了历史上的官修史学了无史识和考据史学"循流忘源"的缺陷,认为他们的著作都无法体现历史变化、发展之道。他说:

> 子长、孟坚氏不作,而专门之史学衰。陈、范而下,或得或失,粗足名家。至唐人开局设监,整齐晋、隋故事,亦名其书为一史;而学者误承流别,不复辨正其体,于是古人著书之旨晦而不明。至于辞章家舒其文采,记诵家精其考核,其于史学,似乎小有所补;而循流忘源,不知大体,用功愈勤,而识解所至,亦去古愈远而愈无所当。①

由上述对历史学发展脉络的回顾与批评,章学诚表彰郑樵,并进而表彰司马迁、班固的历史学著作,认为他们的著作把握了历史变化之道,体现了史家的别识心裁。他认为郑樵在司马迁、班固之后,"慨然有见于古人著述之源,而知作者之旨,不徒以词采为文,考据为学也。于是欲匡正史迁,益以博雅;贬损班固,讥其因袭。而独取三千年来遗文故册,运以别识心裁,盖承通史家风,而自为经纬,成一家言者也"②。

郑樵是否达到了"自成经纬,成一家之言"的历史学高度,还有待讨论。然而章学诚是这样认定的。他认为,除了郑樵之外,在司马迁、班固之后,"史家既无别识心裁,所求者徒在其事其文"③。这样的历史学作品实在不可以称之为"史学"撰述。章学诚根据自己的历史哲学观念,将历史学著述分成两大类,一是撰述之作,一是记注之学。而依据史学研究与写作的风格,又分为史学与史考、史选、史纂、史评、史例等不同类型。而他本人最为欣赏的当然是"史学"。他说:

> 世士以博稽言史,则史考也;以文笔言史,则史选也;以故实言史,则史纂也;以议论言史,则史评也;以体裁言史,则史例也。唐宋

---

① 章学诚:《申郑》,《文史通义新编新注》,仓修良编注,第249页。
② 章学诚:《申郑》,《文史通义新编新注》,仓修良编注,第249页。
③ 章学诚:《申郑》,《文史通义新编新注》,仓修良编注,第250页。

至今,积学之士,不过史纂、史考、史例;能文之士,不过史选、史评,古人所为史学,则未之闻也。①

由上所引文献及分析可知,章学诚所说的"独断之学",是异于考据学追求细节真实而言的追求形上大道的学问。章学诚所说的"别识心裁",即是异于历史学研究领域里不能反映历史变化之道的史学,特别是相对于官修史学而言的个人创作的史学著作,如司马迁的《史记》就可以说具有"别识心裁"。它们的基本精神是一致的,即要求一切学术研究活动,包括所有历史学著述都必须与揭示人类变化的大道有关,而且有个人独到的见解。否则,他们所做的学问都可能因为是门户之见而没有什么重要的价值。就历史学的研究与撰述而言,史学家必须具备历史学家的内在德性——即对历史的真实性、历史变化之道的把握能力与表达能力,然后才有资格当历史学家。这便是章学诚在《文史通义》一书所发明的,也是他自以为是"别识心裁"的史德观。在此基础之上的历史学才能把握大道,即具备了"史义"。而具体历史学家的"史意"——即个人的历史裁断,就是为了把握"史义",以便统御史事与史文。

《文史通义》一书内涵丰富,绝非本节简短文字所能穷尽其意。而历史学领域的诸前贤与时贤对该书及章学诚历史学思想丰富性的揭示与挖掘,可以与本节所论相互发明。本节只是想对《文史通义》一书内在哲学思想的一贯性特征给出简明的勾勒,一是凸显其在乾嘉考据学中的独特地位,二是补前贤所论未逮之处。相对于三大考据史学著作而言,该书不以具体的历史事件考订见长,也不是通过具体的历史事件的再叙述达到对历史与现实的批评,而是对历史之所以作为历史的根本属性——以探究变动不居之道的哲学思考为出发点,让史学统御人类所有的学问门类,进而对历史学的撰述、历史学家的内在资格提出要求;又进而论述一切学问和历史学研究、著述的分类问题。如果说,戴震的《孟子字义疏证》通过直接解构与批判宋明理学天理观念,意在表达自己的新伦理学

---

① 章学诚:《上朱大司马论文》,《文史通义新编新注》,仓修良编注,第767页。

与政治哲学理想诉求,而恢复原始儒家精神只是其托辞或言说技巧的话,那么章学诚的《文史通义》通过批评同时代学人斤斤于考据学并且以为唯考据学是从的学风,用意则在于让一切学术研究,包括史学研究走出故纸堆,面向现实社会。换言之,章氏以智者的孤勇从事历史文化哲学的思考,将人类的一切文字、著作都看作是大道的陈迹,将"六经"看作是先王之政典,要求人们通过对大道陈迹的研究而领悟变动不居的"道体",实现学以致用的目的。从学脉上说,章学诚的学问吸收、继承了戴震的一些思想,同时又批评了戴震哲学思想中的一些不足之处,并从历史学重视时间的维度来考察"道"的变动不居特征,从而在道论方面弥补了戴震以气化论为基础的道论思想中暗含而未明言的道之时间性的不足,深化并丰富了乾嘉哲学形上学——道论的思想内容。

## 第二节　章学诚的道论思想

### 一、章学诚道论思想的形成过程

晚明以降的绝大多数有创见的思想家,大体上都走过一条依傍宋明理学,最终又背离宋明理学的思想历程,正如宋学的绝大多数有创见的思想家都走过依傍佛老,而最终走向批判佛老的思想道路一样。章学诚道论思想的形成大体上也走过依傍朱子理学到摆脱朱子理学,最后形成以他自己理想中的史学为基础,以人类社会生活实践为内容的"新道论"的思想历程。按照前贤的研究成果看,章学诚写作《文史通义》的时间大约在 35 岁,而其论道的文字,较早出现在 40 岁左右。[①] 其时,章氏的道论思想还很传统,很抽象,并没有形成自己的真正见解。在《定武书院教诸生识字训约》[②]中,章学诚说:"夫道者,仁者见之谓之仁,知者见之谓之

---

① 参见仓修良、叶建华《章学诚评传》第二章,南京,南京大学出版社,2007。
② 此文作于乾隆四十二年(1777)春,时年章学诚 40 岁,属其早期思想。

知,百姓日用而不知,无定体者皆是也。"①可见,此时的章学诚在道论的认识上还是人云亦云,说不上有什么新见。

五年之后,章学诚的道论思想在主观意识上虽然力图摆脱宋代道学的影响,提出了"道不离器"的观点,但在具体内容上仍然没有摆脱朱子理学思想的影响。在《与朱沧湄中翰论学书》中,章学诚说:

> 盖学问之事,非以为名,经经史纬,出入百家,途辙不同,同期于明道也。道非必袭天人、性命、诚正、治平,如宋人之别以道学为名,始谓之道。文章学问,毋论偏全平奇,为所当然而又知其所以然者,皆道也。《易》曰:"形而上者谓之道,形而下者谓之器。"道不离器,犹形不离影。日月光天,终古不变,而群生百物,各以质之所赋而被其光,谓其所得光影各有大小高下之不齐则可矣,谓尽去形质而始为日月之光,不知光将何附也! 以所得之大小高下而推测日月之光则可矣,以谓光即在此大小高下而不复更有中天之日月焉,不知争此大小高下将何用也! 由此观之,学术无有大小,皆期于道。若区学术于道外,而别以道学名,始谓之道,则是有道而无器矣。学术当然,皆下学之器也;中有所以然者,皆上达之道也。器拘于迹而不能相通,惟道无所不通,是故君子即器以明道,将以立乎其大也。②

上述一段文字较长,大体上可以从以下三个方面来理解,其一,所有学问的目标都是"求道"。经史百家之学的形式差异不影响这一根本的目标。其二,"道"并非宋明理学家们所讲的内容,而是所当然与所以然的结合体。其三,道不离器,离器则不可以见道。从这三个方面的内容来看,第一点与戴震的观点有相同之处,即二人均以"求道"为所有学问的根本目标。第二点中蕴涵着乾嘉学者的共识,即反对宋明理学的思想倾向。但他将"道"看作是所当然与所以然的结合体,其哲学认识又与朱

---

① 章学诚:《定武书院教诸生识字训约》,《文史通义新编新注》,仓修良编注,第 631 页。
② 章学诚:《与朱沧湄中翰论学书》,《文史通义新编新注》,仓修良编注,第 708—709 页。

子对形而上的"天理"的规定有相同之处,因为朱子所讲的"天理"就是所当然与所以然的统一体。章氏在此处只是换了一个"道"的名字而已。第三点,章氏的"道不离器"观点比较模糊,尤其是他采用的比喻性的论证缺乏足够的哲学明晰性。"日月光天,终古不变"的说法不仅在今人看来是错误的认识,中国古人也不是这样认识的,《周易》就是从变的角度这样来认识自然界之天的,从来不认为日月光天终古不变。而日月之光若是"道"的话,则日月之光可以脱离任何被照耀之物,不能用来说明"道不离器"的观点。这就表明,此时的章学诚对于此一抽象的哲学问题还没有真正的深刻的认识。

七年之后,即章学诚 52 岁时,思想已经成熟、定型,他的道论思想也更具有自己的特色了。在这一时期所创作的《原道》上中下三篇,以及相关的《易教》《诗教》《说林》《与陈鉴亭论学》等文章与书信中,集中而又系统地阐述了他自己的道论思想。概而言之,这一时期的道论思想有三点新的内容,其一是"以三人居室而成道"的人道论,其二是仅以"所以然"来规定"道",提出了道体不可见,而可见者为道之迹的说法,深化了 40 岁时"道无定体"的说法。其三,深化并丰富了"道不离器"的思想,提出了道在六经之中又在六经之外的思想,将"六经皆史"的旧命题赋予了新内容,使历史学成为面向现实与未来,并鼓励人们从事创造性事业的"经世"新史学,从而与同时代的考据史学追求普遍、确定的历史知识的史学品格区别开来了。下面着重分析其道论思想的新内容。

章学诚一反历史上"一阴一阳之谓道"的说法,着重从人类文明形成的历史角度来描述道的形成过程及其所具有的客观性特征,不再从自然哲学或气化论的角度来讨论抽象的哲学之道。他说:

> "道之大原出于天",天固谆谆然命之乎? 曰:天地之前,则吾不得而知也。天地生人,斯有道矣,而未形也,三人居室,而道形矣,犹未著也;人有什伍而至百千,一室所不能容,部别班分,而道著矣。

仁义忠孝之名,刑政礼乐之制,皆其不得已而后起者也。①

在章氏看来,那种根源于天的抽象之道,他无法知晓。他只想谈论天地生人之后的"人道"的形成过程及其必然性,所谓"仁义忠孝之名,刑政礼乐之制,皆其不得已而后起者也"。这即是说,人类的文明制度虽出于人的思想构造,但有其"不得已"的客观、必然性的道理,看似主观的文明构造其实有其客观的、必然性内容。因此,人文世界其实也有如同天地运行的自然而然的客观性特征,因此,章学诚又说:

> 人之生也,自有其道,人不自知,故未有形。三人居室,则必朝暮启闭其门户,饔飧取给于樵汲,既非一身,则必有分任者矣。或各司其事,或番易其班,所谓不得不然之势也,而均平秩序之义出矣。又恐交委而互争焉,则必推年之长者持其平,亦不得不然之势也,而长幼尊卑之别形矣。至于什伍千百,部别班分,亦必各长其什伍而积至于千百,则人众而赖于干济,必推才之杰者理其繁,势纷而须于率俾,必推德之懋进司其化,是亦不得不然之势也;而作君、作师、画野、分州、井田、封建、学校之意著矣。故道者,非圣人智力之所能为,皆其事势自然,渐形渐著,不得已而出之,故曰"天"也。②

上述章氏所论"人道"形成的客观历程,既吸收了孟子从社会分工角度讨论儒家社会制度建制的合理性的思想,也吸收了柳宗元从历史动态发展过程论大型社会组织形成的思想,而着重强调历史上儒家所建构的一整套社会制度具有客观的必然性。这又与中国思想史上"名教与自然"之争的历史发生了联系。在魏晋玄学自然与名教的争论过程中,有以嵇康为代表的"越名教而任自然"的反名教一派,也有郭象、裴頠等人的"名教即自然"的肯定名教的一派。章学诚在此处所言的"当然"不是魏晋玄学的翻版,而是来自朱子的理学,但他的确是从新的角度论证了

---

① 章学诚:《原道上》,《文史通义新编新注》,仓修良编注,第94页。
② 章学诚:《原道上》,《文史通义新编新注》,仓修良编注,第94页。

儒家名教的客观必然性与历史合理性。他没有像程朱理学那样以独断论的方式论宣称："君臣父子,无所逃于天地之间"①,而是以历史学的方式论证了名教的必然性与历史合理性。虽然他并没有黑格尔那样的抽象哲学命题:"凡存在的即是合理的",但他的道论思想的确对历史上各阶段出现的规范与制度的客观性、历史合理性进行了论述与肯定。

　　章学诚虽然重视名教之总称(或别称)的"道",却对圣人与道的关系作出了新论述。他认为,圣人可以体道,但不能等同于道。圣人与道的关系还不如众人与道的关系更加亲近。圣人所见之道只是众人"不知其然而然"的"道之迹"。因此,圣人所遗传下来的"六经"只是对"道之迹"的描述,而不是对"道"本身的规定,这就使得"经学"的地位有所下降。章学诚是这样论述道与圣人、众人,以及众人与圣人的关系的:

　　　　道有自然,圣人有不得不然,其事同乎? 曰:不同。道无所为而自然,圣人有所见而不得不然也。故言圣人体道可也,言圣人与道同体不可也。圣人有所见,故不得不然;众人无所见,则不知其然而然。孰为近道? 曰:不知其然而然,即道也。非无所见也,不可见也。不得不然者,圣人所以合乎道,非可即以为道也。圣人求道,道无可见,即众人之不知其然而然,圣人所藉以见道者也。故不知其然而然,一阴一阳之迹也。②

　　章氏道论在此处所阐发出的新意具有较大的思想突破意义。一方面,他找到了批评戴震"经之至者道也"的"经道合一论"的思想突破口;另一方面,他将学术的"求道"活动从纯粹的历史研究引向了对变动不居的生活现象本身的研究,从而蕴含着使历史研究摆脱对纯文献考订的思想的理由与价值目标的正当性,进而使历史研究内在地包涵对着当世制度的研究。这样,历史研究就可以摆脱考据史学的纯知识追求的趣味,

---

① 此语原出《庄子·人间世》,是庄子借孔子之口说出来的,然被宋代理学家借用过来了。
② 章学诚:《原道上》,《文史通义新编新注》,仓修良编注,第 95 页。

而让其保持一种古今贯通的"通史家风"。章学诚在其给友人的信中详细地解释了自己的道论思想①,但其内容基本上没有超出《原道》上中下三篇。他的道论思想从思想形式上看,与朱子的理学思想有内在的一致性,如他说:"道者,万事万物之所以然也,而非万事万物之当然也。人可得而见者,则其当然而已矣。"②但是,他的道论思想毕竟又有不同于朱子理学思想中的"天理"论之处,因为他并没有将"道"看作是先于天地之先的存在,而只是将"道"看作一种不可见的"所以然"。这与他40岁时所说的"道无定体"的说法是一致的,只不过内涵更加丰富而且更加具体,更充分展现了自己的思想特质。

## 二、章学诚道论的基本内容

简明地说,章学诚道论思想的轮廓大致可以作如下的表述:阐明道源、推定道体、辩明道器关系,试图为当时的文史研究工作指明根本的方向,并为文史领域的不同部门研究工作的价值提供哲学上的根据与论证。从后人的角度看,其"道器"关系论与王夫之多有暗合,然而在章学诚时代,他本人及其他学者似乎还无法看到王夫之的相关论述,因而其"道器"关系论可以视为他的独创。

（一）天与天道

要准确地把握章学诚的道论思想,首先必须了解他思想中"天"字的含义。在章学诚的思想体系中,他所讲的"天"有两层意思,一是指客观的自然之天,即类似于今日的宇宙。在《天喻》篇,他说:"夫天浑然而无名者也。三垣、七曜、二十八宿、十二次、三百六十五度、黄道、赤道,历象

---

① 在《与陈鉴亭论学》（撰于乾隆五十四年）一信中,章学诚向友人陈鉴亭进一步解释了其道论思想的基本逻辑思路,认为道无处不在,无所不包,"道无不该,治方术者各以所见为至"。而且说,由于一般人认为,他的"道之大原出于天,其说甚廓",所以,他以"三人居室"而成道的历史过程来"实证"道的历史过程,从而推论"道体之存即在众人之不知其然而然"的自然历史过程之中。
② 章学诚:《原道上》,《文史通义新编新注》,仓修良编注,第94页。

家强名之以纪数尔。"①在《匡谬》篇,他说"盈天地间惟万物"。② 二是代指自然而然的状况,不是人力所为的过程与结果。章学诚主要通过"天"的概念来说明道的客观性,非人为性和普遍性的特征。因此,当他从生成论的角度说"道之大原出于天","天地生人,斯有道矣,而未形也"这两句话时,就是在阐述"天道"问题。而文中的"天"字就是自然之天。当他说这一段话时:"故道者,非圣人智力之所能为,皆其事势自然,渐形渐著,不得已而出之,故曰天也。"③其实是在阐述"道"的客观性,其中的"天"字代指自然而然的状况,不是人力所为的过程与结果。

通观章学诚的道论思想,他对"天道"的论述非常简略,这既可能与他对"天道"的态度有关,也可能与他个人的知识背景有关。他反复阐述这样一个道理:"言天人性命之学,不可以空言讲也",并将自己所归属的"浙东学派"的特征规定为:"言性命者必究于史"。他批评后人著述"舍人事而言性天",认为这样做是无法把握史学精义的。正是在这样的天人性命之学的观念下,他还说了一句非常奇怪的话:"上古详天道,中古以下详人事之大端也。"这句话显然不是对科技发展进步过程的描述,因为在其他地方,他多次说过,天文历算之学,后出转精之类的话;而应当理解为中古以后的学者多从"人事的大端"来阐发天人性命之学的。从另一方面看,由于他不太熟悉天文历算之学。这一知识结构的局限性也可能是他略于论天道的原因,而这一点也正是他与戴震道论思想形成区别的关键之一。

关于天道与人道的关系,章学诚没有明确的论述,只是在论述儒家经典时涉及这一关系。他说:"《易》以天道切人事,《春秋》以人事而协天道。"④在我们看来,章学诚的道论思想,其主体部分是阐述人道的内涵、变动不居的开放过程及其存在的方式。

---

① 章学诚:《天喻》,《文史通义新编新注》,仓修良编注,第 332 页。
② 章学诚:《匡谬》,《文史通义新编新注》,仓修良编注,第 169 页。
③ 章学诚:《原道上》,《文史通义新编新注》,仓修良编注,第 94 页。
④ 章学诚:《易教下》,《文史通义新编新注》,仓修良编注,第 18 页。

（二）"三人居室而成道"——章学诚的人道论

在章学诚看来,作为人类社会规则始端的"人道","乃始于三人居室",只是在此阶段的"人道"特征还不是很显明。等到"人有什伍而至百千,一室所不能容,部别班分"之时,"人道"才开始彰显出来。因此,"仁义忠孝之名,刑政礼乐之制,皆其不得已而后起者也。"

章学诚为何将"人道"的开端规定为三人居室,而不是二人居室?《易传》讲"一阴一阳之谓道",将夫妇看作是人伦之始,而章氏却说:"三人居室,而道形矣,犹未著也。"这一说法有什么样的深意呢? 按照章氏的论述,三人居室而人道开始形成,主要原因是起于分工,因分工而产生"均平秩序之义",为了维持均平、秩序之义而推举年长者维持均平,因而又形成长幼尊卑的等级。他是这样说的:

> 人之生也,自有其道,人不自知,故未有形。三人居室,则必朝暮启闭其门户,饔飧取给于樵汲,既非一身,则必有分任者矣。或各司其事,或番易其班,所谓不得不然之势也,而均平秩序之义出矣。又恐交委而互争焉,则必推年之长者持其平,亦不得不然之势也,而长幼尊卑之别形矣。①

由上所引的材料可知,章学诚不再是简单地以天道来规定人道,而是从人道自身的内在需求——社会分工与社会秩序的角度揭示"人道"产生的内在逻辑,这一点上,他有比戴震道论思想高明的地方。

从本体论的角度看,章学诚所说的"道"与朱子所说的"天理"具有某种程度的相似性。朱子哲学中作为万事万物根据的"天理",就具有"所当然"与"所以然"的意思。章学诚认为道是万物之所以然,而不是某种实体性的东西,就此点而言,他的道论思想与朱子的"天理"思想有某种相似性。他说:"道者,万事万物之所以然,而非万事万物之所当然也。"因此,人们能看见的只是"当然",而无法看到"所以然"。这种"当然",只

---

① 章学诚:《原道上》《文史通义新编新注》,仓修良编注,第 94 页。

是"道"变动的陈迹,不是"道"本身。因此,从认识论的角度看,人们不可能看见道体本身,只能看见具体的物象与事象。如他说:"道不可见,人求道而恍若有见者,皆其象也。"①这与章学诚早年所说的"道无定体"②的观点在思维方式上基本一致。

由上所引文献可知,章学诚所说的"道"与戴震讲的指称"实体实事"之道,以及"合物与则之道",是相当不同的,而与朱子所讲的"天理"在具体内涵上也不尽相同,只是就"道"的非实体性特征而言,与朱子的"天理"有相似之处。③

既然"可形其形而名其名者,皆道之故(陈迹)",那么圣人是如何把握这种变动不居的"道"的呢? 在章学诚看来,大圣人是从众人的"不知其然而然"的人伦日用之中,体悟到道之形迹,从而"经纶制作","创制显庸"。相对于客观、自然之道(即真理)而言,圣人只是把握并顺应了道,而不是根据个人的主观才智来制定社会制度的。反过来说,由周公创立孔子继承的一套制度,乃是一种客观的人道法则的体现,而不是人道法则本身。所以,后人要知道人道的法则,首先必须知道"周、孔之所以为周、孔"的深层道理,而不是简单地把他们当作圣人来盲目的崇拜。因此,章学诚哲学思想中的"道体"其实是隐而不见的,人们所能看见的只是"道体"运动过程中遗留下来的陈迹。这一道论思想隐含着一些革命性的见解,即所有现存的人伦法则都可以根据具体的历史情境而加以修改的,因为这些人伦法则都只是道运动过程中的陈迹,都是具体的器物,而不是道本身。"道"本身只是所有事物、现象背后之所以是这样的理由、根据。因此,章学诚的人道论思想虽然包含着对历史上儒家所创立的制度予以客观化的肯定的倾向,即与"名教即自然"这一维护名教的思想命题有一致之处,但他的道论又包含着"因时而革"的合理思想内核。由此可以看到,章学诚的

---

① 章学诚:《易教下》,《文史通义新编新注》,仓修良编注,第16页。
② 章学诚:《定武书院教诸生识字训约》,《文史通义新编新注》,仓修良编注,第631页。
③ 详细辨别章学诚"道"与朱子之"天理"非本章任务,此处仅给予简单的提示,日后当以专文的方式来探讨这一问题。

道论思想中保守性与革命性非常奇特的融为一体。

(三)"道不离器"与即事言理

在《原道中》一文里,章学诚着重阐述了"道器"关系,提出了"道不离器","六经皆器","即器存道","道因器而显"等光辉思想。章氏反对"屏弃事功"而空言论道的思维方式,如他说:"夫天下岂有离器言道,离形存影者哉? 彼舍天下事物、人伦日用,而守六籍以言道,则固不可与言道矣。"很显然,章学诚反对仅从六经中求道的经学思维方式。究其实,就是反对以戴震为代表的乾隆时代的考据学者在六经中求道的思想。因为戴震在多处、且反复地阐述过"经之至者,道也"这一经道合一的观点,而在章学诚看来,"六经皆史",故六经也是器。在《原道》(下)篇,章学诚进一步揭示了"道"既在六经之中,又在六经之外的道理。他说:"夫道备于六经,义蕴之匿于前者,章句训诂足以发明之。事变之出于后者,六经不能言,固贵约六经之旨,而随时撰述以究大道也。"章学诚从变化、发展的角度论"道"的思想视角,比戴震仅限于六经中求道的思维方式有更合理的地方,甚至比戴震笼统地说:"人道,人伦日用身之所行皆是也",也更明确地揭示了"道"应时代变化而变化的涵义。这是章学诚的"道论"要比戴震"道论"高明的地方。

处在乾嘉重视实证的时代风气之下,章学诚也反对宋明理学中空谈性命的思想,他说:"学夫子者,岂曰屏弃事功,预期道不行而垂其教邪?"他也批评宋儒"离器而言道"的思想。宋儒将工于训诂、文章之学看作是"溺于器而不知道"。章学诚则认为:

> 夫溺于器而不知道者,亦即器而示之以道,斯可矣。而其弊也,则欲使人舍器而言道。夫子教人博学于文,而宋儒则曰:"玩物而丧志。"曾子教人辞远鄙倍,而宋儒则曰:"工文则害道。"夫宋儒之言,岂非末流良药石哉? 然药石所以攻脏腑之疾耳。宋儒之意,似见疾在脏腑,遂欲并脏腑而去之。将求性天,乃薄记诵而厌辞章,何以异乎?①

---

① 章学诚:《原道下》,《文史通义新编新注》,仓修良编注,第105页。

很显然，章氏的道不离器、即器言道的思想，在思维方式上与王夫之"即事以穷理"的思维方式颇为相似。不过其中也有细微的区别。章氏思想中的道器关系似乎是一种外在的关系，此点颇有朱子哲学"理事"关系的思想痕迹，而王夫之的理事关系、道器关系是内在的关系，理在事中，道在器中，而且道是器之道，理是事之理。下面章氏论理事关系的观点就可以看出二者之间的细微区别。

关于"理事"关系，章学诚这样说道：

> 天人性命之理，经传备矣。经传非一人之言，而宗旨未尝不一者，其理著于事物，而不托于空言也。师儒释理以示后学，惟著之于事物，则无门户之争矣。理，譬则水也。事物，譬则器也。器有大小浅深，水如量以注之，无盈缺也。今欲以水注器者，姑置其器，而论水之挹注盈虚，与夫量空测实之理，争辨穷年，未有已也，而器固已无用矣。①

章氏这一譬喻，意在阐明要"即事以穷理"，而不能离事以论理的道理。抽象地讨论理，永远没有结果。在其晚年所写的《浙东学术》一文里，章氏进一步以历史为例，来揭示事与理的关系，如他说道：

> 天人性命之学，不可以空言讲也。故司马迁本董氏天人性命之说，而为经世之书。儒者欲尊德性，而空言义理以为功，此宋学之所以见讥于大雅也。……故善言天人性命，未有不切于人事者。三代学术，知有史而不知有经，切人事也。后人贵经术，以其即三代之史耳。近儒谈经，似于人事之外，别有所谓义理矣。浙东之学，言性命必究于史，此其所以卓也。②

对比来看，章氏的这一"理事"关系论，与戴震的"理事"关系论是相当不同的。章氏所讲的"理事"关系，其实是说天人性命的抽象哲理必须

---

① 章学诚：《朱陆》，《文史通义新编新注》，仓修良编注，第126页。
② 章学诚：《浙东学术》，《文史通义新编新注》，仓修良编注，第121页。

透过人类的具体历史事件显现出来,而戴震在讨论理事、理物的关系时,"理"主要是指事与物的内在秩序与条理,而不是抽象的天人性命的道理。理与事、与物的关系是抽象与具体的内在关系,而章学诚的思想中,事似乎仅成为理的一种外在说明性关系,天人性命之理仅仅是要透过具体的事件加以解释,而不是从具体的事件中抽象出来的。综合看来,章氏所阐发的道器关系,也是一种类似于理事关系的外在关系。因此,其道器关系论、理事关系论还保留着相当浓厚的宋明理学,特别是程朱理学的思想痕迹,而与王夫之的道器论、理事论貌合而神离。

## 三、"六经皆器"说与"道器关系"论的历史学向度

"道器关系"论是章学诚道论思想的重点之一,内容极其丰富。[①] 而"六经皆器"说,则是章学诚在历史哲学领域丰富、充实了传统道器关系论的思想内涵。

从中国哲学史的角度看,"道器关系"论是一个古老的命题。然而,章学诚却借助这一古老的哲学命题来阐述他的历史文化哲学思想,即通过对道器关系的理论阐述,揭示历史上一直受人尊重的与"道"相联系的"经",其实也只是具体的"器"而已。可以这样说,章学诚的思想重心并不在于从更加抽象的哲学层面讨论道与器的内在复杂关系,而只是想借助此命题阐述经与史的关系。如他说:

> 《易》曰:"形而上者谓之道,形而下者谓之器。"道不离器,犹影不离形。后世服夫子之教者自六经,以谓六经载道之书也,而不知六经皆器也。……三代以前,《诗》、《书》、六艺,未尝不以教人,非如后世尊奉六经,别为儒学一门而专称为载道之书者。[②]

---

① 戴震有"道论"但无"道器关系"论,其对道与气的关系、道与分理的关系的论述颇为简略。钱大昕对此问题几乎没有涉及,焦循有"道论"而无"道器关系"论,阮元的"道器"关系论有新意,但缺乏理论的思辨性。参见吴根友《乾嘉时代的"道论"思想及其哲学的形上学追求》,《儒教文化研究》(国际版)第九辑,崔英辰主编,首尔,成均馆大学,2008。
② 章学诚:《原道中》,《文史通义新编新注》,仓修良编注,第100页。

在章学诚看来,六经虽是载道之书,但六经本身不是"道",而只能算作是道之迹,因而六经亦可说是具体的载道之器。在道器不分离的上古时代里,《诗》《书》、六艺,也未尝不用以教育普通的民众,并没有特别当作神圣的圣书而密之于王室。在章学诚所设想的上古时代,"官师治教"合为一体,没有所谓的私人著述,如他说:"盖官师治教合,而天下聪明范于一,故即器存道,而人心无越思;官师治教分,而聪明才智不入于范围,则一阴一阳入于受性之偏,而各以所见为固然,亦势也。"①而且,在章学诚看来,只有理解"道器"相即不离的原初状态,才能真正理解学术的真谛。在与《与陈鉴亭论学》长信中,他这样说道:"故知道器合一,方可言学;道器合一之故,必求端于周、孔之分,此实古今学术之要旨,而前人于此,言议或有未尽也。"他反复强调,"六经未尝离器言道,道德之衰,道始因人而异其名,皆妄自诩谓开凿鸿蒙,前人从未言至此也"②。章学诚心中理想的历史情境是"道器合一"的状态。这种道器合一的时代,也是经史合一的时代,不存在特别的尊经而黜史的学术倾向。孔子之后,"道器"分离了,因而经与史也分离了。在章学诚看来,道器分离的历史原因在于如下四点:

首先,是因为政治自身的变化,圣王的隐没导致了道器分离,如他说:"夫子述六经以训后世,亦谓先圣先王之道不可见,六经即器之可见者也。后人不见先王,当据可守之器而思不可见之道,故表章先王政教,与夫官司典守以示人,而不自著为说,以致离器言道也。"③

其次,在圣王隐没之后,各大学派的分裂导致了道器的分离。他说:"《易》曰:'仁者见之谓之仁,智者见之谓之智,百姓日用而不知。'道之所由隐也。夫见亦谓之,则固贤于日用不知矣。然而不知道而道存,见谓道而道亡。大道之隐也,不隐于庸愚,而隐于贤智之伦者纷纷有见也。……而诸子纷纷则已言道矣,庄生譬之为耳目口鼻,司马谈别之为

---

① 章学诚:《原道中》,《文史通义新编新注》,仓修良编注,第101页。
② 章学诚:《与陈鉴亭论学》,《文史通义新编新注》,仓修良编注,第718页。
③ 章学诚:《原道中》,《文史通义新编新注》,仓修良编注,第101页。

六家，刘向区之为九流，皆自以为至极，而思以其道易天下者也。由君子观之，皆仁智之见而谓之，而非道之果若是易也。夫道因器而显，不因人而名也。自人有谓道者，而道始因人而异其名矣。仁见谓仁，智见谓智是也。人自率道而行，道非人之所能据而有也。自人各谓其道而各行其所谓，而道始得为人所有矣。墨者之道，许子之道，其类皆是也。"①

再次，由于儒家内部的分派导致"道器"的分离。如他说："夫六艺者，圣人即器而存道，而三家之《易》，四氏之《诗》，攻且习者，不胜其入主而出奴也。不知古人于六艺，被服如衣食，人人习之为固然，未尝专门以名家者也。后儒但即一经之隅曲，而终身殚竭其精力，犹恐不得一当焉，是岂古今人不相及哉？其势有然也。古者道寓于器，官师合一，学士所肄，非国家之典章，即有司之故事，耳目习而无事深求，故其得之易也；后儒即器求道，有师无官，事出传闻而非目见，文须训诂而非质言，是以得之难也。夫六经并重，非可止守一经也；经旨闳深，非可限于隅曲也。"②

最后，章学诚从自己所处时代的问题出发，提出了由学科分治而导致"道器"分离的说法。他说："训诂名物，将以求古圣之迹也，而侈记诵者如货殖之市矣；撰述文辞，欲以阐古圣之心也，而溺光采者如玩好之弄矣。异端曲学，道其所道而德其所德，固不足为斯道之得失也。"③而要对治这一因为学科分立而导致"道器分离"的现象，必须是兼而治之。他说："训诂章句，疏解义理，考求名物，皆不足以言道也。取三者而兼用之，则以萃聚之力补遥溯之功，或可庶几耳。"④

章学诚从"六经皆器"的命题出发，导出了一个非常具有革命性的历

---

① 章学诚：《原道中》，《文史通义新编新注》，仓修良编注，第101—102页。同篇中，有关道的变化、发展特征的论述还有，"夫道自形于三人居室而大备于周公、孔子，历圣未尝别以道名者，盖犹一门之内不自标其姓氏也。至百家杂出而言道，而儒者不得不自尊其所出矣。一则曰尧、舜之道，再则曰周公、仲尼之道，故韩退之谓'道与德为虚位'也。夫'道与德为虚位'者，道德之衰也"。

② 章学诚：《原道下》，《文史通义新编新注》，仓修良编注，第103页。

③ 章学诚：《原道下》，《文史通义新编新注》，仓修良编注，第104页。

④ 章学诚：《原道下》，《文史通义新编新注》，仓修良编注，第103页。

史文化哲学新命题，即当"六经"不足以囊括后来历史事件的时候，后来者应当根据"六经"的意旨"而随时撰述以究大道"。这究竟是模仿圣人呢，还是从"六经"精神出发从事思想与文化的创造呢？章学诚没有明说，估计在他所处的那个时代他也不敢明说。然而其中所蕴涵的丰富内容，足以为后人细心阐发。而且，只有在道器关系论的旧命题里认真体味他的"六经皆器"说，才能充分地理解他的"六经皆史"说暗含着不同于前人的时代新意。

不过，章学诚所设想的"道器合一"状态与他重新要恢复的"道器合一"的理想之间，有一个非常大的裂痕。他所设想的"道器合一"状态是一种社会政治理想，而他要恢复的"道器合一"理想是一种学术状态。这一思想的裂痕恐怕连章学诚自己也未必意识到了。由于"乾嘉时代"传统士人在实际政治与社会生活中地位的下降，他们连两宋时期士大夫与天子共治天下的政治理想似乎都没有①，这一时代的士人多是在不自觉地从事着类似现代知识分子所从事的纯粹学术工作，与现实的政治生活相距甚远。然而他们又深受传统士人文化传统中"经世致用"思想的影响，总以为自己的学术研究与现实政治有密切的关系，以一个业余政治家的身份从事学术研究而又想参与政治，其实是一厢情愿。在这一点上，作为考据学思想旗帜的戴震与作为新史学理论代表的章学诚，在思想基础上是相同的。所不同的是戴震站在下层民众的立场上，要求在上位者关怀下层民众的饥寒愁苦；而章学诚则要求当时的士人，其著述应当裨益于风俗教化，世道人心。

四、"道公而学私"——章学诚的道论与其学术理想

在《原道》（中）一文里，章学诚还反对以一家一派之"道"来囊括人类至公之道。如章学诚说："孔子立人道之极，岂有意于立儒道之极耶？""人道所当为者，广矣、大矣！"儒、墨、道、农、九流，各自有道，而皆非人类

① 参见余英时《朱熹的历史世界》上篇，绪说，北京，三联书店，2004。

整全至公的大道。从这一角度说，章氏的确继承了"浙东学派"黄宗羲的多元学术史观，认为"道"存在于诸家之中，求道的方式也可以多样的，而不只是考据学一种。上文章学诚说"训诂章句，疏解义理，考求名物，皆不足以言道也"，必须是三者兼取而用之，才可以求得道。他还认为，"诸子百家，不衷大道，其所以持之有故而言之成理者，则以本原所出，皆不外于《周官》之典守。……非于先王之道全无所得，而自树一家之学也"①。

　　上述章学诚道论思想中蕴涵的学术宽容的思想倾向，值得肯定。而且，作为一个历史学家，他对于佛教的态度，不仅比戴震更为宽容，也比"浙东学派"的中坚人物黄宗羲更为宽容。这也是章学诚从历史文化哲学的角度论"道"时所具有的思想视角的优势。我们虽然不同意他所说的佛教"本原出于《易》教"的观点，但他试图打通佛教与儒家思想的关系，会通儒释的思想方向在我们看来则是有意义的。他说："（佛教）所谓心性理道，名目虽殊，推其义指，初不异于圣人之言；其异于圣人者，惟舍事物而别见有所谓道尔。"②而且，他还认为，即使是佛教中的"种种诡幻"，亦与"易教"中的"象教"有相通之处。如果能够将佛教改造成"切于人伦日用"的宗教，佛教也就是"圣人之道"。"以象为教，非无本也。"③这种融佛入儒、以儒化佛的思想比起一味地斥责佛教为异端的思想观点来说，更有可取之处。

　　晚年，章学诚在给陈鉴亭的论学书信中，比较系统地解释了自己的道论思想。他说："道无不该，治方术者各以所见为至。古人著《原道》者三家，淮南托于空濛，刘勰专言文指，韩昌黎氏特为佛老塞源，皆足以发明立言之本。"他认为，当时人所从事的考订、义理、言辞之事，仅仅是道之中一种具体的"事"而已，不能表征"道"之"体"。只有"知道器合一"之理，"方可言学"。而"道器合一之故，必求端于周、孔之分，此实古今学术之要旨，而前人于此，言议或有未尽也"④。

---

① 章学诚：《易教下》，《文史通义新编新注》，仓修良编注，第 17 页。
② 章学诚：《易教下》，《文史通义新编新注》，仓修良编注，第 17 页。
③ 章学诚：《易教下》，《文史通义新编新注》，仓修良编注，第 17 页。
④ 章学诚：《与陈鉴亭论学》，《文史通义新编新注》，仓修良编注，第 717—718 页。

　　章学诚从"道公而学私"的学术理想出发,认为只要是自己的学术能够揭示出公共之"道",就不必在意所言之道的"言",即著作的冠名权问题。他以惯用的托古言志方式说道:"古人之言,所以为公也,未尝矜于文辞而私据为己有也。志期于道,言以明志,文以足言。其道果明于天下而所志无不申,不必其言之果为我有也。"①

　　他感叹后世各家之言在明"道"方面的缺陷,从而陷入了无谓的门户之争,说道:

　　　　呜呼! 世教之衰也,道不足而争于文,则言可得而私矣;实不充而争于名,则文可得而矜矣。言可得而私,文可得而矜,则争心起而道术裂矣。古人之言,欲以喻世;而后人之言,欲以欺世。非心安于欺世也,有所私而矜焉,不得不如是也。古人之言,欲以淑人;后人之言,欲以炫己。②

　　针对前人与时人的门户之争现象,他提出了自己的解决方案,即立言求道,而不在乎是否要求立言的冠名权。他说:

　　　　若夫道之所在,学以趋之;学之所在,类以聚之.古人有言,先得我心之同然者,即我之言也。何也? 其道同也。传之其人,能得我说而变通者,即我之言也。何也? 其道同也。穷毕生之学问思辨于一定之道,而上通千古同道之人以为之藉,下俟千古同道之人以为之辅,其立言也不易然哉!③

又说:

　　　　立言之士,将有志于道而从其公而易者欤? 抑徒竞于文而从其私而难者欤? 公私难易之间,必有辨矣。呜呼! 安得知言之士而与之勉进于道哉!④

---

① 章学诚:《言公上》,《文史通义新编新注》,仓修良编注,第 200 页。
② 章学诚:《言公中》,《文史通义新编新注》,仓修良编注,第 206 页。
③ 章学诚:《言公中》,《文史通义新编新注》,仓修良编注,第 206 页。
④ 章学诚:《言公中》,《文史通义新编新注》,仓修良编注,第 206 页。

在上述三则文献里,章学诚反复讨论如何按照"道"的要求来立言,第一则文献批评邀名而言的自私行为,认为这种求名的自私行为致使道术分裂。第二则文献主要讲立言者如果从大道、公心出发,则不用担心我所立之言与古人、后人相同的问题,只要与大道相通即可。故立言并非像有些人所说的那样,是件十分困难的事情。第三则文献主要是端正立言者的动机,以"立言进于道"的崇高理想来鼓励士人。章学诚这种以求道为宗旨的立言理想,用今天的话来说,即是以追求真理为目标的学术理想,其实与戴震的学术理想在精神上是相通的。在《与姚孝廉姬传书》中,戴震批评当时很多人满足于前辈的学术成果,缺乏求道之心,结果导致学术上的皮相之见:"故诵法康成、程、朱不必无人,而皆失康成、程、朱于诵法中,则不志乎闻道之过也。诚有能志乎闻道,必去其两失,殚力于其两得。"①而所谓"两失",即是戴震在该文中批评的不明学术渊源和不能亲自从第一手资料出发理清学术发展过程的歧变这两种过失;所谓"两得",即是所择取之义高远和资借之理闳阔两种好处。

作为考据学大家的戴震,同样严厉地批评了同时代人中丧失求道精神,而玩弄"考据学"的猥琐态度。他说:"今之博雅文章善考核者,皆未志乎闻道,徒株守先儒而信之笃,如南北朝人所讥,'宁言周、孔误,莫道郑、服非',亦未志乎闻道者也,私智穿凿者,或非尽掊击以自表襮,积非成是而无从知……故学难言也。"②这些批评性的言论与章学诚若出一辙!只是戴震没有采用"立言为公"的传统表达方式而已。戴震要求人们以一种不计功利的态度来求道,其实也即是章学诚提倡的"见道之言不必冠以己名"的另一种表达。在《答邓丈用牧书》一文中,戴震自述自己的"求道"态度道:"其得于学,不以人蔽己,不以己自蔽,不为一时之名,亦不期后世之名。"这种纯粹的"求道"精神,虽不以"公"命名,其实表

---

① 戴震:《与姚孝廉姬传书》,《戴震全书》第6册,张岱年主编,第373页。
② 戴震:《答郑丈用牧书》,《戴震全书》第6册,张岱年主编,第374页。

达的正是"学术乃天下之公器"的学术理想,与章学诚的崇公学术理想在精神上具有高度的契合性。

戴震还进一步阐明了学术研究为什么不能求名的道理。在该文中,他继续说道:"有名之见其弊二:非掊击前人以自表襮,即依傍昔儒以附骥尾。二者不同,而鄙陋之心同,是以君子务在闻道也。"这与章学诚批评立言者为自表其学,坚持门户之见而不以得道为旨归的思想高度一致。戴震曾向世人敞开了他本人追求真知的纯粹学术态度:"不入四者之弊(即上文所说的'不以人蔽己'等四种弊端),修辞立诚以俟后学。其或听或否,或传或坠,或尊信或非议,述古贤圣之道者所不计也。"①这种不计利害得失的"求道"精神与章学诚所提倡的"道公而学私"的学术理想,以不同的言语方式展示了中国传统学术向近代纯知识论方向转向的新趋势。

要而言之,章氏道论的旨趣在于:通过史学来阐明"道"与时变化的特征与学术多元化的特点,在求道的方法论层面,主张道不离器,即器求道、明道的经验论思维方式。而且,他要求人们重视对当代典章制度的研究,让学术服务于现实政治(不一定是当时的王朝政府)。他否认"道"为儒家一家所专有,承认诸子各家均能得道之一偏,体现了比较开放的学术史观。这些思想在乾嘉考据学盛行的时代,的确具有不同凡响的意义。

## 第三节　章学诚历史文化哲学的内在结构

日人山口久和曾在其近著《章学诚的知识论》一书提出了这样的问题:章学诚在"考证学全盛时期的清代学术界做出了什么样的贡献"?②我们觉得这个问题提得好,它有助于我们从整体上来重新考察章学诚的

---

① 戴震:《答郑丈用牧书》,《戴震全书》第6册,张岱年主编,第374页。
② 山口久和:《章学诚的知识论——以考证学批判为中心》,王标译,第21页,上海,上海古籍出版社,2006。

学术问题意识。受此问题意识启发,我们进一步追问:章学诚的学术问题意识究竟是什么? 这一问题可以从历时性的角度出发将其分为两个问题:第一,章学诚的学术问题意识是如何产生的? 第二,贯穿于章学诚一生的根本性的学术问题意识是什么? 对于前一问题,余英时似乎已经回答了,他认为章学诚的学术问题意识是受戴震的刺激而产生。对于第二个问题,余氏似乎也提出了自己的观点,认为章学诚的学术是要解决"道问学"问题①。我们现在要继续做的研究是:章学诚是如何来解决"道问学"的问题的。换句话说,他的"道问学"——"专家""独断"之学的内在体系及其逻辑次序究竟是怎样的?

　　山口久和认为,章学诚在清代考证学全盛时代的贡献是:"他在'道问学'的土壤之中滋养了'尊德性'的精神,一面被'尊德性'所引导,一面进行'道问学'。"换句话说,章学诚"主张在知识活动中承认必须被承认的主观性契机的固有价值,恢复被那些视文献的客观处理为金科玉律的考证学者不合理地贬低了的知的主观性"②。山口氏的说法非常有启发性。与现行的很多论著相比,该著作集中而又鲜明地阐发了章学诚学术思想的个性,亦即章学诚自己所说的"独断"之学的个性特征。这种"独断"之学,不是说个人以任意、武断的态度去治学,而是说在追求知识客观普遍性的时候不会是学而不思、知而不返,而是假以主体的综贯裁断,"求其心得","使其在我"。③ 虽然如此,章学诚强调学术研究中要充分体现出主体的"性灵",但是却非常反对囿于主观局限的门户之见,而且反复提倡"道公而学私",追求学术成果的公共性。与其说章氏学术恢复了"知的主观性",不如说章氏在学术研究的领域彰显了研究者个人的主体

---

① 参见余英时《论戴震与章学诚——清代中期学术思想史研究》,台北,东大图书股份有限公司,1996。

② 山口久和:《章学诚的知识论——以考证学批判为中心》,王标译,第21页。

③ 山口氏书中说章氏恢复了"知的主观性",严格地说应该是重申了"知的主体性"。因为"主观性"一词比较容易让人产生误解,它在现代汉语里与客观性相对,是随意性、不准确性、情绪性的代名词,与主体性的内涵差别甚大。这里如果不是翻译的问题,那么就是作者本人表述不够准确。

意识、独立理性与综贯裁断的精神。①

## 一、章学诚历史文化哲学的内在结构及其终极追求

山口久和在论章学诚与桐城文派思想的异同问题时，比较精辟地概括了章氏思想的几个面向。他认为章氏表达的"独断"之学是"通过文献媒介来主张自己的独断"的，因而与桐城派"不以经书理解为媒介，将自己的哲学（义理）用赤裸裸的语言来表达"的方式与态度是"无缘的"。章氏的思想可以从以下三个方面来理解："以《周礼》的官师合一为基础来纠弹知识的变质，遵循《尚书》的'因事命篇'来称扬超越既存知识框架的主观知性；重视司马迁《史记》、郑樵《通志》的'通（通史）'，主张历史记述不应该停留在过去史实的记述之上，而应该是以现在未来为志向的'知来'之学；模仿刘向、刘歆的《七略》制定透视知识整体的俯瞰图（以未完成而告终的《史籍考》的巨大尝试相当于这个）。"以上三个面向的知识体系整体上表现出一种共通的精神气质，即"带有浓厚的在道问学中恢复尊德性契机特性"。这与"通过'文以载道'的古文创作以阐明义理的桐城派宋学家之间显然有着大相径庭的差别"②。山口氏出于对目前日本汉学界仍然重视乾嘉考据学的客观求知方法的不满，主张学术研究应当表达研究者个人独立思想、见解，在基本认同余英时的观点的基础上，着重发掘章学诚学术思想中的"独断""专家"之学的性格，具有极大的启发意义，而且也的确彰显了章氏学术的某一方面性格。

当然，章学诚学术、思想的特征是否就完全如山口氏所说的那样呢？笔者认为未必全是。按照现代学术的分类方法来看，作为思想家的章学

---

① 参见吴根友《中国现代价值观的初生历程——从李贽到戴震》，第 277—280 页，武汉，武汉大学出版社，2004。当时该书未涉及章学诚，仅论述了以戴震为代表的考据学在理性研究过程中表现出的个性精神。其实，章学诚的"独断"之学，对性灵的追求，更为明显地体现了学者以理性的方式彰显个性的历史要求。

② 山口久和：《章学诚的知识论——以考证学批判为中心》，王标译，第 249 页。

诚,其思想内容大体上可以从三个大的方面去理解,一是其道论思想,二是其史学理论或曰历史哲学,三是学术思想史观。从现代学科分类的角度看,道论是其哲学的形上学部分,历史哲学是其哲学的形下部分,其中包含了其有关文化史的哲学思考,而学术史观则是其思想的最基础部分——历史学部分。这种分类有着现代学术的简明性,但其缺点是将章学诚的思想品格过分地现代化了。如果以经史子集的四库分类法来理解章学诚的思想特征,则章氏的思想特征可以这样来描述:即透过"文史"作品的表象寻求其中的"通义",而所谓的"通义"其实就是中国现代学术的哲学和文化哲学思想。章学诚所说的"文史"即是历史上的经史子集作品的总称,颇类似今日学术所讲的广义"文献",因而都是其思想的材料,而要在这些材料中找到一种共通的精神——即章学诚所说的"通义"才是章学诚学问的目的。这样的学术目标决定了章学诚的思想家品格而非史学家的品格。这有如戴震要在音韵、训诂、制度的考据学之中寻求"道"的理论目标决定了戴震是哲学家而不是考据学家一样。然而,在章学诚的时代,考据学成为该时代的学术主潮,而且该时代的一流大家都不喜欢广义的"宋学",包括他的老师朱筠在内。像章学诚这样一个不喜欢也不擅长考据学的人文学者,如何面对时代的压力而能独辟蹊径,自成一家之言呢?这是一个巨大的思想困惑和挑战!也是一种巨大的精神压力!也正是这种巨大的精神压力,他引思想家的戴震为同调,而将作为考据学专家的戴震视为敌手。更有一层,作为思想家的章学诚,他并不愿意批评精神权威朱子的学术思想及其所阐发的伦理原则,即使他本人内心里更喜欢陆王心学的"学贵自得"的学术主张。他与戴震一样都批评朱学与陆王学之末流,但是他不惟不认可戴震等人激烈的反宋学立场,反而努力地去弥合、调停朱子学与陆、王学之间的冲突。在后面这一点上,他与戴震截然不同。晚年的戴震公开地宣称自己的学问与思想是"空无所依傍",而章学诚到晚年则依照自己的思想原则构造出一个"浙东学术"的学术流派,将自己放入这个学派的学术谱系之中,从而为自己的学术寻找到思想史的支持。章学诚这样做的原因可能是多方面的,但有一种可能是这样的,即他在世时的学术地位不及戴震在世时的地位高,必须借助学术史的背景来彰显自己的学术地位与价值,在一个巨大的学术谱系中为自己的学术定位。

根据前人的研究成果来看,《文史通义》内外篇的主要文字都在乾隆五十四年(1789)写成的,该年章学诚52岁,其系统的道论思想与"六经皆史说"都形成于此时,而对"浙东学术"的看法的形成则更晚,大约在60岁以后。

从其思想构成的逻辑结构来看,道论是章学诚所追求的"通义"的核心内容及基本形态,"六经皆史"说则是其思想的方法论原则,表明他是从历史的路径来通达大道的,从而形成与当时考据学以经学为对象的不同学说路数。这样一个独特的学术路数有没有学术史的支持呢?为了回答这个问题,他构造了一个"浙东学术"的学术史流派,为自己的方法寻求学术史的支持,以对抗当时流行的考据学风气的压力。如果这一理解大致不错的话,那么我们就可以很好的理解,他一方面要极力表彰作为思想家的戴震,一方面又要批评作为考据学大家——在他看来具有霸气的经学专家的戴震。因为,作为思想家的戴震在乾嘉考据学盛行而普遍轻视思想价值的时代里,可以引为同调,相互支持;而作为经学专家的戴震,因为在考据学方面取得的巨大成就而傲然于世,领袖群伦,让章学诚无法超越。章学诚拿什么样的工具来与戴震进行抗衡呢?他最终找到"文史"这样的思想史、文化史工具。经学家的戴震擅长于音韵、训诂、制度考订等语文学工具,但他们并不擅长文献、文章与历史学,而这是一个领域更为广阔的学术天地,又是极符合章氏本人"性情"的另一个学术世界。在文史领域里,章学诚从三个方面做了排拒工作,一是要将历史上擅长于文史而弱于思想的博学家的学术地位加以降低,从而突出自己所从事的"文史通义"工作的独创性,二是要以"文史"为工具来抗拒擅长于考据的当世学者给他施加的精神压力;同时(也是第三个方面的原因)又要将自己的思想风格与当世所一致批评的宋学的空疏学风区别开来。这种精神动机既可以从其晚年的

《浙东学术》一文中将自己归于思想家类而不归于文献学家类的学术流派史中可以看出来，也可以从其严厉批评戴震以考据学"概人"，特别是对戴震的方志学的学术批评和对宋学中"离事言理""离器言道"的思想方法的批评中可以看出来。章学诚要在三个维度的排拒中确立自己的学术风格，思想压力之大可想而知。① 也正因为他是在三个维度的排拒中来确立自己的学术风格，从而也就在一定程度上模糊了自己的学术风格，给后人理解他的学术与思想风格制造了很多的障碍。

历史学家往往将《浙东学术》一文看作是一篇勾勒学术流派史的文章，并因此而仔细分辨章学诚所说的"浙东学术"究竟能否成立的真实性问题。② 如果从思想家的角度看，《浙东学术》一文其实是晚年的章学诚为自己的学术寻找精神归宿的"言志"之作，正如王阳明在晚年作《朱子晚年定论》一样，是要将自己的思想纳入一个强大的学术谱系里，从而彰显出自己的学术价值与历史地位。如果说，自孟子到宋代理学，部分知识分子通过构造"道统"来确立儒家学者在政治生活中的崇高地位，从而对抗现实的王权；那么，章学诚的《浙东学术》则是在构造"学统"，从而为自己的学术风格寻找历史的支持。在该文中，章学诚为"浙东学术"提炼出了一个非常哲学化的命题："言性命必究于史"。这一学术与思想的命题其实包涵了三个方面的内容：第一，浙东学术是以探讨抽象的"性命"问题为自己学术宗旨的；第二，其探讨"性命"问题的方法是史学而非时流的考据学；第三，这一"性命之学"与"离事言理""离器言道"的空疏宋学的"性命之学"不同。然而大家非常明白，朱熹不擅长史学，陆王也不擅长史学，惟有黄宗羲、万斯同、全祖望擅长史学。因此，将"浙东学术"的性格归纳为"言性命必究于史"的特征，在很大程度上是夫子自道而已。他以学术史的方式向世人表明：我章学诚所讲的一套"天人性命

---

① 笔者以为余英时仅看到章学诚受戴震刺激的一面是不够的。
② 参见何炳松《浙东学派溯源》第六章，桂林，广西师范大学出版社，2004；仓修良、叶建华《章学诚评传》，第434—455页；陈祖武主编《明清浙东学术文化研究》，北京，中国社会科学出版社，2004。

之学",是通过文史研究的实学途径来完成的,既不同于戴震的"由字以通词,由词以通道"的考据学与语言学路径,也不同于以往历史上"空言性命"的宋学,更与斤斤计较于细枝末节、有博无约的传统文献学——如王应麟之类的学术,以及时下流行的考据之学有本质的区别。因此,《浙东学术》一文是在多维度的"辨似"过程中确立章学诚自己学术面貌的一篇文章,而非是一篇真正梳理浙东学术发展史的历史学文章。然而,这并不是说这篇文章没有学术的客观性。在我看来,章学诚的这一说法恰恰以一种无意识的方式揭示了他自己学术风格与乾嘉学术的内在一致性,即通过人文主义的实证方法来表达抽象的哲学思想。只是其所使用的不是由音韵、训诂等构成的语文学这一实证工具,而是广义的文献学而已。因而在思维方式上,章学诚所走的仍然是"即事以穷理"的经验论的思想道路,而与宋学的"立理以限事"的先验论道路截然相反。

## 二、"六经皆史"说及其历史意义再评价

### (一)"经史"关系论的学术发展史①

"经史"关系论是中国学术史上一个重要的学术问题之一,其发端、形成的历史很长。而"六经皆史"的观念萌芽甚早②,最早可以上溯到王充。③ 隋末唐初的王通提出过类似观念,明中叶王阳明提出过"五经亦史"的观点,晚明李贽明确提出过"六经皆史"的观点。与章学诚同时代的钱大昕,在晚年(1800 年)亦提出了"经史不二"的观点。章学诚之后,

---

① 有关"六经皆史"的学术史讨论,可以参见仓修良、叶建华《章学诚评传》第五章第二节,在该部分,仓、叶二氏着重介绍了侯外庐、喻博文、钱钟书等人对此问题讨论的学术贡献。此处省去辩论的文字,仅依相关学说出现的先后次序,略加陈述,作为铺垫。
② 钱钟书先生将此说追溯到《庄子·天运》篇,可备一说。参见钱钟书《章学斋与随园》(附说二十"六经皆史"),《谈艺录》,第 656 页,北京,生活·读书·新知三联书店,2001。钱先生比较仔细地搜罗了历史持"六经皆史"说诸家说法,然并未作学理上的深论。本章不欲重复抄摘前人之言,仅就其中影响较大的诸家学说略作申论,以为论章学诚"六经皆史"说作一思想史的铺垫。
③ 参见许苏民《李贽评传》,第 294—300 页,南京,南京大学出版社,2006。

龚自珍重新阐述了经史关系，直到清末民初，经史关系论仍然是一个重要的学术问题。

明确而正式的讨论"经史"关系的文字当从王充说起。王充在《论衡》的《程材》《谢短》《效力》诸篇，讨论文吏与儒生，儒生与文儒等类型的人才谁更有智力的问题时，涉及经与史的关系，批评文吏不通经书，不比儒生更有学问；同时又批评儒生守一经而不泛观博览，不了解古今之事，因而论定儒生不如文儒。兹引两条文献以为证明。王充批评当时社会不习经书，专攻律令，以至于社会风俗浇薄：

> 是以世俗学问者，不肯竟经明学，深知古今，忽欲成一家章句。义理略具，同超（趋）史书，读律讽令，治作情奏，习（刘盼遂案为衍文）对向，滑习跪拜，家成室就，召署辄能。徇今不顾古，趋仇（即售字）不存志，竞进不案体，废经不念学。是以古经废而不修，旧学暗而不明，儒者寂于空室，文吏哗于朝堂。[1]

王充又批评儒生徒知经而不知古今，即不通历史，因而涉及经史关系问题。他说：

> 夫经生之业，五经也。南面为师，旦夕讲授章句，滑习义理，究备于五经，可也。五经之后，秦、汉之事，无不能知者，短也。夫知古不知今，谓之陆沉，然则儒生，所谓陆沉者也。五经之前，至于天地始开，帝王初立者，主名为谁，儒生又不知也。夫知今不知古，谓之盲瞽。五经比于上古，犹为今也。徒能说经，不晓上古，然则儒生，所谓盲瞽者也。[2]

在《效力》篇，王充通过对比文儒与儒生，又再一次批评儒生守经而不知古今之事的缺陷：

> 诸生能传百万言，不能览古今，守信师法，虽辞说多，终不为博。

---

[1] 王充：《程材》，黄晖：《论衡校释》（附刘盼遂集解）（二），第538页，北京，中华书局，1999。
[2] 王充：《谢短》，黄晖：《论衡校释》（附刘盼遂集解）（二），第555页。

殷、周以前,颇载六经,儒生所（不）能说也。秦、汉之事,儒生不见,力劣不能览也。周监二代,汉监周、秦,周、秦以来,儒生不知,汉欲观览,儒生无力。使儒生博观览,则为文儒。文儒者,力多于儒生。[1]

从思想史的远源来说,上述所引王充论儒生之短在于历史知识缺乏的观点,对于章学诚论"六经"不能涵盖六经以后的历史及其中的变化之道的观点,应当有思想上的启发。

隋末唐初大儒王通对经史关系亦有所论述。他说:"昔圣人述史三焉:其述《书》也,帝王之制备矣,故索焉而皆获。其述《诗》也,兴衰之由显,故究焉而皆得。其述《春秋》也,邪正之迹明,故考焉而皆当。此三者同出于史,而不可杂也,故圣人分焉。"不过王通仅涉及《尚书》《诗经》《春秋》三经与历史的关系,并未泛论经与史的关系,更没有明说所有的经书都是历史著作。元代理学家刘因则第一次明确地提出了"经史不分"的观念,他说:"古无经史之分,《诗》《书》《春秋》皆史也,因圣人删定笔削,立大经大典也,即为经也。"但他实际论及的也只有《诗》《书》《春秋》三部经,未及五经（或六经）。郝经也有类似的论述,较之于前人,他更加全面地触及了六经与史内在关系,而且明确地提出了"经史互涵"的观念。他说:"古无经史之分。六经自有史耳。故《易》,即史之理也;《书》,史之辞也;《诗》,史之政也;《春秋》,史之断也;《礼》《乐》,经纬于其间矣。何有于异哉?"[2]郝氏的观点不仅对章学诚,甚至对钱大昕都应当有所启发。

《传习录》记载王阳明与其弟子徐爱的一段对话,讨论了经与史的关系。"爱曰:'先儒论六经以《春秋》为史,史专记事,恐与五经事体终或稍异?'先生曰:'以事言谓史,以道言谓之经,事即道,道即事,《春秋》亦经,五经亦史,《易》是包羲氏之史,《书》是尧舜以下史,《礼》《乐》是三代史,其事同,其道同,安有所谓异?'"[3]阳明这段经史关系论颇有思想的深度

---

[1] 王充:《效力》,黄晖:《论衡校释》（附刘盼遂集解）（二）,第581页。
[2] 上述所引文献,参见钱钟书《章学斋与随园》（附说二十"六经皆史"）,《谈艺录》,第656页。另见许苏民《李贽评传》,第294—300页。
[3] 王守仁:《传习录上》,《王阳明全集》,吴光等编校,第10页。

与学术的创发性。从经文所载的事件与史实讲,经亦具有史学的性质与成份。从史事与史实所蕴涵的抽象哲学道理讲,史学著作也具有经书的性质。经史合一即是事道合一,抽象的哲学道理不能脱离经验事实。这是阳明经史关系论中所蕴涵的哲学思想。

作为王学左派的后裔,也是将阳明心学推向其反面的异端思想家李贽,明确地提出了"六经皆史"的命题。他说:"经、史一物也。史而不经,则为秽史矣,何以垂鉴乎?经而不史,则为说白话也,何以彰事实?故《春秋》一经,春秋一时之史也,《诗经》《书经》,二帝三王以来之史也。而《易经》则又示人以经之所自出,史之所从来,为道屡迁,变易匪常,不可以一定执也,故谓六经皆史也。"①

李贽的"六经皆史"说主要强调史必以经为根本,否则历史就是秽史,不足以反映人类文明发展、变化的常道、至理。经不以史为事实根据,则是空口说白话,游谈无根。故经与史相为表里,不应当分离。很显然,李贽的"六经皆史"说并没有要否定经的价值,以史学来取代经学的意思,而只是说经学要以史实为根据,避免空谈。从另一方面说,李贽还强调经对史的意义与价值的定位。缺乏了经所包含的大道、至理的支持,历史就不足以成为历史。这应当是李贽"经史"关系论的基本内涵,但与章学诚的"六经皆史"说的丰富内涵相比,仍然不可同日而语。

不过,李贽批判后来儒者,特别是假道学之辈假借"六经"、《论语》、《孟子》诸书为自己谋求利益的文字,倒成为章学诚否定"六经"蕴涵万世不变的至道的思想先驱,如李贽说:"夫《六经》、《语》、《孟》,非其史官过为褒崇尚之词,则其臣子极为赞美之语。又不然,则其迂阔门徒,懵懂弟子,记忆师说,有头无尾,得后遗前,随其所见,笔之于书。后学不察,便谓出自圣人之口也,决定目之为经矣,孰知其大半非圣人之言乎?纵出自圣人,要亦有为而发,不过因病发药,随时处方,以救此一等懵懂弟子,

---

① 李贽:《焚书》卷五《经史相为表里》,《李贽文集》第1卷,第201页,北京,中国社会科学文献出版社,2000。

迁阔门徒云尔……是岂可遽以为万世之至论乎?"①

上述李贽对"经史"关系的论述,以及对"六经"《论语》《孟子》等儒家经典的激烈批评,已经远远地超出了学术史的讨论而进入了反经学权威的思想领域了。但李贽对"六经"精神普遍性的怀疑与否定,将"六经"看是应对具体历史问题的新思想则被章学诚以学术的方式继承了,以非常平缓的学术语言表达出来了。而这也是章学诚"六经皆史"中说最具有革命性的意义之所在。以往讨论章学诚"六经皆史"说的诸家,大多数忽视了章氏这一命题所包含的思想新意。

(二)"六经皆史"说的新意涵②

从学术史的角度来看,章学诚的"六经皆史"说并不新颖,而且其中所包含的思想内容,前贤都或多或少,或浅或深地触及到了。但是,我们也不因此而否定章学诚在乾嘉考据学盛行的时代,特别是在反对他以前的思想遗产——宋儒"荣经陋史"的时代风气下重新阐述"六经皆史"旧命题所具有的新意。通过对章学诚哲学思想的重新解读,我们大体上可以这样说,章学诚在其新道论的哲学思想体系内,利用了传统哲学"道器"关系的旧命题,将"六经"置于"器"的形而下层面,重新阐述了"六经皆史"的新意涵。而他所说的"六经皆史"的"史",不是一般意义上的历史著作,而是指"先王之政典"。广而言之,天地间一切著作皆可称之为史。而这两点,也是章学诚思想中明显不同于以往所有论述的地方。另外,就其思想倾向而言,他不是要调和"经史"之间的关系,而是试图以他所理解的"史学"来取代经学,从历史学的时间维度与先王之政典(政治制度与政治思想史)的角度重新诠释中国传统学问系统。在《易教上》,他明确地说:"六经皆史也。古人不著书;古人未尝离事而言理,六经皆先王之政典也。"③就此角度而言,章学诚的确是在与经学家戴震从考据

---

① 李贽:《焚书》卷三《童心说》,《李贽文集》第1卷,第93页。
② 有关章学诚"六经皆史"说的意义,仓修良、叶建华的《章学诚评传》第五章第二节有较充分的阐述。此处参酌了仓、叶二人的说法,并申之以己意。
③ 章学诚:《易教上》,《文史通义新编新注》,仓修良编注,第1页。

学角度出发来研究经学的范式立异。如果说，戴震所代表的经学研究范式试图通过语文学的方式来把握"六经"中的不变之道，然后运用此道来经世治民。那么章学诚恰恰要从历史学的时间角度来研究人类政治制度与整体文明形式的变化之道，要求历史学（在章学诚眼里是唯一一门学问）通过变化之道的"迹"——一切著作的研究而关注现实政治与生活形式，历史学家则应当"随时撰述以究大道"。很显然，章学诚的学术理想中也蕴含着"以史学经世"的思想内容。但从目前章氏著作的文献来看，章学诚极富于革命性的历史文化哲学主张并没有发展出一个更为鲜明、激进的政治学与伦理学主张，相反，他对新思想的代表人物戴震、诗人袁枚、文学家汪中等人的过激批评，往往给现代人造成一种认识上的错觉：即章学诚保守、迂腐，从而使得他在思想史上长期受人忽视。而现代中国学术的历史学界对章学诚的重视远胜过思想界对章学诚的重视，这是一种非常值得玩味的现象。

依现代中国的学问与知识分类来看，"六经"中的《易》是占卜与哲学类著作，《诗》《乐》是艺术类的著作，《礼》是典章制度方面的著作，只有《书》《春秋》属于史学类的著作。章学诚是从什么角度来论证"六经皆史"命题的？而他所说的"史"这一重要概念，其究竟意义是何指？在综合前贤与时贤有关章学诚"六经皆史"说研究成果的基础上，本章着重从以下三个方面阐述他的"六经皆史"说的时代新意。

首先，章学诚所说的"史"是一种广义的历史记载，既是指一种记载过去的人事活动的著述，即现在人所说的史料，也是一种包含着著作家个人借历史材料所阐发的学术思想与哲学思想。在《报孙渊如书》一文中，章学诚说道："愚之所见，以为盈天地间，凡涉著作之林，皆是史学，《六经》特圣人取此六种之史以垂训者耳。子集诸家，其源皆出于史，末流忘所自出，自生分别，故于天地之间，别为一种不可收拾、不可总次之物，不得不分四种矣。"①

上述章学诚所言有几点值得重视。其一是，他将中国典籍与学问

---

① 章学诚：《报孙渊如书》，《文史通义新编新注》，仓修良编注，第 721 页。

(知识)统统归纳到历史学的门下,从历史文化哲学的思想高度取消并否定了以往典籍与学问的分类的理由与合理性,当然也包括当时正在以四部分类为准绳的《四库全书总目》的分类在内。其二是,将子学也纳入了史学的范围之内,实开后来龚自珍以史统领经、子之学的"经史子"关系论之先河。应当说,章学诚这种激进的"史学为一切学问之母"的主张,是以往各种经史关系论中所不曾有的鲜明思想主张。

其次,章学诚将"六经"都看作是"先王之政典"。而"先王之政典"既包含天道,也包含人事:"夫悬象设教与治宪授时,天道也;《礼》、《乐》、《诗》、《书》与刑政、教令,人事也。天与人参,王者治世之大权也。"①而作为"先王之政典"的"六经"是"先王得位行道,经纬宇宙之迹,而非托于空言,故以夫子之圣,犹且述而不作"②。因此,"史"的最基本的涵义就是对于古代圣王经世之迹的记述,因而首先是一种政治史的史料。这充分体现并更加具体地凸显了中国传统典籍与知识分类"以治道为中心"的思想特征。其二,"六经皆史",意味着"六经"所载的内容只是历史上圣王治世的经验,是一种过去时的东西。这种过去的经验不是不重要,而是说仅凭"六经"所记载的过去经验去治理当今之世,还是不够的。所以,后人应当通过对六经的深入研究,把握"史义"与"史意",从而探求历史在具体的展开过程中所表现出来的变化了的"道"。同时,作为后来的真正意义上的史学家,还应当具备一种"史德"去述史,从而为后人提供新的治世经验。在《原道》(下)篇,章学诚提出了一个非常具有革命性的主张,说道:"事变之出于后者,《六经》不能言,固贵约《六经》之旨而随时撰述以究大道。"在乾嘉时代,甚至在整个经学时代里,能够敢于公开地说"六经"具有局限性,而要求学人以自己的"别出心裁"体会"六经"精神,依据具体历史条件从事创造性的著述工作,以追求"大道"——类似今人所说的真理,实在是一个革命性的主张。这一点,连当时的哲学狂

---

① 章学诚:《易教上》,《文史通义新编新注》,仓修良编注,第1页。
② 章学诚:《易教上》,《文史通义新编新注》,仓修良编注,第2页。

人戴震也没有这种激进的经学思想。

再次，"六经皆史"说具有鲜明的反对宋明理学"经精而史粗"的"荣经陋史"的时代气息，要将宋明以来理学与心学的抽象思辨的哲学思维方式转换到通过人类社会经验现象去思考哲学问题的经验论的哲学思维方式上来。正是在这一点上，章学诚的"六经皆史"说与乾嘉时代三大考据史学家的精神和经学家戴震及其学术共同体，在精神上可以产生共振，体现了乾嘉时代所共有的人文实证主义精神。章学诚"六经皆史"说所体现的哲学思维方式的转换与他在概括"浙东学术""言性命究于史"的精神，在哲学致思方式上是一致的，即要通过历史学的实证方式从事哲学思考。而这一点也是乾嘉时代"实事求是"精神的一种体现（虽然章学诚本人几乎不提"实事求是"的命题）。

从客观的思想史来看，章学诚的"六经皆史"说，乃至他的整个学术成果在乾嘉考据学的时代并没有产生多大的社会影响。这也是章学诚自己所意识到的，是时代"风气"使之然，但在嘉道以后则逐渐对学术界产生影响。嘉道之时的诗人、政论家、思想家龚自珍继承并丰富了章学诚的"六经皆史"说。在《古史钩沉论》一文中，龚自珍更加激进地说道："周之世官，大者史。史之外无有语言焉，史之外无有文字焉，史之外无人伦品目焉。史存而周存，史亡而周亡。""六经"仅是"周史之宗子也"，"五经者，周史之大宗也"，"诸子也者，周史之小宗也"[1]，从而将中国学术与文化的所有现象都纳入"史"的范围之内。而且从这一学术观出发，龚自珍批评乾嘉时代的名物、训诂之学，努力研究西北边疆史，元蒙史以及海防史，从而真正把史学研究与当世之务结合起来，实现了"史学经世"的学术转化工作。

三、"言性命必究于史"——章学诚历史文化哲学的实证品格

与章学诚的"道器论"相关，章学诚在晚年论述"浙东学派"的学术精

---

[1] 龚自珍：《古史钩沈论二》，《龚自珍全集》，王佩诤校，第20页，上海，上海古籍出版社，1975。

神时,提出了"言性命必究于史"的著名命题,在学术理想方面,提出了"道公而学私"的命题,反对学术研究过程中的门户之见,要求学者以追求千古不易之道(类似今日所说的"真理")为己任,在一定程度上体现了传统士人向现代知识分子转化的历史趋向。

学术界有关"浙东学派"的讨论已经有很多文章了①,本文不再对此进行论述。在我们看来,章氏的"言性命必究于史"的命题,其实是"道不离器"论的哲学思想在学术史领域的具体化表现而已,其所体现的思想倾向仍然是"即事以穷理"的经验论。章氏认为:

> 天人性命之学,不可以空言讲也,故司马迁本董氏天人性命之说而为经世之书。儒者欲尊德性,而空言义理以为功,此宋学之所见讥于大雅也。夫子曰:"我欲托之空言,不如见诸行事之深切著明也。"此《春秋》之所以经世也。……故善言天人性命,未有不切于人事者。三代学术,知有史而不知有经,切人事也。后人贵经术,以其即三代之史耳。近儒谈经,似于人事之外别有所谓义理矣。浙东之学,言性命者必究于史,此其所以卓也。②

在章氏看来,他理想中的"浙东学派"之所以在各学派中卓然而立,就在于能够从具体的历史经验中探索"天人性命"的抽象义理,既避免了徒知文献与考据的弊病,也避免了空谈性理的弊病,最能代表学问中的"中道"一派。在考据学盛行的"乾嘉时代",章学诚特别重视抽象的"性命之学",这是他的"别识心裁",值得称道。然而,他也不可能摆脱时代风气的影响,在谈"性命"的抽象问题时必征于实际经验,故他在《书孙渊如观察〈原性〉篇后》中说道:"昔夫子罕言命,子贡以性与天道不可得闻,夫子自谓无行不与,又谓时行物生,天何言哉,乃知性命非可空言,当征

---

① 参见仓修良、叶建华《章学诚评传》,第434—455页。另参见陈祖武主编的《明清浙东学术文化研究》一书中的相关文章。
② 章学诚:《浙东学术》,《文史通义新编新注》,仓修良编注,第121页。

于实用也。"①所谓"征于实用",即是"即事言理",与"言性命必究于史"的
说法在精神上是一致的。

章学诚很少讨论宋明理学的"理"字及其丰富的哲学内涵,然在《朱
陆》篇还是谈到了理与事、理与器的关系,以"理水事器"的譬喻说明理抽
象哲理与不离具体经验的道理。如他说:

> 天人性命之理,经传备矣。经传非一人之言,而宗旨未尝不一
> 者,其理著于事物而不托于空言也。师儒释理以示后学,惟著之于
> 事物,则无门户之争矣。理,譬则水也;事物,譬则器也。器有大小
> 浅深,水如量以注之,无盈缺也。今欲以水注器者,如置其器而论水
> 之挹注盈虚,与夫量空测实之理,争辨穷年未有已也,而器固已无
> 用矣。②

在我们看来,章氏这一"理水事器"的譬喻非常蹩脚,不能非常周延
地说明理事之间的复杂关系,但从这一譬喻中可以看出章学诚的哲学重
视实证的思想品格。从一点看,章学诚其实是戴震的同路人,只是他们
用来实证自己哲学思想的工具不同,戴震运用的是广义的语言学工具,
而章学诚运用的是广义的文献学工具。

## 第四节　崔述的历史哲学思想

崔述(1740—1816),字武承,号东壁,直隶大名府魏县(今何北魏县)
人。其先人以军功起家,至其父 30 岁前,家道已经衰落。至崔述一代,
家计更加艰难。15 岁时,崔述与弟崔迈应大名府童子试,崔述得第一名。
23 岁时中举。30 岁时,"觉百家言多可疑,悔从前泛览之误","乃反而求
之《六经》,以考古帝王圣贤行事之实;先儒笺注,必求其语所本而细核

---

① 章学诚:《书孙渊如观察〈原性〉篇后》,《文史通义新编新注》,仓修良编注,第 569 页。
② 章学诚:《朱陆》,《文史通义新编新注》,仓修良编注,第 126 页。

之;欲自著一书以证伪书之附会,辟众说之谬诬,举子业置不复为。"①崔述自 30 岁以后致力于考据学的研究,他的疑古思想虽然以"尊经"为前提,具有很大的局限性,但通过对经学传统里传、注、疏等怀疑与驳议,间接地引导了史学的解放。有关崔述的学术与思想研究,目前学界已经有了相当多的成果,本节在此处着重将崔述放在乾嘉学术的大环境里考察其学术特点。虽然,崔述是乾嘉时代主流学术之外的异数,就其学术的异数性格而言,颇同于章学诚。但其思想倾向,治学方法与内容,与章学诚均不相同。

## 一、崔述史学的价值取向与乾嘉学术精神的内在关系

崔述 30 岁时有志于考据学,正为乾嘉考据兴盛的时期。自 1770 年到 1782 年,崔述花了十三年时间为著《考信录》一书作准备;至 1791 年《洙泗考信录》《补上古考信录》先后脱稿,又近十年时间。因为家贫不能自立,1792 年进京选官,与参加会试的陈履和邂逅相识。陈在见面之前就仰慕崔述的学问,见面时又拜读了崔述随身携带的手稿《洙泗考信录》《补上古考信录》,遂执意拜崔述为师。崔述先是不肯,后应承。陈履和是崔述一生收的唯一一个学生。由顾颉刚先生整理的《崔东壁遗书》是我们目前所能见到的有关崔述的最全著作材料。

依崔述自叙及陈履和《行略》所记,崔述的尊经疑古思想得自于幼时其父所教的读书法。《家学渊源》一文说道:"先君教述,自解语后,即教以日数官名之属,授书后即教以历代传国之次,郡县山川之名,凡事之有益于学问者无不耳提而面命之。开讲后,则教以儒、禅之所以分,朱陆之所以异,凡诸卫道之书必详为之讲说,神异巫觋不经之事皆为指析其谬。以故述自成童以来,阅诸经史百家之书不至'河汉而无极'者,先有以导其源故也。"②

---

① 陈履和:《崔东壁先生行略》,《崔东壁遗书》,顾颉刚编订,第 940 页,上海,上海古籍书店,1983。
② 崔述:《家学渊源》,《崔东壁遗书》,顾颉刚编订,第 470 页。

　　应当说,家学渊源对于崔述从事考据学研究的影响是不容怀疑的。但崔述日后用四十余年的时间从事考据之学,在尊经的前提下从事历史还原的考信工作,与乾嘉时代"实事求是"的考据学大风气是密切相关的。"实事求是"是乾嘉学术的精神纲领,这一精神纲领用现代的哲学观念来理解可以称之为"求真"的精神。这一"求真"精神在经学与史学两大研究领域里分别表现为"经文原义之还原"与"历史事实真相之求证"。在经学研究领域里,主要通过语言、文字,古代文化史的研究以达到还原经文原义的经学理论目标。而在史学领域里,则主要通过对历史事实真相之发掘,来揭露古代官修史学中之讹谬,从而达到对历史事件真相之揭露与历史人物的重新评价。崔述所从事的考据工作内容及其方法、路径,与乾嘉时代的汉学家、经学家都相当的不同。但其学术所体现出的"求真"精神则与该时代的主流学术研究倾向是一致的。

　　就乾嘉考据学中的"史学考据"而言,王鸣盛、赵翼、钱大昕可以说有大致相同的学术目标,他们三人可以看作是一个不期然而然的史学考据学的学术共同体,是乾嘉史学的主流。而崔述则属于乾嘉史学考据学的异类。崔述与章学诚两人的学术类型,都可以视之为乾嘉学术的异数,但他们的学术思想对 20 世纪中国学术,特别是历史学研究都产生了深刻的影响。与章学诚一样,崔述虽然生活于乾嘉之世,然而与这一时代主流的考据学似乎不甚相关。与章学诚不同,章学诚试图以史学取代经学,在新道论思想的前提下重新阐述了"六经皆史"的旧史学命题。崔述则笃信经学权威,并极力维护经学权威而力辨上古子书中的种种造伪现象,并努力揭示出这种造伪的规律,试图还原经学以外古代诸子思想的真实面貌。因而,就其学术所具有的"求真"精神而言,崔述的"尊经疑古",辨伪求真的学术活动,与乾嘉时代的学术与思想精神还是声气相通的。对此,刘师培有一段非常恰当的评论,他说:

　　　　论曰,近世考证学超越前代,其所以成立学派者,则以标例及征
　　实二端。标例则取舍极严而语无庞杂;征实则实事求是而力矫虚

诬。大抵汉代以后，为学之弊有二：一曰逞博，二曰笃信。逞博则不遁规律；笃信则不求真知。此学术所由不进也。……惟江、戴、程、凌起于徽歙，所著之书均具条理界说，博征其材，而所标之义，所析之词，必融会贯通以求其审；缜密严栗，略与晳种之科学相同。近儒考证之精，恃有此耳。述生乾嘉间，未与江、戴、程、凌相接，而著书义例则殊途同归。彼以百家之言古者多有可疑，因疑而力求其是。浅识者流仅知其有功于考史；不知《考信录》一书自标界说，条理秩然，复援引证佐以为符验，于一言一事必钩稽参正，剖析疑似，以求其真，使即其例以扩充之，则凡古今载籍均可折衷至当，以去伪而存诚。则述书之功在于范围谨严，而不在于逞奇炫博。①

我们认为，刘师培对于崔述学术精神与乾嘉学术求真、求是精神一致性的分析是中肯的。崔述虽然不能简单地归为乾嘉汉学或宋学，也不能简单归为吴派或皖派，从这两个角度说，他是乾嘉学术流派中的"异数"。但崔述的"尊经疑古"，考信求真的精神，与乾嘉学术的"实事求是"精神是一致的。至于他的学术研究成果在多大程度上达到了这一理想性的目标，那又是另一回事。

经过胡适与顾颉刚为代表的近代疑古学派的宣传，崔述的学术形象就是乾嘉时代的一个疑古学派的先驱者。不过，20 世纪也有少数历史学家对崔述"疑古"形象提出了相反的观点，如吕思勉。吕氏曾经这样说过："读书最忌买椟还珠。读崔氏之书，徒知激赏其疑古之处，而于其论政论俗处，瞠目无所见，则不翅买椟还珠矣。静夜偶意及之，辄举斯义，以为青年告。"②当代著名学者路新生也不同意将崔述简单地界定为一个疑古学家，而是将他看作一个以"民本"思想为核心的经学家。他说："崔述提倡回归原典，他的目的恰恰在于借助对经典的注释和考据来建立他的以'民本'为核心的经学思想体系。崔述所论古帝王因为'民'的选择

---

① 刘师培：《崔述传》，《崔东壁遗书》，顾颉刚编订，第 948—949 页。
② 吕思勉：《读〈崔东壁遗书〉》，《吕思勉论学丛稿》，第 711 页，上海，上海古籍出版社，2006。

和拥戴而确立其帝位；'五常'为汉儒所杜撰；贪人不可用；帝王应当广开言路，主动纳谏等，这些经说都饶有新意地围绕着他的民本思想而展开。"①

应当说，吕氏与路氏所言，为我们重新理解崔述的思想及其整体风貌，提供了十分有价值的不同论述，可以有助于人们改变对胡适、顾颉刚等人所塑造的崔述学术形象的认识。不过，就崔述区别于乾嘉时代其他一流学者的学术形象而言，"尊经疑古"思想仍然是他学术的主要特征。将崔述视作乾嘉时代"尊经疑古"者，这一判断基本上还是符合崔述的学术性格的。

## 二、尊经疑古，考信求真——崔述的实证史学精神

### （一）尊经疑古——崔述"求真"思想及其理论前提

作为乾嘉考据学的异类，崔述以明确的"尊经观"为其理论前提，在诸子思想史领域里从事着"辨伪求真"的思想史的考据工作。他这样说：

> 圣人之道，在《六经》而已。二帝、三王之事，备载于《诗》《书》（《书》谓《尧典》等三十三篇），文在是，即道在是，故孔子曰："文王既没，文不在兹乎？"《六经》以外，别无所谓道也。②

由上引文可知，崔述的疑古思想前提是"尊经"，他疑古的目的是为了捍卫经的神圣性，这就在思想前提下规定了的他史学考据与辨伪是以维护《六经》中的圣人之道为己任的，因而与乾嘉时代史学考据追求历史真相的目标有相当大的不同。在崔述看来，存在于《六经》之中的圣人之道之所以被淹没，主要是由如下三个方面的原因导致的：

第一，秦统一六国，焚书坑儒，导致《六经》之道沉晦。他说："顾自秦火后，汉初诸儒传经者各有师承，传闻异词，不归于一。"③

---

① 路新生：《中国近三百年疑古思潮研究》，第241页，上海，上海人民出版社，2001.
② 崔述：《考信录提要》卷上，《崔东壁遗书》，顾颉刚编订，第2页.
③ 崔述：《考信录提要》卷上，《崔东壁遗书》，顾颉刚编订，第2页.

第二，战国时代的战乱，以及该时代书籍形式的限制，导致《六经》之道的沉晦。他说："战国之世，处士横议，说客托言，杂然并传于后，而其时书皆竹简，得之不易，见之亦未必能记忆，以故难于检核考正，以别其是非真伪。"①

第三，魏晋之后，学术空疏，再加上新的战乱，再次使儒家的经籍沦亡，使《六经》之道再一次陷入沉晦之渊。他说："东汉之末，始易竹书为纸，检阅较前为易；但魏、晋之际，俗尚词章罕治经术，旋值刘、石之乱，中原陆沉，书多散佚，汉初诸儒所传《齐诗》《鲁诗》《齐论》《鲁论》陆续皆亡，惟存《毛诗序传》及张禹更定之《论语》，而伏生之《书》，田何之《易》，邹、夹之《春秋》亦皆不传于世。于时复生妄人，伪造《古文尚书经传》、《孔子家语》，以惑当世。"②

由上所引文献可知，崔述所辨之伪乃是《六经》之后的传与诸子类书籍之伪。而这些伪书之伪的性质乃是：这些后于《六经》而出的传与诸子之书使得"二帝、三王、孔门之事于是大失其实"，③并不是这些书所记载之事与历史上真正发生过的事实本身的不相符。这样一来，崔述的"辨伪求真"的学术理想，以及这种学术理想所包含的知性精神就被其厚重的经学外衣所束缚。就其"尊经"的学术观念而言，反不如王鸣盛、赵翼、钱大昕等人史学考据学具有思想的解放意义。钱大昕"经史不二"的思想，虽然还带有以经书提高史书价值地位的思想痕迹，然而他不迷信"六经"，相反，通过对"六经"别开生面的解释来阐发他的带有近代人道主义气息的政治伦理与婚姻伦理的思想。这是钱大昕考据史学中最有思想光辉的因素之一。④

---

① 崔述：《考信录提要》卷上，《崔东壁遗书》，顾颉刚编订，第2页。
② 崔述：《考信录提要》卷上，《崔东壁遗书》，顾颉刚编订，第2页。
③ 崔述：《考信录提要》卷上，《崔东壁遗书》，顾颉刚编订，第2页。
④ 参见笔者主持的教育部人文社会科学基地重点项目结项成果《戴震、乾嘉学术与中国文化》第三编第五章。

虽然，崔述的"尊经疑古"思想是以维护《六经》中圣人之道为其理论的出发点与归宿点，但对于《孟子》一书中的不可信处也还是有所指责的。他说：

> 经传之文往往有过其实者。《武成》之"血流漂杵"，《云汉》之"击余黎民，靡有孑遗"，孟子固尝言。至《閟宫》之"荆、舒是惩，莫我敢承"，不情之誉，更无论矣。战国之时，此风尤盛，若淳于髡、庄周、张仪、苏秦之属，虚词饰说，尺水丈波，盖有不可以胜言者。即孟子书中亦往往有之。若舜之"完廪，浚井"，"不告而娶"，伊尹之"五就汤，五就桀"，其言未必无因，然其初事断不如此，特传之者递加称述，欲极力形容，遂不觉其过当耳。①

崔述对于《孟子》一书中所述史实的可靠性的怀疑，其重要意义不仅在于对《孟子》一书中史实的详实考订，而更在于对作为《十三经》之一的《孟子》一书本身的大胆怀疑，从而突破了其本人以"经"正"传"而不怀疑"经"本身的思想规定。

对于当时倍受官方推崇的朱子（而且在很多地方崔述本人也非常肯定的朱子），崔述对其著作中的不当之处也毫不客气地指出来了，这在当时也是需要理论勇气的，而且对于破除当时思想界的偶像崇拜，促进人们的思想解放起到了一定的积极作用。他说：

> 朱子《易本义》、《诗集传》及《论语》、《孟子集注》，大抵多沿前人旧说。其偶有特见者乃改用己说耳。何以言之？孟子"古公亶父"句，《赵注》以为太王之名；《朱注》亦云："亶父，太王名也。"《大雅》"古公亶父"句，《毛传》以字与名两释之；《朱注》亦云："亶父，太王名也；或曰字也。"是其沿用旧说，显然可见。②

应该说，崔述对于朱子的态度是相当理性的，他说："学者不得因一

① 崔述：《考信录提要》卷上，《崔东壁遗书》，顾颉刚编订，第12页。
② 崔述：《考信录提要》卷上，《崔东壁遗书》，顾颉刚编订，第13页。

二说之未当而轻议朱子,亦不必为朱子讳其误也。"①这种不迷信权威,也不故意以批评权威而抬高自己的做法,恰恰是乾嘉时代"实事求是"精神的具体体现。崔述认为,必须通过"考虚实而论得失",才能使其议论言之有据。如果不考虚实而论得失,则言之无据,对此,他杜撰了一则故事,颇有启发意义。有两个极度近视的人,然而都不承认自己近视,相反,而相互夸耀自己的视力。正好村中有一富人第二天要挂匾额,他们两人头天晚上就派人刺探匾上之字,第二天就相互争指匾上之字。而其实,富人门上的匾还没有挂出来。通过这一故事,崔述批评道:"大抵文人学士多好议论古人得失,而不考其事之虚实。余独谓虚实明而后得失或可不爽。故今为《考信录》,专以辨其虚实为先务,而论得失者次之,亦正本清源之意也。"②

就崔述的"尊经疑古"思想而言,其主要精华表现在对古代典籍中成伪现象的原因分析及其原理的概括与提炼,对于后来的辨伪学的发展与科学化,起到了学术的奠基作用,从而具有重要的学术价值与理论价值。

(二)非汉非宋,"为有用之学"是求——崔述经世致用的学术目标

崔述之学既非全是宋学,亦不同于同时代的汉学,而是传统儒家经世致用之学,颇类似颜元之实学。③ 他与章学诚一样,是乾嘉时代超越各家各派的特立独行的学者,然其疑古辨伪、考信求真、力求致用的学术精神与乾嘉考据学的时代精神有相通之处。正如章学诚"道器论""言性命必究于史"的经验论哲学思维路线与该时代的哲学精神相通一样。

1. 非汉非宋的学术立场

崔述虽然也在怀疑传、注、诸子的同时从事考据学的工作,但他并不欣赏当时主流考据学的汉学家们的做法;他虽然尊经,然而与经学家,也是皖

① 崔述:《考信录提要》卷上,《崔东壁遗书》,顾颉刚编订,第13页。
② 崔述:《考信录提要》卷上,《崔东壁遗书》,顾颉刚编订,第14页。
③ 参见路新生《中国近三百年疑古思潮研究》,第217—249页;王纪录《中国史学思想通史》(清代卷),第317—324页,合肥,黄山书社,2002。

派汉学家戴震的思想似乎毫无瓜葛。从目前的众多研究类著作来看，崔述似乎没有读过戴震的著作。他与章学诚非常不同，似乎是一个完全独立于这个时代之外的学者。从今人的角度看，崔述"尊经"的观点似乎带有原教旨主义的味道。他说："圣人之道，在《六经》而已矣。二帝、三王之事，备载于《诗》《书》（《书》谓《尧典》等三十三篇）。孔子之言行，具于《论语》。文在是，即道在是，故孔子曰：'文王既没，文不在兹乎？'《六经》以外，别无所谓道也。"①戴震只是说"经之至者道也"，并没有说过《六经》之外无他道的话。章学诚更不会同意崔述的说法，因为章学诚看到出于《六经》之后的诸事，《六经》不足以囊括之，而蕴涵于这些事中之道则需要后来者随时撰述以探究之。相比较之下，崔述的"经道合一"论具有极强的尊经观点。

崔述有一段严厉批评汉儒的话，他说：

> 周道既衰，异端并起，杨墨名法纵横阴阳诸家莫不造言设事以诬圣贤。汉儒习闻其说而不加察，遂以为其事固然，而载之传记。若《尚书大传》《韩诗外传》《史记》《戴记》《说苑》《新序》之属，率皆旁采卮言，真伪相淆。继是复有谶讳之术，其说益陋，而刘歆、郑康成咸用之以说经。流传既久，学者习熟见闻，不复考其所本，而但以为汉儒近古，其言必有所传，非妄撰者。②

崔述这一段话似乎是针对以惠栋为代表的吴派汉学家而言的。他说的话大体上符合经学史与思想史的实际情况，但对当时迷信汉学的人来说是一种非常不中听的话。他还直接批评当时学界尊奉汉儒的做法，说道："近世浅学之士动谓秦、汉之书近古，其言皆有所据；见有驳其失者，必攘臂争之。此无他，但狥其名而实未尝多观秦、汉之书，故妄为是言耳。"③

崔述虽然尊经，但并不迷信宋儒，他对宋儒的崇尚性理道学，不尚考

---

① 崔述：《考信录提要》卷上，《崔东壁遗书》，顾颉刚编订，第2页。
② 崔述：《考信录提要》卷上，《崔东壁遗书》，顾颉刚编订，第3页。
③ 崔述：《考信录提要》卷上，《崔东壁遗书》，顾颉刚编订，第6页。

核古今的虚玄之学也有所批评。他说：

> 重实学者惟有宋诸儒，然多研究性理以为道学，求其考核古今者不能十之二三。降及有明，其学益杂，甚至立言必出入于禅门，架上必置以佛书，乃为高雅绝俗；至于唐、虞、三代、孔门之事，虽沿讹踵谬，无有笑其孤陋者。①

他又说：

> 逮宋以后，诸儒始多求之心性，详于谈理而略于论事，虽系探本穷源之意，然亦开后世弃实征虚之门。及陆、王之学兴，并所谓知者亦归之渺茫空虚之际，而正心诚意遂转而为明心见性之学矣。②

上述两则材料均表明，崔述对宋明理学的程朱之学与陆王之学均有所批评。另外，他对同时代的汉学与宋学之争现象，也表示了极大的不满，认为学术但求其是，而不必分汉宋。他说：

> 今世之士，醇谨者多恪遵宋儒，高明者多推汉儒以与宋儒角。……其实宋儒之说多不始于宋儒；宋儒果非，汉儒安得尽是。理但论是非耳，不必胸中存汉、宋之见也。③

对于当时学者批评朱子之学，崔述则颇为调侃地说朱子之误实沿用了不少汉儒的错误，他说：

> 今世之士，矜奇者多尊汉儒而攻朱子，而不知朱子之误沿于汉人者正不少也。拘谨者则又尊朱太过，动曰"朱子安得有误！"而不知朱子未尝自以为必无误也。即朱子所自为说，亦间有一二误者……所谓"智者千虑，必有一失"。惟其不执一成之见，乃朱子所以过人之处。学者不得因一二说之未当而轻议朱子，亦不必为朱子讳其误也。④

---

① 崔述：《考信录提要》卷上，《崔东壁遗书》，顾颉刚编订，第 14 页。
② 崔述：《考信录提要》卷上，《崔东壁遗书》，顾颉刚编订，第 16 页。
③ 崔述：《丰镐考信别录》卷三，《崔东壁遗书》，顾颉刚编订，第 362 页。
④ 崔述：《考信录提要》卷上，《崔东壁遗书》，顾颉刚编订，第 13 页。

应当说，崔述对汉儒、宋儒中不实不真之学的批评，对汉宋之争的批评，对于朱子的态度等，都与乾嘉时代"实事求是"的精神纲领颇为一致。正是因为他有这种独立不苟的精神，在乾嘉时代他不依门傍户而在学术研究方面做出了自己的独特贡献。崔述对汉学与宋学的双向排遣，不只是消极地否定他们，而是他自己所追求的"有用之学"的内在学术目标的外化表现。他发现，自宋代以来，某些考据学者在一些细节的问题考证得非常精细，然而对于古代帝王圣贤之行之事却并不清楚，因此他的《考信录》就是要发掘那些有益于世道人心的古代帝王圣贤之行之事。他说：

> 吾尝观洪景庐所跋赵明诚《金石录》及黄长睿《东观余论》，未尝不叹古人之学博而用力之勤之百倍于我也。一盘盂之微，一杯勺之细，曰，此周也，此秦也，此汉也。兰亭之序，羲之之书，亦何关于人事之得失，而曰孰为真本，孰为赝本。若是乎精察而明辨也！独于古帝王圣贤之行之事关于世道人心者，乃反相与听之而不别其真赝，此何故哉？拾前人之遗，补前人之缺，则《考信录》一书其亦不容尽废者与！①

由上所引文献可知，崔述的"考信"工作不在于孜孜以求历史事件在细节上的真实性，而是要追求古代帝王圣贤于世道人心有关的宏大事件方面的真实性。这是崔述的考据学不同于乾嘉史学中钱、王、赵的史学考据之处，也不同于乾嘉经学中戴、段、高邮王氏父子的经学考据之处。只有仔细辨别其学术与同时代大家的不同之处，才能更清楚地看出其学术的独特价值。

崔述要追求切于日用之学，他还要将自己的学术与宋明理学与陆王心学及其末流区别开来。他认为，自明季以来，学者多为时文所误，其中能读书不专为时文之人，千百人中或得一二人而已；而这些人之中，其才

---

① 崔述：《考信录提要》卷上，《崔东壁遗书》，顾颉刚编订，第 14 页。

能不仅为记诵辞章之学的人，又是千百人中仅有一二人而已。即使是这些人，又"多以道学自命，谨厚者惟知恪遵程、朱，放佚者则竟出入王、陆。然考其所言，大抵皆前人之陈言，其驳者固皆拾庄子、佛氏之唾余，即其醇者亦不过述宋儒性理之膳说。其真殚精经义，留心治术，为有用之学者，殊罕所遇。然后知学问之难言也！述自读诸经《孟子》以来，见其言皆平实切于日用，用之修身治国，无一不效，如布帛菽粟，可饱可暖，皆人所不能须臾离者。至于世儒所谈心性之学，其言皆若甚高，而求之于用殊无所当。正如五色彩纸，为衣可以美观，如用之以御寒蔽体，则无益也"①。

崔述将《孟子》一书看着是"如布帛菽粟，可饱可暖"，切于日用的著作，从学术史的角度看未必十分准确。然我们理解，他实际上是借《孟子》一书表达自己的学术价值理想，即通过考察古帝王圣贤的行事以助于世道人心的建设。他对科举时文危害读书人的分析，与顾炎武在《生员论》一文所论极其相似。他高度肯定《六经》及先秦儒家的学说切于日用，而对宋明以后的心性之学大加批评，说道："逮宋以后，诸儒始多求之心性，详于谈理而略于论事，虽系探本穷源之意，然亦开后世弃实征虚之门。及陆、王之学兴，并所谓知者亦归之渺茫空虚之际，而正心诚意遂转而为明心见性之学矣。"②

由上所引的文献可以看出，崔述对宋学与同时代的汉学采取了双向批评的态度，而其学术宗旨则在于借《六经》、先秦原始儒家之名而实现经世致用的目标。而这一学术目标与乾嘉时代诸儒也是相通的。

2. 崔述"辨伪求真"的具体方法

崔述对于自己的尊经疑古，辨伪求真、致用的学术活动有一定程度的方法论的自觉。其方法论在今天看来未必是十分恰当的，但在原则上是合理的。他说：

---

① 崔述：《考信录提要》卷上，《崔东壁遗书》，顾颉刚编订，第15—16页。
② 崔述：《考信录提要》卷上，《崔东壁遗书》，顾颉刚编订，第16页。

唐、虞有唐、虞之文,三代有三代之文,春秋有春秋之文,战国、秦、汉以迄魏、晋亦各有其文焉。非但其文然也,其行亦多有不相类者。是故,战国之人称述三代之事,战国之风气也;秦、汉之人称述春秋之事,秦、汉之语言也。《史记》直录《尚书》、《春秋传》之文,而或不免杂秦、汉之语;《伪尚书》极力摹唐、虞、三代之文,而终不能脱晋之气:无他,其平日所闻所见皆如是,习以为常而自觉,则必有自呈露于忽不经意之时者。少留心以察之,甚易知也。①

析而言之,崔述上面所说的"文",既包括文章的用词、语言特征,也应当包括整体的文章风格。其次,上面所说的"事",既指具体、真实发生的历史事件,也应当包括不同时代的人们对历史的态度,如战国时代称述三代之事情,秦、汉人称述春秋时代的事情。再次,由于人们生活在自己的时代,不知不觉中一定会流露出那个时代的习气与用语习惯,这种时代的集体无意识往往在语言与行文中流露出来。因此,"辨伪求真"的活动就在于通过对文、事的时代特征,与人生活在不同时代所具有的用语习惯这三个方面的切实了解(其实也可以说是主客两个方面),从而考证文、事所属的时代。

对于这一方法论的有效性,崔述列举了大量的例证,今摘其要以证明之。他说:

《易传》之述包羲,帝而称王(唐、虞以前无称"王天下"者,说见《补上古录》中),《蔡传》之引《史记》,益而加伯(《史记》以前称益,未有加以伯者,说见《唐虞录》中),此行文者所不自觉也。《传》之《三坟》、《五典》、《八索》、《九邱》,《杜注》但云"皆古书名",及《伪书序》既出,而《林注》遂历历数之:无他,文必因乎其时故也。所以汉人好谈谶纬,则所撰之《泰誓》,"乌流""炎覆",祥瑞先呈;晋人喜尚排偶,

---

① 崔述:《考信录提要》卷上,《崔东壁遗书》,顾颉刚编订,第15页。

则所撰之《泰誓》，"斮胫""剖心"，对待独巧。······是知伪托于古人者未有不自呈露者也。考古者但准是以推之，莫有能遁者矣。①

崔述上述所论大体正确。但通过语言风格而判断《泰誓》为晋人作伪，理据似嫌不足。后世语言现象总是从前代语言发展出来的。前代典籍中偶有后世的某些语言现象，也是正常的。对于古书是否为伪书的辨析，往往需要多方面的证据合在一起加以综合判断，才能得出比较可靠的结论。这一点我们必需要慎之又慎。从原则上说，每一时代的文章与文献都有特定时代的历史烙印，这是正确的。但要将这一原则落实在具体的文章与文献辨析上，则不是一件很容易做的事情。因为我们无法对一个时代之文、之事作出一个完全准确的概括。而从人类的经验与哲学思想的高度来看，凡事皆有例外似乎是一个通则，尤其是在人类的生活事件之中，而不是在自然的物理性事件之中，这种例外的可能性、概率性就更大。在历史学领域里通过归纳的方式得出的带有一定普遍性的结论，可以作为一个逻辑上的演绎的前提去分析、推论、裁断许多具体的事件的。但不能一概而论。因此，崔述的上述方法运用在具体的问题上就得小心。然崔述对于此点似乎缺乏认识。

除上述的三种方法之外，崔述在撰写《考信录》一书时，在体例上列有"备览""存疑"，"附录""附论"，"备考""存参"三种类型，体现了崔述存疑、阙疑的开放精神，这虽然不能说是"辩伪求真"的方法，但也与"辩伪求真"的方法密切相关，因而值得后人关注。如在《备览·存疑》条，崔述自问自答道："何以有'备览''存疑'也？曰：其书所载之事可疑者多，而此事尚无可疑，不敢遂谓其非实也，则列之于'备览'。其书所载之事可信者多，而此事殊难取信，不敢概谓其皆实也，则列之于'存疑'。皆慎重之意也。"②应该说，崔述在著书体例上存"备览"一类，在历史学方面的确体现了古人，也是乾嘉时代的学人"实事求是"的精神，值得肯定。

① 崔述：《考信录提要》卷上，《崔东壁遗书》，顾颉刚编订，第15页。
② 崔述：《考信录提要》卷上，《崔东壁遗书》，顾颉刚编订，第23页。

崔述感叹古往学者不用心于古代典籍记载中的真伪之辨，以至于伪史流行，导致很多疑惑，其原因在于：

> 一者心粗气浮，不知考其真伪；一则意在记览，以为诗赋时文之用，不肯考其真伪；一则尊信太过，先有成见在心，即有可疑，亦必曲为之解，而断不信其有伪。①

上文所总结的不知、不肯、尊信三种主观原因，使得传统的学术在对于古代典籍的"辨伪求真"方面的工作做得很少，留下了很多问题。处于18世纪的崔述则自觉地打扫传统典籍——主要是传记中的讹伪史事，在历史学领域展开了求真、求是的学术研究活动，与同时代的戴震、钱大昕等学者，在不通声气的前提下，不约而同的推进了该时代的"求真""求是"的时代思潮，形成了以"求真""求是"为目标，进而维护他们心目中的古代圣贤之道，开创了新的文化方向——即将理想中的圣贤之道（或曰人文价值理想）奠定在真实、可信的历史事实和对客观世界真实把握的基础之上。换句话说，通过"求真"的知性活动实现"向善"的价值追求，同时也将个人的生命意义安立于这一求真、求是的知性学术追求之中，与宋明儒学的道德形上学追求形成了巨大的时代反差。这种巨大的时代反差使得当代新儒家的学者群体无法理解这一新的人生终极关怀。崔述有一段批评宋明儒者心性之学，表明自己甘于"下学"的文字，虽为谦词，实际上正是表达了他的人生理想与终极关怀，今录于此，以为佐证：

> 逮宋以后，诸儒始多求之心性，详于谈理而略于论事，虽系探本穷源之意②；然亦开后世弃实征虚之门。及陆、王之学兴，并所谓知者亦归之渺茫空虚之际，而正心诚意遂转而为明心见性之学矣。余窃谓圣人之道大而难窥，圣人之事则显而易见，与其求难窥，不若考

---

① 崔述：《考信录提要》卷上，《崔东壁遗书》，顾颉刚编订，第15页。
② 戴震批评朱子"详于论敬而略于论学"，可参考也。

所易见。……述赋性愚钝，不敢言上达之事，惟期尽下学之功，故于古帝王圣贤之事，尝殚精力以分别其是非真伪，而从无一言及于心性者。固自知其不贤，甘为识小之人，亦有鉴于魏、晋之谈名理而尚老庄，卒至有陆沉之祸也。①

崔述此处所论，与王鸣盛、赵翼自谦不能从事经学研究，而只能从事史学研究，其精神取向如出一辙。而与段玉裁从正面论述以"求真"为人生的信仰之所归，也属于同声相应，同气相求。因此，对乾嘉学术的研究，不应当停留在学者表面的学术研究内容与研究方法上面，还应当透过对其研究内容与研究方法的价值取向的考察，寻找该时代学术精神的内在一致性。20 世纪的乾嘉学术研究受现代人文学分科形式的影响，在历史、哲学、文学—语言学等方面均取得了非常大的成绩，深化了对乾嘉学术细节的认识。但对于乾嘉学术内在精神的一致性，哲学思维方式的一致性的认识方面，似乎还做得很不够。再加上各种研究范式或学术进路的不同，研究者自说自话，虽皆能言之成理，持之有故，然而对乾嘉学术整体精神风貌的把握上面，缺乏令人信服的学术共识。人们非常习惯地将考据学当作是乾嘉学术的整体，并且学界很多大家都认为乾嘉时代无哲学。这样一些有关乾嘉学术比较程式化、表面化的认识，在 21 世纪应当得到纠正，从而让我们对乾嘉时代学术的真精神有更加透彻的了解。

三、崔述对《六经》之外典籍成伪原因的分析与归纳

从现代人的学术观念来看，崔述的"尊经疑古"态度与思想倾向在乾嘉时代缺乏思想解放的意义。但在古籍成伪原因的探讨层面，崔述提出的"世益晚则采择益杂"成伪原理说，颇有学术方法论的意义。他说：

大抵古人多贵精，后人多尚博；世益古则其取舍益慎，世益晚则

① 崔述：《考信录提要》卷上，《崔东壁遗书》，顾颉刚编订，第 16 页。

其采择益杂。故孔子序《书》,断自唐、虞,而司迁作《史记》乃始于黄帝。然犹删其不雅训者。近世以来,所作《纲目前编》《纲鉴捷录》等书,乃始于庖羲氏,或天皇氏,甚至有始于开辟之初盘古氏者,且并其不雅训者而亦载之。故曰,世益晚则其采择益杂也。①

从历史发展的角度看,崔述的"古人多贵精"之说并不能成立,而"后人多尚博"的说法则大体上可以成立。尤其是"世益晚则其采择益杂"的说法,在相当大的程度上揭示了中国古代典籍作伪的一般性原理,以及一般诸子之学、史学、集部之学的基本生成状态。特别是那些故事性的叙事作品,由于受人类追求完型心理的影响,努力把一件事说得更加圆通,"采择益杂"也在所不辞。

崔述在指出了古书成伪的一般原则之后,他还进一步分析了古籍成伪的具体原因。这种具体分析的结论,大多数都具有学术价值。根据我们的初步研究,从以下三个大的方面对他揭示出的成伪原因作一概括性归纳,并作适当的分析。

(一)人言(包括口头语言、传说与书面书言)的主观性

1. 人言不可尽信

崔述对于人类语言的可信程度保持一种高度的怀疑态度,尤其对于远古时代的语言的可信性问题持有很大的保留态度。他说:"人之言不可信乎?天下之大,吾非能事事而亲见也,况千古以上,吾安从而知之!人之言可尽信乎? ……舌生于人之口,莫之扪也;笔操于人之手,莫之掣也;惟其意所欲言而已,亦何所不至者!"②

从"人言不尽可信"的普遍怀疑角度出发,崔氏展开了对战国以降,汉代诸子之书的真实性提出了怀疑:

> 周道既衰,异端并起,杨、墨、名、法、纵横、阴阳诸家莫不造言设事以诬圣贤。汉儒习闻其说而不加察,遂以为其事固然,而载之传

① 崔述:《考信录提要》卷上,《崔东壁遗书》,顾颉刚编订,第13页。
② 崔述:《考信录提要》卷上,《崔东壁遗书》,顾颉刚编订,第2页。

记。若《尚书大传》《韩诗外传》《史记》《戴记》《说苑》《新序》之属，率皆旁采厄言，真伪相淆。继是复有谶纬之术，其说益陋，而刘歆、郑康成咸用之以说经。流传既久，学者习熟见闻，不复考其所本，而但以为汉儒近古，其言必有所传，非妄撰者。虽以宋儒之精纯，而沿其说而不易者盖亦不少矣。①

不过，崔述上述所表达出的怀疑精神，是以维护圣贤的面目出现的。准确地说，他所怀疑的众人之言，以至于经学传统里注经者之言的可靠性，然而他并不是通过详细的历史学考证方法具体指出哪些语言与事实不相符，因而是可疑的。因此，这种怀疑似乎还只能说是一种没有严格证据的普泛性的怀疑，缺乏足够的学术价值而只具有一般的思想启迪意义。

2. 古语失解后之妄说

崔述从语言演变而导致古书之说失真现象的分析，具有学术价值。他说："战国、秦、汉之书非但托言多也，亦有古有是语而相沿失其解，遂妄为之说者。古者日官谓之日御，故曰'天子有日官，诸侯有日御'。羲仲、和仲为帝尧臣，主出纳日，以故谓之日御。后世失其说，遂误以为御车之御，谓羲和为日御车，故《离骚》云'吾令羲和弭节兮，望崦嵫而勿迫'；已属支离可笑。又有误以御日为浴日者，故《山海经》云'有女子名羲和，浴日于甘渊'，则其谬益甚矣！"②

崔述以"羲和"之语的失解为例，进一步引申道："然此古语犹间见于经传，可以考而知者，若夫古书已亡，而流传之误但沿述于诸子百家之书中者，更不知凡几矣。大抵战国、秦、汉之书皆难征信，而其所记上古之事尤多荒谬。然世之士以其传流日久，往往信以为实。其中岂无一二之实？然要不可信者居多。"③

---

① 崔述：《考信录提要》卷上，《崔东壁遗书》，顾颉刚编订，第 3 页。
② 崔述：《考信录提要》卷上，《崔东壁遗书》，顾颉刚编订，第 5 页。
③ 崔述：《考信录提要》卷上，《崔东壁遗书》，顾颉刚编订，第 5 页。

不过,崔述上述所论也还有进一步推敲之处。从"日御"到"以御日为浴日"的演变,固然需要纠正。但古代神话中的"浴日"故事未必就是从"日御"到"御日",再到"浴日"的语言学之误导致的。古代汉语中的词汇变化还有神话、民俗的影响,不能不加以考虑。而崔述对诸子文本中文学、神话、传说等不同类型的作品也缺乏分类意识。因此这些论断就不够精审。

3. 虚言衍成实事

此一类情况之中,又可以分为三种情况。一是后人误把前人的寓言故事当作真实的历史事实,如"战国之时,说客辩士尤好借物以喻其意。如'楚人有两妻','豚蹄祝满家','妾覆药酒','东家食,西家宿'之类,不一而足。虽孟子书亦往往在之。非以为实有此事也。乃汉、晋著述者往往误以为实事而采之入书,学者不复考其所本,遂信以为真有而不悟者多矣"①。二是历史中实有某事,然后人们加以虚夸,如"公父文伯之卒也,见于《国语》者,不过其母恶其以好内闻,而戒其妾无瘠容,无洵涕,无搯膺而已。《戴记》述之,而遂谓其母据床大哭,而内人皆行哭失声。楼缓又衍之,遂谓妇人自杀于房中者二八矣"②!三是"无其事而又有其语",后人又衍生出一段事实的,如《春秋传》记载了子太叔的一段话:"蝥不恤其纬而忧宗周之陨,为将及焉"。这本来是一假设之辞,后人将衍变一段史实,说"漆室之女不绩其麻而忧鲁国。其后又衍之,遂谓鲁监门之女婴忧卫世子之不肖,而有'终岁不食葵,终身无兄'之言,若真有其人其事者矣"。③

对于上述三类情况,崔述总结道:"虽古有是语,亦未必有是事;虽古果有是事,亦未必遂如后人之所云云也。"④应当说,崔述指出中国史学著作中蕴含着很多传说、虚说等不实之事、或事与人物不相称的现象,对于

---

① 崔述:《考信录提要》卷上,《崔东壁遗书》,顾颉刚编订,第4页。
② 崔述:《考信录提要》卷上,《崔东壁遗书》,顾颉刚编订,第4页。
③ 崔述:《考信录提要》卷上,《崔东壁遗书》,顾颉刚编订,第4页。
④ 崔述:《考信录提要》卷上,《崔东壁遗书》,顾颉刚编订,第5页。

后人审慎地对待古史的事件提供了很好的案例。然这里仍然有文学性的运用与历史学的引用之异。崔述对此考证不够精审。

4. 儒者采谶纬之语——有意为之

崔述对于经学史中,特别是汉儒借纬书解释而故意作伪现象的揭示,有利于廓清经学史中的虚假之说。他说:"先儒相传之说,往往有出于纬书者。盖汉自成、哀以后,谶纬之学方盛,说《经》之儒多采之以注《经》。其后相沿,不复考其所本,而但以为先儒之说如是,遂靡然而从之。如龙负河图,龟具洛书,出于《春秋》纬。黄帝作《咸池》,颛顼作《五茎》,帝喾作《六英》,帝尧作《大章》,出于《乐纬》。诸如此类,盖不可以悉数。"①

崔述通过对汉以后诸儒引纬书情况的总结,得出了这样的结论:"大抵汉儒之说,本于《七纬》者不下三之一;宋儒颇有核正,然沿其说者尚不下十之三。乃世之学者动曰汉儒如是说,宋儒如是说,后生小子何所知而妄非议之!呜呼,以汉儒之说果汉儒所自为说乎? 宋儒之说果宋儒所自为说乎? 盖亦未尝考而已矣!"②崔述的这番议论,在乾嘉汉学如日中天之际可谓冒天下之大不韪。他对于汉学与宋学均采取了批评的态度,表现了崔述独立不苟的"求真"精神,值得赞许。

5. 杂说流行

崔述感叹明代科举考试制度,使读书人于仅读《四书》,举业之外,茫然不知的情况,指出明代社会造伪的特殊原因。他说:"一二才智之士务搜览新异,无论杂家小说,近世赝书,凡昔人所鄙夷而不屑道者,咸居之为奇货,以傲当世不读书之人。"其结果是:世人以"六经为藜藿,而此书为熊掌雉膏然,良可慨也"③! 这其实是从社会风俗变化的角度揭露明代社会作伪的原因,然这种类型的作伪易于识破。

---

① 崔述:《考信录提要》卷上,《崔东壁遗书》,顾颉刚编订,第5页。
② 崔述:《考信录提要》卷上,《崔东壁遗书》,顾颉刚编订,第5页。
③ 崔述:《考信录提要》卷上,《崔东壁遗书》,顾颉刚编订,第7页。

## 6. 事实误传

崔述提出"事实误传"的成伪原因是行得通的,但他所列举的事例却并不恰当。因为文学家所言并非都是历史事实,而是以传说之言来表达一种理想。因此,他下列所论就不是十分恰当。他说:"战国之时,邪说并作,寓言实多,汉儒误信而误载之,固也。亦有前人所言本系事实,而递传递久以致误者。此于三代以上固多,而近世亦往往有之。"如陶渊明的《桃花源记》本未涉及神仙之事,而唐代韩愈《桃源图诗》云:"神仙有无何渺茫,桃源之说诚荒唐。"刘禹锡《桃源行》诗也说:"俗人毛骨惊仙子",又说"仙家一出寻无踪"。

崔述以此为例,进一步引申道:"古之国史既无存于世者,但据传记之文而遂以为固然,古人受诬者尚可胜道哉! 故余为《考信录》,于汉、晋诸儒之说,必为考其原本,辨其是非;非敢诋诬先儒,正欲平心以求其一是也。"①很显然,崔述的这类辨伪文字意义不是很大。

## 7. 传闻异词之重出

"传记之文,往往有因传闻异词,遂误而两载之者。"②《春秋传》载鄢陵之战,"韩厥从郑伯,曰,'不可以再辱国君',乃止。郤至从郑伯,曰'伤国君有刑'亦止"。对于这段史实,崔述认为记载一定有误。理由有两条:其一是:"此时晋四军,楚三军,晋非用三军不足以适敌楚;若郑则国小众寡,以一军敌足矣;必无止以两军当楚,复以两军当郑之理。"③其二是:后文"郤至三遇楚子之卒"。而襄公二十六年记载,"中行、二郤必克二穆",所以,"郤至以新军当楚右军,而后萃于王卒,无缘得从郑伯,从郑伯者,独韩厥一军耳"④。

崔述上述的辨伪求真的结论,应当说是有理有据,证明《春秋传》所载"郤至从郑伯"的史实有误。不过,他并没有提供更多的历史材料佐

① 崔述:《考信录提要》卷上,《崔东壁遗书》,顾颉刚编订,第7—8页。
② 崔述:《考信录提要》卷上,《崔东壁遗书》,顾颉刚编订,第8页。
③ 崔述:《考信录提要》卷上,《崔东壁遗书》,顾颉刚编订,第8页。
④ 崔述:《考信录提要》卷上,《崔东壁遗书》,顾颉刚编订,第8页。

证,主要是通过推理来猜测,因而只能引起人们怀疑,但很难给人以确信的历史知识。

以上七个方面,崔述主要揭示了古代语言与事实真相之间不尽相符的现象,从而在言与事的关系上揭示了成伪的复杂原因。除此之外,崔述还从人类认识能力的有限性角度,揭示伪书的成因。

(二)人类认识的局限性与对此局限性缺乏反省导致伪讹

1. 少见者多误

崔述揭示了历史上人物同名的现象,而后来的注家不知,造成了张冠李戴的现象。他举出的唐代卫退之与韩退之(愈韩)之误,颇为典型。他说:"凡人多所见则少所误,少所见则多所误。唐卫退之饵金石药而死,故白居易诗云:'退之服硫黄,一病讫不痊。'而宋人杂说遂谓韩退之作《李于墓志》戒人服金石药,而自饵硫黄。无他,彼但知有韩昌黎字退之,而不知唐人之字退之者尚多也!故曰,少所见则多所误也。"①

2. 强不知以为知

在崔述看来,"无所不知者,非真知也;有所不知者,知之大者也"②。这充分体现了崔述在知识论方面所具有的理性精神。他认为,"今之去二帝、三王远矣,言语不同,名物各异,且易竹而纸,易篆而隶,递相传写,岂能一一之不失真! ……以为不知,夫亦何病"!③

然而,有些人强不知以为知,就会出现笑话。如苏轼集中有《过虔州》一诗,其中有诗句云:"行看凤尾诏,却下虎头城。"而注者云:"虎头,顾恺之也;恺之常州人,盖是时先生乞居常州也。"崔述认为此注大错。因为"虎头"即是"虔"。董德元言,"虔州俗谓虎头城。"原因是"虎"与"虔"二字皆从"虍",故有"虎头城"之称。崔述以此小事为例,进而论述道:"天下之书岂能尽见,缺之未为大失也。强以意度之,而属之顾恺之,则其失何啻千里尔!彼汉人之说经,有确据者几何,亦但自以其意度之

---

① 崔述:《考信录提要》卷上,《崔东壁遗书》,顾颉刚编订,第3页。
② 崔述:《考信录提要》卷上,《崔东壁遗书》,顾颉刚编订,第9页。
③ 崔述:《考信录提要》卷上,《崔东壁遗书》,顾颉刚编订,第10页。

耳,然则其类此者盖亦不少矣,特古书散轶,无可证其误耳,乌在其尽可信也哉!"①崔述在知识方面所持有的多闻阙疑的理性精神,与乾嘉时代"实事求是"的精神纲领是一体两面,在本质上是一致的。而他从文字演变的角度考察古代典籍中的伪讹现象,与后来龚自珍所论颇有暗合之处。

### 3. 记忆之失真

"传记之文,有传闻异词而致误者,有记忆失真而致误者。一人之事,两人分言之,有不能悉符者矣。一人之言,数人递传之,有失其本意者矣。是以《三传》皆传《春秋》,而其事或互异。此传闻异词之故也。古者书皆竹简,人不能尽有也,而亦难于携带,纂书之时无从寻觅而翻阅也。是以《史记》录《左传》文,往往与本文异。此记忆失其真故也。此其误本事理之常,不足怪,亦不足为其书累。顾后之人阿其所好,不肯谓之误,必曲为弥缝,使之两全,遂致大误而不可挽。"②

崔述对于上古史书中有误原因的分析,原则上是正确的。但具体说法中有可以商榷之处,《史记》与《左传》文本之异也并非就是失真,很有可能是《史记》考校其他史实纠正了《左传》的说法,亦未可知。当然,他批评后世的注家不认真思考这种误记的现象,而是努力弥合这种错误,是错上加错。这一批评是有道理的。崔述举出的典型的例证是:如九州之名,《禹贡》已经详细记载了,然而《周官》有幽、并而无徐、梁二州,本来是《周官》记忆之误。然而有人曲为之说道:"周人改夏九州,故名互异。"《尔雅》有幽、营而无青、梁,也是误记,然而又有人曲为之说,《尔雅》所记是"商制"。这些例证,在崔述看来,都是大误。此处的批评大体可以成立。③

### (三)人类各种文化心理的影响导致讹误

### 1. 猜忌心理——以己度人

崔述非常敏锐地注意到,古代典籍成伪还与人的文化心理有关。猜

---

① 崔述:《考信录提要》卷上,《崔东壁遗书》,顾颉刚编订,第10页。
② 崔述:《考信录提要》卷上,《崔东壁遗书》,顾颉刚编订,第8页。
③ 崔述:《考信录提要》卷上,《崔东壁遗书》,顾颉刚编订,第8页。

忌心理就是导致古书成伪的一个重要原因。他说："人之情好以己度人，以今度古，以不肖度圣贤。至于贫富贵贱，南北水陆，通都僻壤，亦莫不互相猜度。往往径庭悬隔，而其人终不自知也。"①对此，他举了三个古人的例子，一个关于自己为官卸任之后旁人猜测之事。"邯郸至武安六十里，山道居其大半，向不可车。有肥乡僧募修之；人布施者甚少，乃倾己囊以成之。议者咸曰：'僧之心本欲多募以自肥；以施者之少也，故不得已而倾其囊。'夫僧之心吾诚不知其何好听，然其事则损己以利人也，损己利人而犹谓其欲损人以利己，其毋乃以己度人矣乎！"②

崔述自己在闽做官，"无名之征悉蠲之民，有余之税悉解之上；淡泊清贫之况，非惟百姓知之，即上官亦深信之。然而故乡之人隔数千余里终不知也，归里之后，人咸以为携有重赏。既而僦居隘巷，移家山村，见其饭一盂，蔬一盘，犹曰：'是且深藏，不肯炫耀也。'故以己度人，虽耳目之前而必失之；况欲以度古人，更欲以度古之圣贤，岂有当乎"③！

崔述对人情的猜忌心理的分析，可谓是有切身体会。因而对古代典籍中出现的冤枉好人的文字，深为感叹。不过，此种猜忌心理与古代典籍中的讹伪形成，关系不是很大。

2. 盲从古人心理——曲全与误会

崔述揭示这一类成伪的原因，用现代心理学的观点来看，即是追求完型的心理在作怪，进而对古代典籍中的故事加以附会，以至于造成记载与叙述的失真。他说："后人之书，往往有因前人小失而曲全之，或附会之，遂致大谬于事理。"如《大戴记》上说："文王十二而生伯邑考。十五而生武五。"《小戴记》上说："文王九十七而终，武王九十三而终。"如果《小戴记》所载真实，则武王元年，他已经 84 岁了，在位仅十年。然而"《序》称十有一年伐殷，《书》称十有三祀访《范》，其年不符。说者不得已，乃为说以曲全之云：'文王受命九年而崩，武王冒文王之年，故称元年

---

① 崔述：《考信录提要》卷上，《崔东壁遗书》，顾颉刚编订，第 4 页。
② 崔述：《考信录提要》卷上，《崔东壁遗书》，顾颉刚编订，第 4 页。
③ 崔述：《考信录提要》卷上，《崔东壁遗书》，顾颉刚编订，第 4 页。

为十年'"。① 对于以往学人这种盲目相信前人记载,不求所以然的态度,崔述感叹道:"乃学者但见其说如是,不知其所由误,遂谓其事固然而不敢少异,良可叹也! 故今为《考信录》,悉本经文以证其失,并为抉其误之所由,庶学者可以考而知之,而经传之文不至于终晦也。"② 不过,崔述对此事的考证也不是令人十分信服,因为他没有拿出直接的证据来解决上述历史记载中文王与武王年龄不相符的事情,而仅从三个方面间接地证明《大戴记》与《小戴记》两书所载的矛盾,必有一错。首先,他以历史上帝王即位"改元"为头等大事作为理由,推论武王登基不可能不改元,而以文王的年号作为自己登基的年号。其次,他推论文王不可能于 12 岁成婚。因为,这样一来文王的妻子太姒年龄可能更小,不可能生武王。最后,他又对《孟子·公孙丑》篇"文王百年而崩"一句话说作解释,以之证明文王 97 岁是可能的。③ 这些推论均合情理,但毕竟未能拿出直接证据来解决上述他自己发现的问题。这大约也是崔述的考信录未能获得当世学术界承认的一个重要原因。

　　3. "买菜求益"心理

　　此点非常有意思。揭示了后人在文献上不加考订,而总想胜过前人的心理。对此,崔述也给予了批评。以"买菜求益"而命名之,形象生动。他以《论语》为例,说道,"《论语》所记孔子言行不为少矣,昔人有半部治天下者,况于其全! 学者果欲躬行以期至于圣人,诵此亦已足矣。乃学者犹以为未足,而参以晋人伪撰之《家语》。尚恨《家语》所采之不广也,复别采异端小说之言为《孔子集语》及《论语外篇》以益之,不问其真与赝,而但以多为贵。嗟乎,是岂非买菜而求益者哉"④! 在此条中,崔述提出了一个如何对待古人的正确态度:"吾辈生古人之后,但因古人之旧,

---

① 崔述:《考信录提要》卷上,《崔东壁遗书》,顾颉刚编订,第 9 页。
② 崔述:《考信录提要》卷上,《崔东壁遗书》,顾颉刚编订,第 9 页。
③ 崔述:《丰镐考信录》卷二,《崔东壁遗书》,顾颉刚编订,第 180—181 页。
④ 崔述:《考信录提要》卷上,《崔东壁遗书》,顾颉刚编订,第 11 页。

无负于古人可矣，不必求胜于古人也。"①不过，崔述的这种分析亦有不尽然之处。后人在文献搜罗方面有胜于前人的机会。现、当代考古学的发展更证明了此点。而崔述从尊经立场出发，认为现有《论语》已经足以供人使用，不需要再增加新的材料，这一观点过于狭隘。

4. 有意作伪——伪书诬古人

对于历史上有意作伪书以欺世盗名者，崔述给予了严厉的批评。他认为，自汉以后诸儒，"功之大者，朱子之外，无过赵岐；过之大者，无过汉张禹、隋二刘（焯、炫，引者注）、唐孔颖达、宋王安石等"②。其理由是："歧删《孟子》之外四篇，使《孟子》一书精一纯粹，不为邪说所乱，实大有功于圣人之经。禹采《齐论》章句杂入于《鲁论》中，学者争诵张文，遂弃汉初所传旧本。焯、炫等得江左之《伪尚书》，喜其新奇，骤为崇奉。颖达复从而表章之，著之功令，用以取士。遂致帝王圣贤之行事为异说所淆诬而不能白者千数百年，虽有聪明俊伟之士，皆俯首帖耳莫敢异词者，皆此数人之惑之也。王安石揣摩神宗之意，以行聚敛之法，恐人之议己也，乃尊《周官》为周公所作以附会之，卒致蔡京绍述（京亦以《周官》附会徽宗之无道者），靖康亡国之祸，而周公亦受诬于百世。象山、阳明之害未至于如是之甚也。孰轻孰重，必有能辨之者。"③

崔述在此条所论，当然还有可以商榷之处，如对王安石尊《周官》行为的批评。但他的思想出发点是可取的，即对于古代典籍如果我们没有充分的事实证据，是不能轻易加以肯定、甚至加以补充的。

上述所列崔述有关伪书、伪史成因的分析与论述，并非是崔述所论的全部。然就《考信录提要》而言，崔述对伪书成因的归纳还不是很系统，而且也没有上升到更高的理论层次。很多条目还只是一种现象的例举，很多条目之间也缺乏应有的逻辑联系。后来顾颉刚总结古代典籍成

---

① 崔述：《考信录提要》卷上，《崔东壁遗书》，顾颉刚编订，第11页。
② 崔述：《考信录提要》卷上，《崔东壁遗书》，顾颉刚编订，第11页。
③ 崔述：《考信录提要》卷上，《崔东壁遗书》，顾颉刚编订，第11页。

伪的原因时,提出了"无意的作伪"与"无意的成伪"两种原因①。而崔氏
还没有达到这一思想高度,仅停留于现象的罗列,甚至连基本的分类工
作也还没有来得及去做。我们在此处从言与事,人类认识能力的局限
性,人类心理等三方面对崔述的辨伪工作做初步的归纳、整理,并没有能
完全囊括崔述对古代伪书的成因的分析,但为今后进一步地总结伪书成
因提供了认识的基础,从而有助人们将辨伪工作上升到更加系统的理论
高度。这既是对崔氏辨伪工作的学术意义与历史意义的肯定,也是为日
后研究崔述的辨伪学思想提供一个初步的认识成果。

## 四、崔述的经史论、封建论与正统论

### (一)"经史不二"论

经史关系论是乾嘉学术中的重要问题之一,钱大昕、章学诚、袁枚等
人对此都有精辟的论述。崔述在此问题上基本上也持"经史不二"论,但
在思想深度上,思想的体系性上都不及钱大昕与章学诚。他只是说"三
代以上经史不分",而对"三代以后经史既分"的现象如何处理呢,他似乎
没有更加系统地论说。下面一段文献集中表达了他的"经史不二"的观
点,他说:

> 二帝、三王之与孔子,无二道也。是以三代以上经史不分,经即
> 其史,史即今所谓经者也。后世学者不知圣人之道体用同原,穷达
> 一致,由是经史始分。其叙唐、虞、三代事者,务广为纪载,博采旁
> 搜,而不折衷于圣人之经。其穷经者则竭才于章句之末务,殚心于
> 心性之空谈,而不复考古帝王之行事。其尤刺谬者,叙道统以孔子
> 为始,若孔子自为一道者。岂知孔子固别无道,孔子之道即二帝、三
> 王之道也!②

---

① 顾颉刚:《战国秦汉间人的造伪与辨伪》,《古史辨自序》上,第179页,石家庄,河北教育出版
　社,2000。
② 崔述:《洙泗考信录·自序》,《崔东壁遗书》,顾颉刚编订,第262页。

这段话可以从三个层面去理解，第一，三代以上是经史不分的时代，经即是史，史即是经。第二，三代以后学者不理解这个道理，于是经史分家，其结果是导致两种不好的学术倾向，一是史因为脱离经的指导而变得驳杂无序；二是经学研究缺乏史学的支持变成死守章句。第三，将孔子之道与二帝、三王之道分开，就会将孔子降为先秦诸子之一，从而无法与墨家及其他诸子区别开来，而且也会使经学的真精神萎缩不振。在崔述看来，历史虽然在发生变化，治世的方法有所不同，但"圣人之道"则是具有高度的内在统一性，他说："《唐虞》《三代》诸录之后，何为继之以《洙泗》也？曰：二帝、三王、孔子之事，一也；但圣人所处之时势不同则圣人所以治天下亦异。是故，二帝以德治天下，三王以礼治天下，孔子以学治天下。"[①]

崔述对孔子"文王既没，文不在兹乎"一句中"文"字进行理论的发挥，说道："文也者，道之所寄以传焉者也。圣人在上，则文播之礼乐；圣人在下，则文托诸简编。孔子之文，《六经》备之矣。"[②]而且认为，《春秋》一书，"尤孔子之文之大焉者也"[③]，可见，崔述所说的寄道之文，也即是史学著作，与章学诚所说的广义之史——天地一切著述皆史的观念是相通的。而孔子之文，即《六经》之文。然而，崔述并没有进一步论述，三代以后的"史"是否也具有"经"的作用，也没说《六经》以后的历史过程中"道"是如何变化的，是否还是《六经》中之"道"？而他的考信工作的重点似乎是在于清理三代以后其他儒家经典、传注著作以及诸子百家著作中的虚妄成分，从而保证《六经》中所载之道的纯粹性，进而以此纯粹性之道来实现治国安民的经世目的。如果我们在此对崔述的学术思想的解读大致不错的话，则崔述的"经史不二"论就不是在为史学地位的提高进行新的理论论证，而只是在强调经学研究不能死守章句，史学考证也不在于历史事件中的细枝末节，而都应当放在考察古帝王圣贤之行之事而关心

---

① 崔述：《洙泗考信录·自序》，《崔东壁遗书》，顾颉刚编订，第 261 页。
② 崔述：《考信录提要》卷上，《崔东壁遗书》，顾颉刚编订，第 325 页。
③ 崔述：《洙泗考信录》卷四，《崔东壁遗书》，顾颉刚编订，第 325 页。

世道人心之建设上面。这一学术目标原则上是正确的,即经史研究都要服从经世致用的目的,但他似乎没有看到乾嘉时代钱、王、赵等考据史学家揭露官修史学中的虚假事件的历史意义之所在,也未能理解以戴震为代表的皖派经学家追求经典原义所蕴含的经世情怀,特别是没有看到戴震在经学研究中,通过对政治化的程朱理学的批判所表达出的新人文理想。从与戴震学术和思想的比较来看,我们说崔述的学术和思想缺乏新的人文理想光芒,大体上不算是一个苛刻的评价。

（二）崔述的"封建"论

中国历史上的"封建"论,其实是讨论大的政治制度形式变迁的问题,属于政治制度史或政治制度思想史范畴。在晚明清初的大思想家中,很多人都涉及"封建制"的问题,前人顾炎武、王夫之、黄宗羲,同时代人则有袁枚,而上溯之,则有郑樵、柳宗元等人,对此问题都有所论述。[①]

崔述有关"封建"论的思想特点是,他特别重视历史变迁过程中"势"的作用。他认为,制度因时而变,圣人不能主观立法,顺应时势的凡人其实也可以立法。应当说,这是柳宗元、刘知几历史变迁论中"势"论思想的合理延伸。他说:"法久则必弊,弊则变。法之始皆因其势之所趋,虽圣人不能立法,虽非圣人可以立法。"[②]在这一点上,崔述有关圣人与法的观点接近章学诚论圣人与道之关系的观点。因为章学诚并不认为圣人比众人更接近道,而只是在百姓日用而不知的过程中发现了"道"之迹,从而创立了一种适合时代要求的制度。

崔述将"封建制"形成的原因归结于"偶",如他说:"古何以封建? 秦何以郡县? 偶也。偶之云者,言因其势所固然,无成心焉耳。"[③]"偶"即是不以某个圣人的主观意志为转移的自然而然之"势",包含着不知其然而然,但又不得不然的等意思。故其"偶"即有合于势的意思。

---

① 冯天瑜对此问题有详细论述,详见氏著《"封建"考论》,第 60—90 页,武汉,武汉大学出版社,2007。

② 崔述:《封建论》,《崔东壁遗书》,顾颉刚编订,第 847 页。

③ 崔述:《封建论》,《崔东壁遗书》,顾颉刚编订,第 847 页。

崔述认为,不仅封建制形成是"势"的结果,郡县制的形成也是"势"的结果,所以封建与郡县,"盖二者偶也;古岂必不郡县,秦岂必不封建,其势异,故其法亦异。德虽不同,易地则皆然,故曰偶也"①。

既然封建与郡县都是历史变化发展之"势"所导致的结果,那么封建制与郡县制之间,也就没有孰优孰劣的问题了,他说:"然则封建与郡县孰优劣? 曰,无优劣,得明主则治而延,得暴主则乱而促,其理同也。"②在这一点上,崔述可以说并不相信不同制度之间有所谓的优劣问题,而主要在于得"明主"。因此,他的政治思想可以说是坚定的"人治论",与柳宗元、王夫之等相信郡县制具有进步性的观点颇不相同。

崔述深信历史是在变化的,而他所处时代的"郡县制"制度也会发生变化。但他并没有对郡县制变化的方向提出自己的看法,在这一点上他缺乏一个大思想家所具有的理想性色彩,在一定程度上也反映了他那个时代少数觉醒的士人在思想与精神上的苦闷与迷惘。他说:"自秦以来二千年,郡县之法日弊矣,安知后世不复为封建也? 然天下世变多端矣:封建,一变也;郡县,一变也;群雄割据,南北分治,藩镇拒命,皆变也。变故以来,前者不必有,而后起者无穷。封建之时,不知有郡县。后世或更有出于封建之外者,未可知也。吾又乌知郡县极弊之日,其势何所趋也?"③

崔述知郡县制因弊极而必变,但究竟变成什么样的制度,他本人无法预言。就政治思想的想象力而言,他远不如顾炎武。因为顾炎武从原则上提出了"寓封建之意于郡县之中"的设想,这一设想在精神上与现代的民主政治有暗合之处。然而,崔述没有提出具体的预言与设想,这也许与他的"求实"思想相关,也许与乾嘉时代因政治上的高压而使得整个社会与学术丧失了想象力有关。

---

① 崔述:《封建论》,《崔东壁遗书》,顾颉刚编订,第 848 页。
② 崔述:《封建论》,《崔东壁遗书》,顾颉刚编订,第 847 页。
③ 崔述:《封建论》,《崔东壁遗书》,顾颉刚编订,第 848 页。

（三）崔述论"正统"

正统论问题实际上是一政治哲学问题，即关于政治统治交替过程中治权所得的正当性问题。所得之治权是正当的，就是"正统"，所得是不正当的，就是非正统。然而，在中国政治思想史上，这一正统论往往又与历史哲学纠缠在一起，宋明理学成为主流意识形态之后又与道统论结合在一起，颇为复杂。崔述对"正统"问题的讨论，与他的"民本论的历史观"①联系在一起的，从整体上说具有进步性的思想因素。崔述认为：

> 盖天下有势有义：正者义也，统者势也。言正不可言统，言统不可言正，然后其理明而其说定。试言统之说。统之为言，犹曰有天下云尔。天下，公器也，非一人一姓之所得私。当其时归于一，则统有专属；及其分也，则统亦随而分矣。……自古以来，虽世变纷然，而统无一日之绝也，不过时有分合而已。……如曰得国之迹不同，故其名亦异，是论正不正也，非论统也。②

崔述的意思是说，治权的变化有客观之"势"所至，谁得"势"，谁就拥有了"统"。谁得义，谁之统就是"正统"。天下是公器，只要合乎势与义而得之，即是"正统"。因而历史上各个王朝无所谓正统与"偏统"，更无所谓"僭统""窃统"。很显然，崔述的这种治统论与宋明儒所倡导的道统论，俗儒们所坚持的正统论是大相径庭的。特别是他将"公天下"的观念与正统论的问题结合在一起，与明末顾、黄、王三大家的"公天下"思想有一定程度的暗合，体现了崔述思想进步性的一面。

对于得国之迹的正与不正的问题，崔述非常大胆地论说道："予于商、周，犹窃有疑焉。何疑尔？桀、纣虽暴，汤、武之君也。汤、武虽仁，桀、纣之臣也。臣弑其君，可乎？且夫汤、武之德盛矣，其功大矣，然考其

---

① 参见路新生《中国近三百年疑古思潮研究》一书第三章第二节"崔述的历史观和政治思想"。本书接受路先生对崔述历史观的定位。
② 崔述：《正统论》，《崔东壁遗书》，顾颉刚编订，第 845 页。

得天下之迹而律以后世之名，则不免于篡。"①崔述这一论断的意义非常吊诡，表面上是肯定君臣之大义不可违，然将儒家千年来相传的"道统"打破了。从儒家肯定"汤武革命，顺天而应人"这种一以贯之的意识形态来说，具有摧毁传统政治正当性的危险性。然而，他又认为，这是三代以前之事，三代以后不可以这样效法，因为三代以后，君臣之秩序已定，故不可以犯上作乱。我们应当同情地理解崔述所论。他生于乾嘉时代，不可能将自己的思想贯彻到底。那样是会杀头的。他只能以维护后世君臣之义的方式来掩盖自己的大胆言论。这一点，与唐甄说"自秦以来，凡为帝王者皆贼也"这句话时，首先要肯定"大清有天下，仁矣"一样。② 即使如此，崔述的同时代理学家谢庭兰就已经批评崔述这些观点是"蔑圣经""废人伦"③之论。

崔述还反对张载用"天命"的观点来论述政权转移、交替的正当性，他认为"天命不可见也，人何自而知之？世之论汤、武者，不过曰心非利天下也，应天顺人，伐暴救民而已。夫心藏于深微不测之地，其亦至难知矣。即心果无他，而终不可以掩其迹；心非篡则当恕其心，迹实篡则当严其迹"④。

所谓"严其迹"，即当认真考察这些获得政权的人是否做有利于民众的事情。如果获得政权后让民众真正能获得实惠，则就是"正统"，如果不是，就不是"正统"。崔述在多处阐述了"公天下"与"有德者得天下"的思想，如他说："天下者，天下人之天下也，非一姓之天下也。故舜继尧，禹继舜，人以为固然也。"⑤又对商以后传子的私天下评论道："然一姓之子孙必不能历千百世而皆贤，不贤则民受其殃，必更归于有德而后民安；而既已传子，又必不能复传之贤，则其势必出于征诛而后可。故揖让之

---

① 崔述：《正统论》，《崔东壁遗书》，顾颉刚编订，第 845 页。
② 唐甄：《室语》，《潜书》下篇下，第 196 页。
③《附录·关于本书的评论》，《崔东壁遗书》，顾颉刚编订，第 1075 页。
④ 崔述：《正统论》，《崔东壁遗书》，顾颉刚编订，第 845 页。
⑤ 崔述：《商考信录》卷一，《崔东壁遗书》，顾颉刚编订，第 135 页。

不能不变而为征诛者,天也,圣人之所不能违也;虽尧、舜当之,亦若是而已矣!"①崔述对孟子"残贼之人谓之一夫;闻诛一夫纣,未闻弑君也"这段话重新解释道:"正谓夏、商失道,政不行天下,故不得谓之共主,非谓汤、武亲立桀、纣之朝而其君不仁,遂可不谓之君也。但孟子之意在于警人主,故以仁暴大义断之,而未暇详申其说耳。"②

对于得国之迹的正与不正,崔述具有一定的历史主义眼光,认为"汤、武之事,行于三代以后则不可,行于当时则可。古者人性情质朴,其有君臣之义非如后世之明也。当其时各自为国,势不能相属也。有功德与力者,则天下群起而奉之,非必制其予夺之权而设为贵贱之等也,不过势之所归而已。……故曰汤、武之事行于当时则可,其所以不见黜于正者此也。然汤、武之事行于三代以后则终不可,盖古今时异势殊,后之君臣非若古之君臣矣"③。

崔述这一观点当然是囿于现实政治,只能这样去解释。但他强调政治必行仁政,政治权力获得的正当性必以仁民与民心所向为基础,肯定有德者有天下。这些观念当然都是传统儒家的老观念,但却是儒家政治思想的优良传统。在乾嘉考据学盛行而讳言政治问题的时代,他能借助考证上古帝王圣贤之行之事以求有益于世道人心,其用心之良苦还是需要后人加以认真体察的。而其"公天下"的政治理想是晚明以降进步政治思想的继续,体现了中国早期启蒙思想在洄流中前进的特点。

崔述还从历史语义还原的角度,进一步揭示"正统"的历史含义。他说:"论正统者众矣,自宋欧阳修以至国朝魏禧,予所未见者不论,所已见者予皆有以识其说之非也。夫统有分合而无正伪,而正不正不关其统。论者泥于其名,每曲为之说,又或以爱憎为褒贬,故其是非不当而予夺不公。"④

---

① 崔述:《商考信录》卷一,《崔东壁遗书》,顾颉刚编订,第135页。
② 崔述:《商考信录》卷一,《崔东壁遗书》,顾颉刚编订,第135页。
③ 崔述:《正统论》,《崔东壁遗书》,顾颉刚编订,第845—846页。
④ 崔述:《正统论》,《崔东壁遗书》,顾颉刚编订,第844页。

又说:"今夫'正统'之名何昉乎?非古圣人悬此格以待后之君也;其说起于后世之学士大夫。彼见历代之事务各殊也,于是正统之名兴焉。有'正统'而后有'偏统',由是而又有'僭统''窃统';此皆强立名字,以古人就己之私说,皆予之所不取。"①

在崔述看来,"古所谓正者,'三正'之正而非偏正之正也;所谓统者,'三统'之统而非统会之统也。其说载于《汉书·律历志》。《律历志》曰:'三统者,天施,地化,人事之纪也。十一月,《乾》之初九,阳气伏于地下,始著为一,万物萌动,锺于太阴,故《黄钟》为天统。六月,《坤》之初六,阴气受任于太阳,继养化柔,万物生长,楙之于末,令种刚强大,故《林钟》为地统。正月,《乾》之九三,万物棣通,族出于寅,人奉而成之,故《太族》为人统。是为三统。其于三正也,《黄钟》为天正,《林钟》未之衝丑为地正,《太族》寅为人正。三正正始。'由是观之,是正自正,统自统,各为一事;后人合二字以成文耳,非如论者所谓均此一统而有正不正之别也。"②

通过上述的历史语义还原,崔述将"正统"之义还原为先王历法问题,而不是后来如欧阳修的政权继承的正当性问题。他还进一步申论道:"昔者三代之盛,历法修明,王者之政令被于天下,岁颁朔于诸侯,诸侯奉若而不敢违,故其时无不遵天子之正统者。至春秋、战国之际,史官失纪,畴人子弟分散,兼以王室衰微,天下纷争,或不能尽遵天子之正统,故其时有《黄帝历》《颛顼历》《夏历》《殷历》《周历》《鲁历》。而孔子作《春秋》,亦谨书曰'春王正月'明其正为王之正,意若曰此方为天子之正而天下之所当遵者,故公羊氏释之曰'在一统'也。"③

崔述的这种历史语义还原的方法,从理论上说并不足以驳倒欧阳修的正统论。欧阳修是从政权交替的应当之理的角度立论的。其所立之论正确与否,另当别论。崔述试图从"正统"一词的历史语义的用法来证明欧阳修"正统"论的错误,则是两件事,而不是一件事。因为,欧阳修如

① 崔述:《正统论》,《崔东壁遗书》,顾颉刚编订,第 844 页。
② 崔述:《正统论》,《崔东壁遗书》,顾颉刚编订,第 846 页。
③ 崔述:《正统论》,《崔东壁遗书》,顾颉刚编订,第 846 页。

果能回答,可以轻松的说,我说的"正统"并不是历史上所说的"正统"的意思。由此可知,运用历史语义还原的方法来证明一种理论的不正确,其方法并不可行。即使如此,崔述"正统"论中所表现出的进步思想因素,还是应当得到肯定的。

要而言之,崔述的尊经考古学,就其考据的精审程度而言,不及同时代的钱大昕、王鸣盛、赵翼以考据见长的三大历史学家;其思想的批判性不及戴震深刻、犀利;其历史哲学的思考不及章学诚深刻系统。他虽生于乾嘉时代而外在于该时代的主流学术之外。从人文知识增长的角度看,崔述的整体考据成绩贡献不大。然就"疑古"的思想倾向而言,对于20世纪中国"疑古"思潮具有一定的思想史支撑意义。在乾嘉时代,汉学、宋学几乎是势不两立,然崔述能超越汉学、宋学的束缚,对汉、宋之学采取双遣的态度,以求真、求是作为自己的学术目标,既表现了一个学者独立不苟的精神,难能可贵,值得肯定;也从一个侧面丰富了该时代的精神。其在"正统论"中所表现出的进步政治思想倾向,与晚明以降的进步思想潮流具有高度的一致性,展现了中国传统社会在历史洄流中曲折前进的思想趋势。

## 本章结语

就章学诚、崔述二人学术的整体品格与特征而言,他们都是乾嘉时代的学术"异数",在乾嘉考据学鼎盛之际,章学诚敢于追求别识心裁、"独断"之见,而且以"通史"作为自己的学术目标,不入考据学之大潮。在史学研究方面,他追求史学的理论体系建构,与考据史学的主流也格格不入。章学诚在理论追求方面非常欣赏戴震,但在史学的方志理论方面与戴震的观点有相当大的不同,本来可以相互补充、相得益彰,惜乎未能做到一点。他对戴震的许多批评,有些地方有合理因素,如道论方面,但在人格上对戴震进行攻击,则不足取。章学诚在当世是非常寂寞的,但他的史学思想在近、现代中国却引起了巨大反响。不过,对于章学诚历史哲学所具有的深刻意义，学界似乎还未能给予恰当的评价，因而还有很大的研究空间。崔述更是与该时代的主流学术保持一种隔阂的状态。他以特立独行的方式从事尊经辨伪的工作，对"六经"之后的广义学术史进行全面的怀疑，取得了一定的学术成就。其在政治思想方面的系列论述，表现出一定的进步性。具体说来，章学诚、崔述二人的学术研究在求实、求真，重视从经验事实出发阐发抽象的哲学道理等方面，又与乾嘉时代"实事求是"的学术精神颇为一致。而崔述在人性论方面的一些观点，也与晚明以降重视义理之性与气质之性不分的思想主潮，颇为一致。崔述说："余谓人之性一而已矣，皆本理义，兼气质而成，不容分以为二。孟子之所谓性，即孔子之所谓性；但孟子之时异端并出，皆以性为不善，故孟子以性善之说辞而辟之，非与孔子为两义也。"[1]要而言之，孟子讲人性善，是统言之，"若析言之，则善之中亦有深浅醇漓之分焉，非兼气质而言遂不得为养善也"[2]。统而言之，章学诚、崔述二人的历史哲学展示了乾嘉时代历史学的另一个面向，丰富了乾嘉时代历史学的精神内涵。

---

[1] 崔述：《附论孟子性善之旨》，《崔东壁遗书》，顾颉刚编订，第435页。
[2] 崔述：《附论孟子性善之旨》，《崔东壁遗书》，顾颉刚编订，第435页。

# 第八章　扬州学派的哲学思想

按照辞典的解释,学派是指"一门学问中由于学说师承不同而形成的派别,如紫阳(指朱熹)学派、姚江(王守仁)学派"[1]等。更进一步地讲,构成学派的基本要素至少有两条:一是有系统的学说;二是这一学说至少要有后继者加以发扬光大。与这两个基本要素相关,还要有足够的学术影响力。我们在此处说的吴派、皖派、扬州学派,大体上均符合上述学派的基本要求。

"扬州学派"这一乾嘉时期区域性学术流派的名称,是由以"汉学"派传人自居的江藩的对手——方东树率先提出来的。方氏在《汉学商兑》一书中批评扬州著名学者汪中非议经籍、重视荀、墨等子学的"四书次第"之论时说,"其后扬州学派皆主此论",将诸多扬州学者看成是一个有着共通的治学对象、方法和风格的群体。不过,方东树并未详论"扬州学派"的特征,更未从理论上论证何谓学派。而值得玩味的是,身为扬州学者的江藩在其《汉学师承记》中却并没有将扬州学者单独列为一派,而是将扬籍学者分别按照师承渊源关系归属于吴派和皖派之名下。以今测

---

① "学派"条,《辞海》(第六版彩图本),夏征农、陈至立主编,第2604页,上海,上海辞书出版社,1979。

古,当时江藩可能出于这样的思考,即我们今天所说的"扬州学派"成员大多只是吴、皖诸派的延续和发展,因而这些居住于扬州地区的学者并无构成独立的"扬州学派"的理由和必要。

除此之外,还有诸多因素让人似乎难以将扬州学者看成是一个在思想上存在内在有机联系的学术流派。比如扬州学者中间既有考证学家,也有宋学家。黄生、王懋竑(1668—1741)、宋学的立场并不相侔。上述将扬州学者分解到吴、皖两派(主要是皖派或徽派)名下的这一做法,得到了近代支伟成和今人洪湛侯[①]、龚鹏程等不少人的支持。如龚鹏程认为,乾嘉汉学分为吴、皖、扬三派的看法大多是梁启超等人的"后见之明",并不符合历史实际。他说如果认为扬州学派是源于戴震的话,那么"扬州学派并无独立门户之资格,顶多只能视为皖派或皖派之分支"[②]。这种说法虽然有一定的道理,但是龚鹏程也看到了这并不是反对扬州学派存立的充分理由。因为如果我们反过来看的话,汪中等人的诗词文章与诸子研究,焦循、凌廷堪等人的戏曲研究,阮元等人的科技史研究早已超越了戴震等皖派的治学范围,因此仅用皖派来界定扬州学者的治学成绩和风格也不甚妥贴。换言之,扬州学术即便是祖源于戴震,也并不妨碍扬州学派事实上的存立。当时的扬州学术能否自成一派,既要看到扬州学派与以戴震为主要代表的皖派之间的顺承关系,也应该看到扬州学者不同于吴、皖两派的诸多推陈出新的特别之处。正是综合继承与创新两个方面的内容,我们将扬州学者群称之为扬州学派。

18世纪末19世纪初的扬州府地域有所谓"八治",即领有高邮、泰州两州,以及江都、甘泉、仪征、兴化、宝应和东台六县。扬州在清初遭到毁灭性的打击之后,在清代中叶由于成为盐业、漕运中心而再度成为商业极其繁荣,南方市民文化最为发达,思想最为活跃的中心城市。扬州在清代中前期的地位极类似上海在今天大陆中国的地位。大批在政治上

---

① 参见洪湛侯《徽派朴学》,合肥,安徽人民出版社,2005。

② 龚鹏程:《博学于文——清朝中叶的扬州学派》,《中国文人阶层史论》,第160页,兰州,兰州大学出版社,2004。

不得意的士人均聚集在扬州。扬州学派的学者仅是其中部分的佼佼者文人学者群体之一,而"扬州八怪"则是由画家、书法家、诗人构成的另一类优秀的文人群体。扬州学者群体之间不仅有着同乡、同学、同年或师生等多重关系,而且彼此之间还存在着密切的宗族与姻亲现象。例如清代宝应籍学者群体中间,耆宿王懋竑和朱泽沄两人是邻近知交还是儿女亲家,王氏的儿子王箴传既是朱泽沄的学生又是他的女婿。而他们两家与宝应刘氏家族也有着密切关系。刘台拱曾师从王懋竑的儿子王箴传,见到王氏及朱泽沄遗书之后才开始研治程朱之学。刘宝树和刘宝楠两兄弟则是刘台拱的从侄,刘恭冕则为刘宝楠的儿子。刘台拱的母亲又是朱彬的姑母,两人表兄弟,而朱彬的族祖父就是王懋竑的知交——朱泽沄。像焦循与阮元这两位扬州学者中的佼佼者也存在姻亲关系,焦循是阮元的族姊夫,这一层关系无疑给了他们两人在学术思想上的相互交流和支持提供了重要的纽带。这一时期以阮元为领袖的扬州学者间的频繁互动,逐渐累积了区域性知识精英共同体自身内部的文化认同,形成了自身的一些特点。①

　　自梁启超将乾嘉学术分为吴、皖、扬三派之后,"扬州学派"最有力的倡导者是张舜徽。他专门结撰《清代扬州学记》著作,在确认吴、皖、扬三派有着先后顺承与发展之关系的基础上,首次明确指出了扬州学派两个与众不同的治学特点:"首先在于能'创'","其次在于能'通'","这都是吴、皖两派学者所没有,而是扬州诸儒所独具的精神和风格"②。很显然,张先生是从学术研究的特征角度来肯定扬州学派的存在的。继张舜徽之后的大多数清学研究者,诸如祁龙威、王俊义、田汉云、黄爱平、林庆彰、张寿安、杨晋龙、赵昌智等人大都认可扬州学派的存立。③ 台湾学者杨晋龙在对于扬州学派的研究成果做了较为全面的勾勒之后认定:"无论承不承认存在扬州学派,但王氏父子、汪中、焦循、阮元……等扬州学

① 参见梅尔清《清初扬州文化》,朱修春译,第132—146页,上海,复旦大学出版社,2004。
② 张舜徽:《清代扬州学记》,第3页,扬州,广陵书社,2004。
③ 参见赵昌智主编《扬州学派人物评传》,第2—5页,扬州,广陵书社,2007。

者的表现是为乾嘉考据学发展的高峰。道光以下的学术主流地位,则逐渐转移给标榜恢复汉代今文学的'常州学派',这应是相关学者间一个比较具有共识的认知。"①我们认为,以地域论,扬州学者人物众多、声气相通,足成一军,扬州学派提法是可以成立的;以学理论,扬州学派虽受皖派影响最为明显而吴派次之,但在一定程度上形成了独到的见解与别致的特色;以学术研究的内容论,他们的研究有超逸经学范围,在子、集二部有独到的研究。以影响论,扬州学派为后起之秀,有其超胜之处:他们之间交流密切,精诚协作,学术成果丰厚,其中还有家风绵长的学术统绪,沾溉近代学林不少,影响较广。姑以"扬州学派"一词概称后戴震时代身居扬州的一群学人及其学术。

从师承关系与学术渊源上看,扬州学者与吴、皖两派皆有密切关系,但相对而言,扬州学派更应该是皖派(主要是戴震)的嫡系。除了江藩是吴派惠栋的再传弟子之外,诸如王念孙、任大椿、焦循、凌廷堪和阮元等扬派大家皆与戴震有着直接或间接的师承关系。戴震去世之后,凌廷堪对于《戴氏遗书》"读而好之",并撰写了《戴东原先生事略状》,"聊自附于私淑之末"。凌氏在该文中首次系统地指出了戴震后学的师承谱系:"其小学之学则有高邮王给事念孙、金坛段大令玉裁传之;测算之学则有曲阜孔检讨广森传之;典章制度之学则有兴化任御史大椿传之,皆其弟子也。"②其中,王念孙、任大椿皆是扬州人。后来支伟成进一步指出,戴震"施教于京师,而传者愈众。声音训诂传于王念孙、段玉裁,典章制度传于任大椿。既凌廷堪以歙人居扬,与焦循友善,阮元问教于焦、凌,遂别创扬州学派"③。其中,扬州的王念孙、焦循、凌廷堪、阮元等亲炙与私淑后劲,在戴震后学之中占去大半矣。正所谓"戴氏弟子,舍金坛段氏之

① 杨晋龙:《〈清代扬州学术〉导言》,(台北)"中央研究院"中国文哲研究所编:《中国文哲研究通讯》第 15 卷第 1 期,第 111 页。
② 凌廷堪:《戴东原先生事略状》,《校礼堂文集》卷三十五,王文锦校,第 316 页,北京,中华书局,2006。
③ 支伟成:《清代朴学大师列传》,第 145 页,上海,泰东图书局,1926。

外,以扬州为最盛"①。应该说乾嘉学术在后戴震时代的发展,扬州学人功莫大焉。

## 第一节　焦循的哲学思想

　　焦循(1763—1820),字理堂,乳名桥庆,晚号里堂老人,戴震之后最为著名的哲学家、思想家之一,而且是清代最为著名的经学家、《周易》学专家之一。他的哲学思想虽然深受乾嘉考据学的影响,但又并不局限于考据学,而是具有较高的哲学思辨性。他生于清代江苏省扬州府甘泉县,祖籍为湖北人。少年的焦循,天性好辨且率直,曾与父亲讨论东汉党锢事件,明确表示"愿为杨桓,不为范滂"。17 岁时赴扬州应童子试,得到当时大学者刘塘的赏识。刘氏要他精通经学才可以致用,报效国家。这一劝告对焦循终身有影响。22 岁时,因父亲与嫡母亲相继去世,又赶上扬州百年不遇的大旱,焦循只得做家庭老师以养家糊口。不仅如此,该年,他还错过了人生中一次难得的中举机会。乾隆六十年(1795),他的姻亲阮元出任山东学政,他应阮元之邀而入幕。在游幕期间,焦循接识了当时学界的一些名流,如洪亮吉、孙星衍、邵晋涵、王念孙、汪中、黄景仁等人,也曾因游幕而再赴山东,途经江苏时拜见当时学界前辈钱大昕。在该年,他还接识了当时的数学家汪莱。嘉庆五年(1800),阮元由浙江学政升迁为浙江巡抚,焦循应邀再赴杭州,又接识了数学家李锐。焦循、汪莱、李锐曾被时人称为"谈天三友"②。嘉庆六年,焦循中举人,时年 39岁。嘉庆七年,赴京参加会试,不第。从此不再游幕,回到家中半九书塾。嘉庆十四年雕菰楼筑成,迁住雕菰楼。在以后的十余年里,焦循深居简出,足不入城,悉心删改《易学三书》、编撰《孟子正义》。在这一过程

---

① 刘师培:《南北考证学不同说》,《清儒得失论——刘师培论学杂稿》,第 244—245 页,北京,中国人民大学出版社,2004。
② "谈天三友"的另一说法是凌廷堪、汪莱、李锐。参李斗见《新城北录下》,《扬州画舫录》卷五,中华书局,第 108 页,2001。

中,克服身体疾病,还对自己四十年学术的思想及创作的诗文进行总结,编辑成《雕菰集》。在编定《雕菰集》的第三年,因患疟疾,高烧不退。后连续在床上病了七个月有余,最后拒绝服药,于嘉庆二十五年病逝,时年58岁。

就学术与哲学思想而言,焦循对朱子、阳明之学均有所肯定,表现出调和朱陆而稍稍偏向于阳明学的思想倾向,他说"余谓紫阳之学,所以教天下之君子,阳明之学所以教天下之小人。紫阳之学,用之于太平宽裕,足以为良相;阳明之学,用之于仓卒苟且,足以成大功。人心之分,邪正而已矣。世道之判,善恶而已矣"①。

又说:"余读《文成全集》,至檄利头、谕顽民札,安宣慰及所以与属官谋告士卒者,无浮辞,无激言,真能以己之良心,感动人之良心……天下读朱子之书,渐磨莹涤,为名臣巨儒,其功可见。而阳明以良知之学,成一世功,效亦显然。然则为紫阳、阳明之学者,无容互訾矣。"②

学界一般将焦循看作是扬州学派的中坚,但扬州学派与皖派领袖戴震的学术与思想之间有深刻的联系,焦循亦不例外。他对戴震十分敬重并且理解戴震,称戴震为"世所共仰之通人"③,认为戴震临终之前所惦记的义理,并不是讲学家的义理,即不是程朱理学家所讲的一套义理,而是他自己临终前创作的《孟子字义疏证》一书中的义理,并以自己的亲身体验来加以证明。通过对戴震"义理"的维护,焦循批评当时之人了无自得之学的窘态。他说:"浮慕于学古之名而托于经,非不研究六书、争制度文物之是非,往往不待临殁而已忘矣。"④

焦循一生的著述很多,最为代表的哲学性著作有《孟子正义》《论语通释》《易学三书》。在《雕菰楼集》中,其哲学性的文章主要集中在卷七、

---

① 焦循:《良知论》,《焦循诗文集》,刘建臻点校,第154页,扬州,广陵书社,2009。
② 焦循:《良知论》,《焦循诗文集》,刘建臻点校,第154—155页。刘点校本"谕顽民,札安宣慰"的断句,似有问题,故改。
③ 焦循:《申戴》,《焦循诗文集》,刘建臻点校,第126页。
④ 焦循:《申戴》,《焦循诗文集》,刘建臻点校,第125—126页。

卷八、卷九的一些论、说类文字之中,今人刘建臻校点的《焦循诗文集》全部涵盖了《雕菰楼集》。撮其要而言,这些哲学文章有:《述难》五篇,《性解》五篇,《说权》八篇,《格物解》三篇,《攻乎异端解》上下篇,《辨名》上下篇,《贞女》上下篇,《说定》上下,《辨学》《一以贯之解》《君子喻于义小人喻于利解》《理说》《矜说》等。

## 一、焦循的道论与一贯论

焦循的哲学思想与《易》学、数学有密切的关系。他的"天道"论与"人道"论主要是从《易》哲学中生发出来的。他不无夸张地说:"不明卦画之行,不明象辞、爻辞、十翼之义,不足以知伏羲、文王、周公、孔子之道。"①

他对于名、数、理的认识,与数学研究多有关系。他将训诂学中的形与声的关系与算术中的加减乘除运算方法结合起来思考,从而在哲学思维的形式化方面做出了自己的贡献。他这样说道:

> 循谓古人之学,期于实用,以乂百工察万品而作书契,分别其事物之所在,俾学者案形而得声。若夫声音之间,义蕴精微,未可人人使悟其旨趣,此所以主形而主声也。惟算亦然。既有少广句股,又必指而别之,曰方田、曰商功;既有衰分、盈不足、方程,又必明以示之,曰粟米,曰均输,亦招其事物之所在,而使学者人人可以案名以知术也。然名起于立法之后,理存于立法之先。理者何?加、减、乘、除之错综变化也。而四者之杂于《九章》,则不啻'六书'之声杂于各部。②

此处所讲的"名起于立法之后,理存于立法之先"是讲算术运用过程中的各种名词是产生于数学法则之后,而数学中数与数之间可以从事于加减乘除运算之"理"是在具体运算法则之先的。

---

① 焦循:《与朱椒堂兵部书》,《焦循诗文集》,刘建臻点校,第235页。
② 焦循:《加减乘除释自序》,《焦循诗文集》,刘建臻点校,第310页。

相对于同时代的其他学者而言，焦循特别重视从《易》学中寻求哲学思想资源，并从中提炼出一些哲学范畴，他的"时行"概念就是从《易》中提取的，以之论述"天道"变化的问题，突出自然天道变动不居、应时而变的节律性特征。他说："惟寒变为暑，暑变为寒，乃为时行，乃为天道，乃为大和，是之为泰。"①他借助于易哲学中的"时行""天道"所具有的"变"的特征，大讲社会政治哲学中的"权变"的法则，通过对相反相成道理的揭示，追求一种和谐、和平、恰当处事方式，如他说："当极寒而济之以春，当极暑则和之以秋，此天道之权也。故为政者，以宽济猛，以猛攻济宽。……《易》之道，在于趋时，趋时则可与权矣！"②

（一）权变论

焦循有关社会制度论的哲学思考，集中表现在《权论》八篇之中，其核心思想是：一切制度皆需要应时、适时而变，以保证制度本身的永久有效性。权变本身不是目的，通过权变以保证经、常的有效性才是根本目的，故权变不失其常。用焦循自己的话来说，即是"经可反，道不可枉"。"权变"作为一种方法与手段，其应用的范围甚广，"圣人以权运世，君子以权治身"。焦循还通过自己所理解的权变论，对历史上的一些事件与理论观点进行了重新评价与思考，体现了他试图以自己的权变论为出发点，重新评价历史的学术史观。焦循"权变"论的理论出发点是救治制度的弊病，他说："法不能无弊，有权则法无弊。权也者，变而通之之谓也。"③"变而通之谓之权"，即是说，通过对制度中弊端的革除，让旧的制度在新的环境下仍然能够行得通，这就叫作权变。因此，焦循的"权变"论，就社会制度的变革问题来说并不是革命论，而仅仅是一种比较聪明的改良性活动。而且这种改良性的变革活动，其性质的确具有侯外庐所说的那样，表现出"均衡"论的色彩。如他说："法无良，当其时则良。当极寒而济之以春，当极暑则和之以秋。此天道之权也。故为政者以宽济

---

① 焦循：《寄朱休承学士书》，《焦循诗文集》，刘建臻点校，第236页。
② 焦循：《说权一》，《焦循诗文集》，刘建臻点校，第174页。
③ 焦循：《说权一》，《焦循诗文集》，刘建臻点校，第174页。

猛，以猛济宽。夏尚忠，殷尚质，周尚文，所损益合乎道之权。"①

不过，如果将焦循的权变论放到更加广泛的学术、思想文化的领域里，则又具有一种相当强的文化包容意识，在一定程度上可以纠正后期意识形态化儒家动辄以正统自居，排斥其他各家的偏狭缺陷。他以"易道趋时"为理论出发点，对杨、墨之说的价值作了巧妙的辩护。他说：

> 易之道在趋时，趋时则可与权矣。若立法者必豫求一无弊者而执之，以为不偏不过，而不知其为子莫之执中。夫杨子之为我，墨子之兼爱，当其时则无弊。迩言不能皆善，舜用之而当，则恶隐而善扬。中即在两端，执而用之于民，舜之权也。……以将来之有弊而致废见在宜行之法，不知权者也。以前此之有弊而致废见在宜行之法，亦不知权者也。②

焦循的意思是说，没有适应一切时代、一切场合的制度，也没有适应一切问题的思想主张，只要切合于当下的需要，杨、墨的思想也有其可取之处。百姓的日常语言与要求未必都是正当的、合理的，大舜的聪明之处在于能从其中选取合理的部分，因而达到了隐恶扬善的好效果。故在制度的应用中，更多的要考虑当下的、现实的需要，既不要预知未来的弊端而放弃现在仍然适当的制度，也不要畏惧以往出现的弊端而放弃在当前是恰当的制度法则。

焦循的权变论虽然有感于政治制度变革问题的思考，但他的思考并没有仅仅停留在制度变革的政治学领域，而是在儒家经典所提供的广阔思想资源里从事了融贯性的哲学思考，体现并发展了戴震所提出的"一字之义，当贯群经"哲学思想路线，故他的权变论不只是一种制度变革论，而且也是一种关于变与常的哲学思想。首先，他从"权变"的角度重新解释了《论语》"先进于礼乐，野人也。后进于礼乐，君子也"这段话，认为这段话是"圣人示人以权"的表现，理由是："野人质胜文，君子文质彬

① 焦循：《说权一》，《焦循诗文集》，刘建臻点校，第174页。
② 焦循：《说权一》，《焦循诗文集》，刘建臻点校，第174—175页。

彬矣。当孔子时,文胜质之时也。从先进,则以质胜文与文胜质相和,乃可以至彬彬之君子。譬如汤至沸,以寒水和之,乃得其平。故圣人之教人也,兼人则退之,退则进之。王者之化俗也,国奢示之以俭,国俭示之以礼。可与权,治天下如运诸掌。"①

其次,他通过对《春秋公羊传》《易传》《中庸》《论语》《孟子》中有关权与经,常与变等问题与事件的分析、讨论,揭示了重视"权变"的重要性,并从理论上试图区分权变与投机取巧的不同。

最后,焦循以自己的"权变"论思想对具体历史事件与历史人物进行再分析,以显示自己"权变"论的历史评价效用。并通过对董仲舒、应邵"权说"论的批判,再次揭示儒家"权变"论的真正意涵。

在"趋时""时行"的天道观指导下,焦循又继续阐发了从原始儒家开始,到戴震等人都一再关注的忠恕、"推己及人"、"絜矩之道"的同情原则以及建立在此原则之上的政治伦理,和学术研究方面所需要的包容精神。他说:"孔子言:吾道一以贯之。曾子曰:忠恕而已矣。然则一贯者,忠恕也。忠恕者何? 成己以及物也。孔子曰:舜其大智也……执其两端,用其中于民。孟子曰:大舜有大焉,善与人同,舍己从人,乐取于人以为善。舜于天下之善无不从之,是真'一以贯之',以一心而容万善,此所以大也。"②由此文献可以看出,焦循所阐发的"一贯之道",其核心精神是要"以一心容万善",体现了后期儒家要容纳百家思想精华的理论气象。

(二)焦循的一贯论

焦循对孔子"吾道一以贯之"这句话也作了别开生面的解释。他认为,"一贯"即是善与人同,是"执中"而不是"执一"。"一贯"的目标是"成己以及于物",这才是真正的"一贯"。因此,焦循的一贯论在伦理学上体现了传统儒家"成己成物"的思想,即在人我之间保持一种恰当的平衡,在学术上表现为包容与宽容的精神。

--------

① 焦循:《说权二》,《焦循诗文集》,刘建臻点校,第175页。
② 焦循:《一以贯之解》,《焦循诗文集》,刘建臻点校,第164页。

就成己成物的角度看，焦循这样说道："孔子言'吾道一以贯之'，曾子曰'忠恕而已矣'。然则'一贯'者，'忠恕'也。'忠恕'者何？成己以及物也。"①

又说："克己则无我，无我则有容天下之量，有容天下之量，以善济善，而天下之善扬；以善化恶，而天下之恶亦隐。贯者，通也，所为通神明之德，类万物之情也。惟事事欲出乎己则嫉妒之心生；嫉妒之心生，则不与人同而与人异；不与人同而与人异，执一也，非一以贯之也。"②

就学术的角度说，焦循所理解的"一贯"乃是对于他者学术思想的理解与宽容，进而避免党同伐异。他说："人惟自据其所学，不复知有人之善，故不独迩言之不察，虽明知其善，而必相持而不相下。荀子所谓'持之有故，言之成理'。凡后世九流、二氏之说，汉、魏南北经师门户之争，宋、元、明朱、陆、阳明之学，其始缘于不恕，不能舍己克己，善与人同，终遂自小其道，近于异端。使明于圣人一贯之指，何至此？"③

焦循将"执一"的做法看作是"异端"，并指出三种"异端"的各自危害性，如他说："今夫学术异端则害道，政事异端则害治，意见异端则害天下国家。"④他希望整个社会都能真正通达"一贯"之旨，做到包容万物，成己以及人物，他说：

> 孟子曰："物之不齐，物之情也。"虽其不齐，则不得以己之性情，例诸天下之性情，即不得执己之所习所学所知所能，例诸天下之所习所学所知所能，故有圣人所不知人知之，圣人所不能而人能之。知己有所欲，人亦各有所欲，己有所能，人亦各有所能，圣人尽其性以尽人物之性，因材而教育之，因能而器使之，而天下之人，共包函于化育之中，致中和，天地位焉，万物育焉。是故人之有技，若己有之，保邦之本也；己所不知，人岂舍诸？举贤之要也；知之为知之，不

① 焦循：《一以贯之解》，《焦循诗文集》，刘建臻点校，第164页。
② 焦循：《一以贯之解》，《焦循诗文集》，刘建臻点校，第164—165页。
③ 焦循：《一以贯之解》，《焦循诗文集》，刘建臻点校，第164页。
④ 焦循：《一以贯之解》，《焦循诗文集》，刘建臻点校，第164页。

知为不知,力学之基也。①

他又说:

> 多学而后多闻多见,多闻多见,则不至守一先生之言,执一而不博。然多仍在己,未尝通于人,未通于人,仅为知之次,而不可为大知。必如舜之舍己从人,而知乃大。不多学则蔽于一曲,虽兼陈万物而悬衡无其具。乃博学则不能皆精,吾学焉,而人精焉。舍己以从人,于是集千万人之知,以成吾一人之知,此一以贯之,所以视"多学而识者"为大也。……"多学而识",成己也,"一以贯之",成己以及物也。仅多学而未一贯,得其半,未得其全,故非之。②

由上述两则材料可知,焦循通过对"一贯""忠恕之道"的重新解释,表达了对宽容精神和多元真理观的向往与追求。其所用的观念如"成己以及物","善与人同,舍己从人","以一心而容万善"等,都来自传统儒家,但这种有选择的表述,努力将儒家中与传统专制思想相近的东西剥离出去,突出儒家传统中活泼泼的精神内容,在注经解经的夹缝里表达出新的思想倾向。他虽然也批评"异端",但他所说的"异端"乃是具有权威主义特征的思想倾向与学术观点。通过对这种"异端"的批评,其所要彰显的恰恰是"殊途""百虑"之学。在上述的文献中,焦循努力从理论上区分"执一"与"一以贯之"的思想内涵的不同,既是对李贽以来反对"执一害道"的反专制思想的继承,也是对戴震等人"体民之情,遂民之欲"的新伦理及政治理想的继承与呼应。

当然,焦循的道论思想中,也有比较保守的一面。对于儒家的人伦之常,他认为是不能改变的,这便是他在"变"之中又追求"定"——即不变的思想。什么东西不能变呢? 他说:"人伦也,孝弟也,仁义也,忠恕也。圣人定之,不容更有言也。更有言,使不定其所定,则杨墨之执一

---

① 焦循:《一以贯之解》,《焦循诗文集》,刘建臻点校,第164页。
② 焦循:《一以贯之解》,《焦循诗文集》,刘建臻点校,第165页。

也,佛氏之弃人伦灭人性也。"①正是从这一"定"的思想出发,在两性与婚姻伦理方面,焦循又持有较保守的观念,坚持"夫妇之道""必定"。他说:"男女生于天地,夫妇定于人。夫妇定而后君臣父子乃定。……然则伏羲之前,夫妇之道不定。夫妇不定,则有母而无父。同父而后有兄弟,兄弟不可以母序也。故父子兄弟虽天属,其本则端自夫妇之道定。……苟夫可以去妻,妻可以去夫,则夫妇之道仍不定。天下之为夫妇者,稍一不合,纷纷如置弈棋,非其道也。"②

这一"夫妇之道必定"的思想,一方面有维护男性中心义的思想倾向,如上文说的:"夫妇不定,则有母而无父。同父而后有兄弟,兄弟不可以母序也。故父子兄弟虽无属,其本则端自夫妇之道(不)定。"另一方面,也有维护社会稳定的意思在其中,如他说:"天下之为夫妇者,稍一不合,纷纷如置弈棋,非其道也。"但是,针对如何才能维护夫妇之道稳定的方法论问题,焦循并没有提出新的解决方案,更缺乏维护妇女权利的新思想内容。在今天看来,那些的确是合不来的夫妻,就应该允许他们文明的离婚、分开,而不是强硬将他们绑在一起。故焦循上述有关"夫妇之道"的论述并非十分妥当。

## 二、焦循的伦理学思想

### (一)人性善论

焦循曾作《性善解》五篇,阐发自己的人性善理论。首先,他以食色来论人性,即以人的感性来论人性。他说:"性善之说,儒者每以精深言之,非也。性无他,食色而已。"③

其次,他以"人能知"来论人性之善。"性何以善?能知,故善。同此男女,饮食嫁娶,以为夫妇,人知之,鸟兽不知之。耕凿以济饥渴,人知

---

① 焦循:《说定下》,《焦循诗文集》,刘建臻点校,第 182 页。
② 焦循:《翼钱》,《焦循诗文集》,刘建臻点校,第 127—128 页。
③ 焦循:《性善解一》,《焦循诗文集》,刘建臻点校,第 158 页。

之,鸟兽不知之。鸟兽既不能自知,人又不能使之知,此鸟兽之性所以不善。"[1]

焦循此处以"人能知"的认知理性来区分人与禽兽的不同,颇有见地。此处焦循所说的"知",既指一般性地认识事物的能力,更主要的是指人的道德理性的认知能力。人不仅一般性地从理智上理解道德理性,而且还能在实际生活中对道德理性知识加以恰当的运用,从而形成了人类有秩序的伦理生活。在《性善解五》中,焦循这样论证道:

> 同一饮食,而人能耆味,鸟兽不知耆味。推之同一男女,人能好色,鸟兽不知好色,惟人心最灵,乃知耆味好色。知耆味好色,即能知孝弟忠信、礼义廉耻,故礼义之悦心,犹刍豢之悦口。悦心、悦口,皆性之善。[2]

焦循的意思是说,人将自己在感性上追求美味、美色的要求推广到道德理性方面,从而能做到推己及人,克服自己的私利,贯彻并实践孝弟、忠信等伦理美德。这是鸟兽所不能做到的,故人虽然与动物有共同的感性知觉,但人能将感性的知觉上升到具有一定普遍性的道德理性层面,故人对美色、美味的追求都可以视为人性之善。从思维方式的角度看,焦循所采用的这种类推的方式当然还是孟子式的类比推理,在方法论上并没有新的突破。但与孟子的不同之处在于,焦循强调了人基于感性的认知而上升到道德理性认知与道德实践的连续过程,不像孟子那样通过否定感性需要是人性的一部分,而特别突出地强调人的道德理性的重要性。要而言之,焦循的人性善论将人能知,人有灵明,能贯通,能变化,在习的过程中使人与人之间的差异越来越远等属性作一通贯性的说明,体现了他的性善论的独特性,如他说:"善之言灵也,性善犹也性灵。惟灵则能通,通则变,能变故习相远。"[3]

---

① 焦循:《性善解三》,《焦循诗文集》,刘建臻点校,第159页。
② 焦循:《性善解五》,《焦循诗文集》,刘建臻点校,第160页。
③ 焦循:《性善解四》,《焦循诗文集》,刘建臻点校,第159页。

这一"性善论"综合了孔子、孟子、荀子等诸家的思想,对儒家的性善论思想传统做出了新的论证。不过,焦循并没有很令人信服地论证"人为何能知"的问题,他仅从人能知美味、美色的感性认知类推人能够知礼义廉耻等道德理性知识,并能实践之,显然还缺乏足够的理论说服力。从马克思主义的历史唯物主义及其社会实践论的哲学来看,焦循还不理解造成人性最灵的根本原因在于人的社会实践的历史性特征,他只是一般性归结为圣人的教养与个人的修养。这是他的人性论的不足之处。

其三,焦循在讨论人性善的问题时,还以他一贯重视的"实测"方法来加以验证。他通过三重论证的方式来证明人性是性善的,他说:"性善之可验者有三:乍见孺子入井,必有怵惕恻隐之心,一也;临之以鬼神,振之以雷霆,未有不悔而祷者,二也;利害之际,争讼喧嚣,无不自引于礼义,无不自饰以忠孝友悌,三也。"①焦循此处所说的验证,当然不同于自然科学的实验型的验证,而是一种人文性的举证或曰论证,但也体现了他的哲学重视实证,重视证据的新特征。

相比较而言,乾嘉汉学的前期特别重视以经证经。焦循作为乾嘉、道光时期的汉学中坚人物,他在论述经学问题时,已经突破前期"以经证经"的苑囿,而大胆地以子证经。在论证人性善的问题时,焦循大段地引述秦汉道家《淮南子》一书中的观点,以证成自己的人性善的论说。他在解释孟子"口之于味有同嗜""人之性与犬马之性不同"这两个命题时说:

> 此于口味指出性字,可知性即在饮食。曰其性与人殊,可知人性不同于鸟兽。……《淮南·泰族训》云:"民有好色之性故有大昏之礼;民有饮食之性,故有大饗之谊;有喜乐之性,故有钟鼓管弦之音;有悲哀之性,故有衰绖哭踊之节。"先王之制法,因民之所好而为之节文者也。皆人之所有于性,而圣人之所匠成。故无其性不可教训。有其性,无其养不能遵道。……故善言性者,孟子之后,惟《淮南子》。②

---

① 焦循:《性善解四》,《焦循诗文集》,刘建臻点校,第159页。
② 焦循:《性善解五》,《焦循诗文集》,刘建臻点校,第160页。

上述这段文献既表现了焦循以子证经的哲学论证方法，又表明他以《淮南子》一书的人性论为基础，进一步阐发了儒家的道德、伦理规范必须建立在人的感性需求基础之上。同时，人的感性需求又不能脱离伦理规范的约束，否则就会失范。这一思想与戴震有关"自然"与"必然"二者的辩证关系的阐发，若合符节。

（二）格物论与"絜矩之道"

焦循认为，"格物"即是"絜矩"，他说："格物者何？絜矩也。格之言来也，物者对乎己之称也。"①而絜矩即是恕，如他说："絜矩者恕也。所藏乎身不恕而能喻诸人者，未之有也。不能格物，则所藏乎身不恕矣。"②

焦循将"格物"解释成"絜矩"，表面上是对孔子、孟子思想的继承，其实是对戴震思想的继承与进一步发挥。因为他提倡的"絜矩之道"是以满足人的饮食男女之欲的感性要求为基础的，而不是孔子基于仁，孟子基于"四端之心"而来的德性要求。他说："饮食、男女，人之大欲存焉。圣人于己之有夫妇也，因而知人亦欲有夫妇；于己之有饮食也，因而知人亦欲有饮食。安饱先以及父兄，因而及妻子，人人亲其亲，长其长，而天下平矣。于是，与人相接也，以我之所欲所恶，推之于彼，彼亦必以彼之所欲所恶，推之于我，各行其恕，自相让而不相争，相爱而不相害。平天下，所以在絜矩之道也。"③

在焦循看来，作为执政者，如果对于"百姓之饥寒仳离，漠不关心，是克伐怨欲不行，苦心洁身之士"，至多只能算得上所孔子所讲的"难而非仁"一类的人罢了，"绝己之欲，不能通天下之志，物不可格矣"④。

焦循将人的感性欲求作为人与人相互感通、理解的桥梁，故尔将"格

---

① 焦循：《格物解一》，《焦循诗文集》，刘建臻点校，第 162 页。
② 焦循：《格物解一》，《焦循诗文集》，刘建臻点校，第 162 页。
③ 焦循：《格物解二》，《焦循诗文集》，刘建臻点校，第 163 页。
④ 焦循：《格物解二》，《焦循诗文集》，刘建臻点校，第 163 页。

物"解释成对他人类似的感性欲求的理解,进而在道德上实现对自己欲求的节制。他说:

> 感于物而动,性之欲也,故格物不外乎欲己与人同此性,即同此欲。舍欲则不可以感通乎人,惟本乎欲以为感通之具,而欲乃可窒。人有玉而吾爱之,欲也,若推夫人之爱玉,亦如己之爱玉,则攘夺之心息矣。能推,则欲由欲寡;不能推,斯欲由欲多。不知格物之学,不能相推,而徒曰过其欲,且以求人曰遏其欲,天下之欲可遏乎哉?①

焦循的设想是美好的,但对于人的欲望进行管理、控制,恐怕不只是一个伦理问题,还需要相应的社会制度来约束。别人有好的东西,自己想得到。一想到别人也如自己一样的喜爱,就不去想了。人在实际的生活中并非如此简单。商业社会的公平交换原则也可以让人通过平等的交换手段来实现爱物的转移。当然,恃强凌弱式的抢劫是不允许的。伦理上的"推己及人"仅为遏欲提供了一种可能性,而不能提供必然的保证。这一点上,儒家的伦理学把伦理的可能性作用夸大了。焦循在这一点上并没有突破儒家的"推己及人"的思维在逻辑方面的简单性与局限性。

(三)义利观

焦循在伦理学上对儒家的义利观也有新的解释,体现了晚明以降重视普通民众感性生活的进步思想倾向。他认同荀子关于君子、小人之分的观点,说道:

> 贵贱以礼义分,故君子、小人以贵贱言,即以能礼义不能礼义言。能礼义故喻于义,不能礼义故喻于利。无恒产而有恒心者,惟士为能,君子喻于义也;若民则无恒产,因无恒心,小人喻于利也。惟小人喻于利,则治小人者,必因民之所利而利之。故《易》以君子孚于小人为利。君子能孚于小人,而后小人乃化于君子,此教必本

---

① 焦循:《格物解二》,《焦循诗文集》,刘建臻点校,第163页。

于富,驱而之善,必先使仰足事父母,俯足畜妻子。儒者知义、利之辨,而舍利不言,可以守己,而不可以治天下。天下不能皆为君子,则舍利不可以治天下之小人,小人利而后可义。君子以利天下为义,是故利在己,虽义亦利也;利在天下,即利即义也。孔子言此,正欲君子之治小人者,知"小人喻于利"。①

上述的引文很长,需要稍作解释。从表面上看,焦循并不反对孔子"君子喻于义,小人喻于义"的命题。但他对此题所做的解释几乎与孔子的原意是相反的。他认为,既然小人以利为重,君子治小人就应当满足小人对利益的追求,如此一来,君子就可推行义的原则。所以君子当利天下为义,而不是将利垄断在自己手中,而这正是孔子所讲的"小人喻于利"的真正意思。很显然,焦循为下层人——小人争取合法的、正当的利益,与李贽以降,直至戴震的哲学为下层民众争取正当利益的思想一脉相承。

### (四)"以礼代理"的倾向

焦循的思想中也表现出"以礼代理"的倾向,《理说》一文集中体现了这一思想倾向。他对"后世不言礼而言理"的现象极为反感,试图拨乱反正。首先,他在该文中揭示了政治行为的本质在于平息天下人之间的争执,故要设定礼的制度,让人们遵循礼制的规范而行事。他说道:"君长之设,所以平天下之争也。故先王立政之要,因人情以制礼,故曰:'能以礼让为国乎何有?'天下知有礼而耻于无礼,故射有礼,军有礼,讼狱有礼,所以消人心之忿而化万物之戾。渐之既久,摩之既深,君子以礼自安,小人以礼自胜,欲不治得乎?"②

其次,他又进一步揭示了后世理官(即今天的法官)的社会作用及其性质。他说:"九流之原,名家出于礼官,法家出于理官,齐之以刑则民无耻,齐之以礼则民且格,礼与刑相去远矣。惟先王恐刑罚之不中,务于罪辟之中,求其轻重,析及豪芒,无有差谬,故谓之理,其官即谓之理官,而所以治

---

① 焦循:《君子喻于义小人喻于利解》,《焦循诗文集》,刘建臻点校,第 168 页。
② 焦循:《说理》,《焦循诗文集》,刘建臻点校,第 182 页。

天下则以礼,不以理也。"①在这里,焦循反对的"理"不应当是戴震所讲的"分理",而是宋明儒的"天理",应当与戴震直斥"以理杀人"之"理"相同。

最后,他对礼与理在实际的政治实践中的积极与消极作用作了对比,肯定了礼的正面价值,否定了理的负面价值,并进而批评历史上吕坤"以理抗势"的主张,体现了焦循思想中保守的一面。他说:"礼论辞让,理辩是非。知有礼者,虽仇隙之地,不难以揖让处之,若曰虽伸于理,不可屈于礼也。知有理者,虽父兄之前,不难以口舌争之,若曰虽失于礼,而有以伸于理也。今之讼者,彼告之,此诉之,各持一理,哓哓不已。为之解者,若直论其是非,彼此必皆不服,说以名分,劝以孙顺,置酒相揖,往往和解。可知理足以启争,而礼足以止争也。明人吕坤有《语录》一书,论理云:'天地间惟理与势最尊,理又尊之尊也。庙堂之上言理,则天子不得以势相夺,即相夺,理则常伸于天下万世。'此真邪说也。孔子自言'事君尽礼',未闻持理以要君者,吕氏此言,乱臣贼子之萌也。"②

学界对于焦循"以礼代理"观点的评价并不相同,有论者认为此观点是针对宋儒而言的,有论者认为此观点是对戴震思想的含蓄批评与偏离。就我们的研究的结果来看,焦循颇认同戴震的"分理"说,而他自己在《孟子正义》一书中也是接受戴震的"分理"说。很显然,他的"以礼代理"说不可能是针对戴震的。不过,他在社会政治、伦理生活中强调不论是非问题,而论名份问题,与戴震强调"是非之争"思想立场相比,的确有倒退的一面。尤其是对明人吕坤"以理抗势"思想的批评,更显示了焦循思想在政治方面的保守之处。但在处理世俗事务方面,而不是涉及大是大非的问题,焦循所说的:"今之讼者,彼告之,此诉之,各持一理,哓哓不已。为之解者,若直论其是非,彼此必皆不服,说以名分,劝以孙顺,置酒相揖,往往和解。可知理足以启争,而礼足以止争也。"也未尝没有道理。现实生活中,特别是民事纠纷的过程中,公说公有理,婆说婆有理,相持

---

① 焦循:《说理》,《焦循诗文集》,刘建臻点校,第182页。
② 焦循:《说理》,《焦循诗文集》,刘建臻点校,第183页。

不下,这时按照制度——礼的规定来解决,也是解决民间纠纷的一种办法。焦循此处的论述主要是针对民事纠纷而言的,与戴震批评当政者"以理杀人",不在同一个论述的层次上。故他的"以礼代理"的命题更接近今天以法律(民法)来代替当事人各执一词(讲理)的现象。

## 三、焦循的哲学思考方法

### (一)"实测"方法与人文实证主义精神

焦循所讲的"实测"方法,主要来自他的"易学"研究,而且也与他的数学研究有关。他曾说:

> 余学易,所悟得者有三:一曰"旁通",二曰"相错",三曰"时行"。此三者,皆孔子之言也,孔子所赞伏羲、文王、周公者也。夫《易》,犹天也,天不可知,以实测而知。七政恒星错综不齐,而不出乎三百六十度之经纬;山泽水火错综不齐,而不出于乎三百六十四爻之变化。本行度而实测之,天以渐而明;本经文而实测之,易亦以渐明,非可以虚理尽,非可以外心衡也。初不知其何为"相错",实测其经文、传文,而后知比例之义出于"相错"。不知"相错",则比例之义不明。余初不知何为"旁通",实测经文、传文,而后知升降之妙出于"旁通"。不知"旁通",则升降之妙不著。余初不知其何为"时行"? 实测经文、传文,而后知变化之道出于"时行"。不知"时行",则变化之道不神。未实测于全《易》之先,胸中本无此三者之名,既实测于全《易》,觉经文、传文有如是者乃孔子所谓"相错",有如是者乃孔子所谓"旁通",有如是者乃孔子所谓"时行"测之既久,益觉非"相错"、非"旁通"、非"时行",则不可以解经文、传文,则不可以通伏羲、文王、孔子之意。十数年来,以测天之法测《易》,而此三者,乃从全《易》中自然契合。[1]

然焦循的"测天之法"又是如何呢? 依阮元等人的说法来看,他的测

---

[1] 焦循:《易图略序目》,《焦循诗文集》,刘建臻点校,第295—296页。

天方法基于西方天文学的科学实证方法,阮元等人说道:

> 初,循以太阴次轮及火星岁轮皆与天不合,谓其有当然,自必有有其所以然。及覆数四,不得其故。商之元和李锐,锐谓古法自三统以来,见存者四十家,其于日月之盈缩迟疾,五重之顺留逆伏,皆言其当然,而不言其所以然。本朝《时宪》书,甲子元用诸轮法,癸卯椭圆法,以及穆尼阁新西法用不同心天。蒋友仁所设地动仪,设太阳不动,而地球七曜之流转。此皆言其自然,而又设言其所以然。然其当者悉凭实测,其所以然者止就一家之说,衍而极之,以明算理而已。是故月五星初均、次均之加减,其故由于有本轮、次轮,而其实月五星之所以有本轮、次轮,其故仍由于实测之时,当有加减也。……循韪其说,故自叙《释轮》云:"七政诸轮,生于实测,若高卑迟疾之故,则未敢以臆度焉。"其虚衷服善有如此。[1]

不过,结合焦循上述两段文献来看,他在《易》学研究方面的"实测",其实并不能与天文学中测量地球等行星运行轨迹相比拟,而只是一种依托对《周易》经、传文字的深入研究,从中归纳出若干的体例来,然后又将这种体例运用于《周易》的经、传文字的解释,从而得出旁通、相错、时行的三种规则。焦循将数学方法引用到"易学"之中,提出了齐同、比例的"易学"解释方法,试图对《周易》的经、传做出一以贯之的解释。他说:

> 夫九数之要,不外齐同、比例;以此之盈,补彼之朒,数之齐同如是,《易》之齐同亦如是。以此推之得此数,以彼推之亦得此数,数之比例如是,《易》之比例亦如是。说《易》者,执于一卦一爻,是知五雀之俱重,六燕之俱轻,而不知一燕一雀,交而适平,又不知两行交易,遍乘而取之,宜乎左支右绌,莫能通其义也。余既悟得旁通之旨,又悟得比例之法,用以求经,用以求传,而经传之微言奥义,乃可得而窥其万一。[2]

---

[1] 阮元等撰:《畴人传汇编》下册,彭卫国、王原华点校,第 620 页,扬州,广陵书社,2009。
[2] 焦循:《易学三书》卷五,李一忻点校,第 87 页,北京,九州出版社,2003。

"齐同"的术语出之刘徽的《九章算术》,意思是以不同的分母和分数相加减时,先经过通分,然后将分数相加相减。用现代的代数符号来表示,如 $\frac{a}{b}$ 与 $\frac{d}{c}$ 两个分数相加时,先将分母 b 和 c 相乘,变成 $\frac{a}{bc}$ 和 $\frac{d}{bc}$ 的形式,然后才能相加。焦循的说法是:"相乘则两数如一,故谓之同(三乘五得一十五,五乘三亦得一十五)。互乘则两子之差立见,可以施加施减,故谓之齐。"①焦循在"易学"中提出的"旁通""相错"方法,都是有关卦爻运动和转化的方法,与数学的齐同有类似之处。在《易通释》中,他对《丰卦》与《既济》,《涣卦》与《益卦》,《丰卦》《涣卦》与《家人卦》等之间的关系,就是用齐同的方法来处理的。他说:

> 《丰》上六"蔀其家"。蔀者,齐同之也。《丰》成《既济》,犹数之有减尽也;《涣》则成《益》,犹数之有差较也。"蔀其家"犹"齐其家",《丰》《涣》本错为《家人》,齐同之成《既济》《益》,乃相错为《家人》也。《损》成《益》,《咸》成《既济》,与"蔀其家"同。②

上述所言,以简明的图示法表示,更为简明

丰(䷶)涣(䷺)齐同为──→既济(䷾)益(䷩)相错为──→家人(䷤)

焦循将数学中的齐同法运用到六十四卦之间的相互转换之间的解释上面,的确对六十四卦之间复杂关系的解释提供了新的途径,为后人进一步认识易卦之间的意义关系提供了新的视野。但这种新的解释对于如何处理现实的问题,并不能提供直接的帮助。

焦循所说的"比例"方法,其实即是今日所说的"类推"方法,而且主要着眼于《易》中的"辞"而言的。他说:

---

① 焦循:《加减乘除释》卷六,第 2 页,清嘉庆年间江都焦氏雕菰楼刻刻本。又见陈居渊《焦循阮元评传》,第 268—273 页,南京,南京大学出版社,2011。
② 焦循:《易学三书》卷十九,李一忻点校,第 529—530 页。

以六书之假借,达九数之杂糅,事有万端,道原一贯,义在变通,而辞为比例,以此求《易》,庶乎近焉。比例之用,随在而神……《泰》《否》为《乾》《坤》之比例,《既济》《未济》为《坎》《离》之比例,《益》《恒》为《巽》《震》之比例,《损》《咸》为《艮》《兑》之比例……①

用现代的数学术语来表述,"比例"的意思即是:a 比 b 的比值为 m,c 与 d 的比值也是 m,则 a:b＝c:d。那么 a:b 与 c:d 之间的关系就是"比例"关系。上文所说的"《泰》《否》为《乾》《坤》之比例,《既济》《未济》为《坎》《离》之比例"的意思是:《乾》《坤》两卦相错即为《泰》《否》两卦,而《坎》《离》两卦相错即《既济》《未济》两卦。相反,《泰》《否》两卦相错即又变成《乾》《坤》两卦,《既济》《未济》两卦相错又变成《坎》《离》两卦。

上述焦循所说的齐同、比例方法,在《周易》的经、传中都没有明确的文字提及过,只是焦循将数学方法运用到《易》学研究过程中阐发出来的。就《易》学研究的本身而言有一定的学术意义。他通过对经文的"实测"而得出的齐同、比例法则,就《周易》的经文而言具有可证实的特征,符合"实事求是"的原则。但如果从"通经致用"的角度看,这种方法并没有多少现实的价值与意义。由焦循的"易学"研究引出另一种思考:乾嘉学者虽然从理论上追求通经致用的理想目标。但问题是:"通经"之后能否实现"致用"的目标,则是大可疑问的。

在经学研究方面,焦循基本上还是接受了戴震提出的"由字以通其词,由词以通其道"的语言学方法,只是在具体的说法上有所不同。如他在论文字训诂的方法对于理解古人思想的重要性时说:"刘氏徽之注《九章算术》,犹许氏慎之撰《说文解字》。士生千百年后,欲知古人仰观俯察之旨,舍许氏之书不可,欲知古人参天两地之原,舍刘氏之书亦不可。"②这一段话表明,焦循的经学研究与哲学思考深深地打上了乾嘉时代广义的语言学方法的烙印。焦循认定,不通过训诂的方法,隐藏在经典中的

① 焦循:《易学三书》卷五,李一忻点校,第 89 页。
② 焦循:《加减乘除释自序》,《焦循诗文集》,刘建臻点校,第 310 页。

真正意思就无法彰显出来。在《诗经》的研究过程中,他虽然强调诗歌"不言理言情,不务胜人而务感人"和"思则情得,情得则两相感"的以情动人的特质,但他最终还是认为,要了解诗歌,必须首先通过训诂的语言学方法,才能达致对诗的真正理解。他说:"虽然,训诂之不明,则诗辞不可解。必通其辞而诗人之旨可释而思也。《毛传》精简得诗意为多,郑生东汉,是时士大夫重气节而温柔敦厚之教疏,故其笺多迂拙,不如毛氏。则传、笺之异不可不分也。"①

焦循这一"训诂之不明,则诗辞不可解","必通其辞而诗人之旨可释而思"的说法,其实还是强调要通过恰当的训诂方法以了解诗歌的语言,进而通过对诗歌语言的了解而了解诗歌的意旨。与戴震的"由词以通道"的思想在思维方式上是一致的。

在具体运用训诂学方法解释经义,从而表达自己的哲学见解时,《易通释》一书中时有体现。仅举二例,以证明之。其一,他在解释《周易》的重要哲学概念"太极"时,首先就是运用训诂的方法来表达自己对"太极"概念的理解。他说:"余谓欲明大极,必先求大极二字之义。大或读泰,其义则同;极,中也。大极,犹云大中。"②其二,在"训厉为危"一条,焦循将戴震"一字之义,当贯群经"这一以整体来解释局部的经学解释学思想加以活用,从《周易》一书的全部经文来训释"厉"字一义。他说:"厉之训危……总全《易》而通之,厉与无咎相表里,未悔吝则厉,既悔吝则无咎。"③

不过,焦循已经没有戴震那样激烈地反对宋儒的思想主张了,他只是要求通过训诂的方式将宋人的义理与原始儒家的义理分开,努力以原作者之言参原作者之意,追求经典解释的客观性。同时再旁参其他相关的思想家及经典,从而达到对原始儒家思想的准确理解。这一追求经典

---

① 焦循:《毛诗郑氏笺》,《焦循诗文集》,刘建臻点校,第 304 页。
② 焦循:"易有大极,与时偕极,失时极,不知极,六爻之动三极之道也"条,《易学三书》卷二十,李一忻点校,第 561 页。
③ 焦循:《易学三书》卷二,李一忻点校,第 35 页。

训诂与解释中的客观原义的思想倾向,基本上是以戴震开创的"人文实证主义"经学训释精神的继续。稍有不同的是,焦循在追求儒家经典原义的过程中,还进一步提出了分别经、注、疏三者文本的方法,而且相信通过文字训诂的方式,触类旁通,可以把握经、注、疏之"本意",从而为自己的经学训释提供比较可靠的经学史的证据。他说:

> 学经之法,不可以注为经,不可以疏为注。孔颖达、贾公彦之流所释毛、郑、孔安国、王弼、杜预之注,未必即其本意。执疏以说注,岂遂得乎? 必细推注者之本意,不啻入其肺腑,而探其神液。……要之,既求得注者之本意,又求得经文之本意,则注之是非可否,了然呈出;而后吾之从注非漫从,吾之驳注非漫驳。不知注之本意,驳之非也,从之非也。①

焦循这种在追求"本意"的历史理性的前提下来研究经学的历史,显然是乾嘉时代考据学中所透射出的历史理性的一种反映,体现了乾嘉学术内在精神的一贯性。不过,即使如此,焦循在这一方面也有所发展,那就是:他不再局限于戴震时代的经学范围了,而是将这种人文实证的材料范围扩大到"子学"领域,开创一种"思想旁证法"。② 他曾经这样说道:

> 孔子之道所以不著者,以未尝以孔子之言参孔子之言也。循尝善东原戴氏《孟子字义考证》(戴氏书名作《孟子字义疏证》,引者案),于理、道、天命、性情之名,揭而明之如天日,而惜其于孔子一贯仁恕之说未及畅发。十数年来,每以孔子之言参孔子之言,且私淑孔子而得其旨者,莫如孟子。复以孟子之言参之,既佐以《易》《诗》《春秋》《礼记》之书,或傍及荀卿、董仲舒、扬雄、班固之说,而知圣人

---

① 转引自赖贵山《台海两岸焦循文献考察与学术研究》,第263页,台北,文津出版社,2008。

② 此为我借用明人陈第的"旁证"说而新创的一种说法。梁启超在《清代学术概论》中论顾炎武治学方法时说,顾氏在治音韵学时,先列出本证,继列出旁证。经后人考证,此为梁氏所误记,治音韵学时,首先提出运用本证、旁证法的作者是明代学者陈第。

之道惟在仁恕。仁恕则为圣人,不仁不恕则为异端小道。①

在这段文献里,焦循在戴震所开创的"字义还原"的基础上,进一步提出了"语言还原"的思想,从而深化了开创期乾嘉学者在经学训释中表现出来的历史还原主义思想。不仅如此,他在"以孔子之言参孔子之言"的前提下,继而以"孟子之言参之",并"佐以《易》《诗》《春秋》《礼记》之书,或傍及荀卿、董仲舒、扬雄、班固之说",把戴震所发明的"一字之义,当贯群经"的以整体解释局部的经学解释学思想,推进到以同一学派的后来者思想来解释前贤的"思想旁证法",从而深化了戴震所未加注意的先秦儒家的一些伦理与政治思想,通过文字训诂、经学体例的发明与创造,诸子思想与儒家经典的相互发明的"思想旁证法"等多种方式,丰富并深化了乾嘉时代经学研究的方法,从而也丰富了中国哲学思想的内容。因此,焦循在经学研究中所表现的历史还原主义思想倾向,虽然与其"性灵"经学在精神上有不相协调的一面,保留了较多的戴震思想的痕迹。但是,他用来实现历史还原的方法本身蕴涵了较多的弹性空间,并不能真正地实现历史还原的意图。这样一来,其"性灵"经学与人文实证主义方法之间就蕴涵着一种内在的张力。

(二)"假借"方法

焦循通过对"六书"中"假借"方法在《周易》中运用情况的论述,揭示了"六书"中"假借"方法在易哲学中的普遍意义,以哲学的思维提升了"六书"中"假借"方法的普遍意义,从而深化了人们对"假借"方法的认识,并通过此方法又深化了对"易哲学"的认识。他说:

> 六书有假借,本无此字,假借同声之字以充之,则不复更造此字,如许氏所举令长二字。令之本训为发号,长之本训为久远,借为官吏之称,而官吏之称但为令为长,别无本字。推之"而"为面毛,借为而乃之而,"为"为母猴,借为"作为"之为,无可疑者也。……近者

---

① 焦循:《论语通释自序》,《焦循诗文集》,刘建臻点校,第 300 页。

学易十余年,悟得比例、引申之妙,乃知彼此相借,全为易辞而设,假此以就彼处之辞,亦假彼以就此处之辞,如豹衸为同声,与虎连类而言,则借衸为豹,与祭连类而言,则借豹为衸。沛绂为同声,以其刚掩于困下,则借沛为绂;以其成《兑》于《丰》上,则借绂为沛,各随其文以相贯,而声近则以借而相通。窃谓本无此字而假借者,作六书之法也。本有此字而假借者,用六书之法也。古者命名辨物、近其声即通其义,如天之为颠,日之为实(《说文》),春之为蠢,秋之为愁(《乡饮酒义》)……无不以声义之通而为字形之借。故闻其名即知其实,用其物即思其义。欲其夷也,则以雉名官;欲其聚也,则以鸠名官;欲其户止也,则以扈名官。以曲文其直,以隐蕴其显,其用至精。施诸《易》辞之比例、引申,尤为神妙矣。①

有关“六书”中的“假借”方法,在语言、文字学中有很多讨论,学者们的观点并不尽相同,②焦循从“作六书之法”与“用六书之法”的两个层面讨论六书中的“假借”方法,实为创见。而他又特别从“易学”的语言运用法则出发,进一步从比例、引申的角度来丰富“六书”中“假借”的方法,更是把“六书”中的“假借”方法泛化为一种语用学方法。这一方法是否符合《周易》一书作者当初的意图,暂且不去讨论。但有一点我们认为是相当明确的,即焦循在“易学”的语用学意义上讨论“假借”问题,已经远远超出了“六书”中“假借”方法的原意了,在一定意义上已经将“假借”方法上升到一种“易哲学”的思维与表达方法了。而这种哲学方法意义上的“假借”,其实为他的“性灵”经学提供了一种貌似具有客观性的文字、语言学的工具与手段。究其实,是要为他的“以己之性灵,合诸古圣贤之性灵,并贯通于千百家著书立言者之性灵”的“性灵”经学主张提供一种表面上的可实证的文字、语言学方法。

---

① 焦循:《周易用假借论》,《焦循诗文集》,刘建臻点校,第155—156页。此处引文断句与刘氏稍异。
② 参见张其昀《“说文学”源流考略》,第229—251页,贵阳,贵州人民出版社,1998。

更进一步,焦循还将这种"假借"用法扩大到诗歌领域,并仔细辨析了经学的假借方法与诗歌艺术中的假借方法之间的异同。[①] 他认为诗歌创作中的同声假借亦通于《周易》中的"假借"法。他说:

> 是故柏人之过,警于迫人;秭归之地,原于姊归(《后汉书·和帝记》)……温飞卿诗:"进底点灯深烛伊,共郎长行莫围棋。玲珑投子安红豆,入骨相思知不知?借烛为属,借围棋为违期,即借蚌为邦,借鲋为附之遗也。"……樽酒为尊卑之尊,蒺藜为迟疾之疾,即子夜之双关也。文、周系《易》之例晦于经师,尚扬其波,存其迹于文人、诗客之口,其辞借其义则质,知其借而通之,瞭乎明,确乎实也。或以比庄、列之寓言,则彼幻而此诚也,或以比说士之引喻,则彼诡而此直也。即以比《风》诗之起兴,亦彼会于言辞之外而此按于字句之中也。《易》辞之用假借也,似俳也而妙也,似凿也而神也,非好学深思、心知其意者,不足与言之也。[②]

在上述一段引文的结尾处,焦循对《易经》语言运用中"假借"方法的神妙之处的赞美,其实可以看作是"性灵"经学的一种方法论的注脚。所谓"非好学深思、心知其意者,不足与言之也",完全可以替换为"无性灵不可以言经学"。大家知道,大历史学家司马迁在《五帝本纪》赞语中曾有一段感慨之辞:"《书》缺有间矣,其轶乃时时见于他说。非好学深思,心知其意,固难为浅见寡闻道也。"司马迁要求真正的历史学家或者对历史有深刻洞见的人,应当超越细枝末节的文献证据,以一种具有历史穿透力的哲学洞见把握远古世系以来中华民族文明的起源、发展及其大致

---

① 此一做法,颇类似章学诚将"易学"中"象"概念进一步哲学化,形成了他特有的"象"论。章氏提出了"天地自然之象"和"人心营构之象"的两种类型的"象",并揭示了二者之间的辩证关系。章氏认为,哲学意义上的"象"与诗歌艺术中的审美之"象"互为表里:《易》象虽包《六艺》,与《诗》之比兴,尤为表里。"章学诚还进一步从"象"论出发,来沟通儒佛道三教的在实施社会教化方面的可沟通性。参见章学诚《文史通义新编新注》,仓修良编注,第16—19页。
② 焦循:《周易用假借论》,《焦循诗文集》,刘建臻点校,第156—157页。此处引文断句与刘氏稍异。

梗概。这大约是司马迁所说的"好学深思,心知其意"一语的基本意思。焦循将司马迁的话借过来,要求"易学"研究者、阅读者也能够运用自己的"性灵",对《周易》这部经典中的语言运用的"假借"方法之妙心领神会,从而理解《周易》一书中蕴藏着的人类文明的真精神。

为了更进一步论证"假借"方法的普遍性,焦循还通过做"易学"学术史的翻案工作,来证明"假借"方法在易学史上具有一贯性。一般而言,在焦循之前与同时的易学界,都认为魏晋之际的易学,特别是王弼的易学,以扫除汉代象数易为己任,着重从易理的角度来阐发《周易》一书的哲学思想,因而没有"汉易"的经学方法论的痕迹。焦循不同意这种见解。他认为,王弼的解易方法中,其实也包涵有"六书通借"的方法,如"读彭为旁,借雍为甕,通乎为浮,而训为务躁。解斯为厮,而释为贱役。诸若此,非明乎声音训诂,何足以明之?……故弼之易,以六书为通借解经之法,尚未远于马郑诸儒,特貌为高简,故疏者辄视为空论耳"①。由此而进一步证实,"假借"之法其实非汉学家所独有,而是一种在"易学史"中具有普遍意义的方法。

要而言之,焦循从三个方面入手,将"六书"中的"假借"方法加以泛化,使之从单纯的文字学的方法变成了一种哲学意义的方法。这三种方法就是:第一,从《周易》一书的语言运用法则角度将"假借"方法从文字学中的方法提升到一种语用学方法,从而使"假借"方法与经学的思维方法结合起来。第二,将《周易》中的"假借"方法与《诗经》、诸子中的"假借"方法异同之处揭示出来,使之在先秦诸经与诸子之书中获得一种普遍性的性格。这种哲学论证方法正是戴震提倡的"一字之义,当贯群经"的经学训释方法的灵活运用。所不同的是,焦循在这里不是从群经中"求一字之义",而是在群经与诸子典籍中证明一种经学的语用学法则与思维法则的普遍性。第三,他从经学史的角度进一步证明,即使是在只重义理,不重考据的魏晋之际,"假借"的方法也在实际的经学训释过程

---

① 焦循:《周易王氏注》,《焦循诗文集》,刘建臻点校,第 302 页。

中被广泛运用,不只是新老汉学家们的狭隘的家法。通过对《周易》中的"假借"方法的研究,焦循完成了对文字学"假借"方法的哲学提升之后,在他实际的经学训释活动中就大胆运用这种新方法,从而表达他自己的"性灵"。下面仅举三例,看焦循如何通过"音近而义近"的"声训法"(这是乾嘉考据学在语言学方面对该时代哲学思考提供的一个重要的训诂原则)——"假借"方法中重要的语言学原理,来实现他的"性灵"经学的主张。

其一,在释"隅"一字的字义时,焦循说道:"形之有隅角者称方,何也? 隅犹言遇;角犹言较。有两乃遇,亦有两乃较。物折则一为二,故折而有隅角者为方。方者,併也。有两乃可言併也。如母配于考则称妣。妣者,比也,比亦方也。"① 此则文献还仅仅是在语言、文字层面的"假借"法。

其二,在释"隝"的过程中,焦循通过非常曲折的声训方法,对原始儒家的"仁爱"思想作出了非常新颖的解释,深化了人们对原始儒家仁爱与恻隐之心这一伦理思想的理解。他说:

> 《说文》"隅从阜,禺声,陬也。"《文选魏都赋》刘逵注:聚居为陬。陬之聚,犹诹之聚。凡物由分而合为聚,两线相引其合处,或角以其聚则为陬,以其、遇则为隅。遇者,会也。会者,合也。《广雅》陬隅同训隈。《说文》:"隈,水曲奥也。"《释名》:"曲,局也。"《尔雅·释言》:"局,分也。"有两则分,亦有两乃聚。隅、陬、隈,皆以两得名。廉,从兼得声。兼,并也。故隅亦名廉。廉,棱也。棱,威也。威畏也。……畏,读如秦师入隈之隈,是隈即畏也。畏也者,必挠。挠,曲也。故隈为曲。凡心一则直,贰则曲。两合则爱,两而分则畏。畏爱异而同。故偎从畏而训爱。记曰:"畏而爱之。"则兼其义也。爱通偎,而义为隐。隐之义又通于曲。爱者,仁也。于是仁为恻隐。

---

① 焦循:《说方下》,《焦循诗文集》,刘建臻点校,第173页。

而隐曲之隐与畏爱之爱,遂相转注可通而通矣。①

很显然,焦循在此处所做的并不是一种简单的文字、语言层面的"假借"方法的分析,而恰恰是通过文字、语言学的"假借"方法之运用来阐发他自己的伦理学思想。这一哲学论证方法,与阮元通过文字训诂与经学史的方法,将先秦儒家的"仁爱"思想解释成"相人偶"之意,在方法论上有异曲同工之妙,即以"人文实证主义"的方法来曲折地表达自己的哲学思想。

通过这一具有哲学意味的"假借"的方法,焦循还对"经学"一词作出了别开生面的训释,从"用"与"变"的双重视角阐述了经学的精神,充分体现了焦循哲学"尚变"、求通的基本精神。他说:"经者何? 常也。常者何,久也。《易》'穷则变,变则通,通者久。'未有不变通而能久者也。……常本衣裳之裳,其训久者,通于长。长从兀从匕。匕即化。《说文》言'久则变化'。非变化不可以久,亦未有久而不变化者也。常亦庸也。《说文》:'庸,用也。从用从庚。''庚,更事也。'更犹变也。……故变而后不失常,权而后经正。"②

焦循反复强调:"非明六书之假借、转注,不足以知象辞、爻辞、十翼之义;不明卦画之行,不明象辞、爻辞、十翼之义,不足以知伏羲、文王、周公、孔子之道,不知伏羲、文王、周公、孔子之道,不足以知格致诚正、修齐治平之学。"③此处所说的"六书之假借、转注",实即是训诂的代名词,而且联系上文三个层面的分析,此处所讲的"假借"其实已经不仅仅局限于文字、语言学中的"假借"意涵了,而是带有焦循独特规定的哲学方法意义上的"假借"了。他说他对戴震的《孟子字义疏证》一书最为心服,说道:

　　　循读东原戴氏之书,最心服其《孟子字义疏证》。说者分别汉

---

① 焦循:《说隅》,《焦循诗文集》,刘建臻点校,第173—174页。
② 焦循:《说权四》,《焦循诗文集》,刘建臻点校,第176—177页。
③ 焦循:《与朱椒堂兵部书》,《焦循诗文集》,刘建臻点校,第235页。

学、宋学，以义理归之宋，宋之义理诚详于汉。然训诂明，乃能识羲文、周公之义理。宋之义理，仍当以孔子之义理衡之，未容以宋之义理，即定为孔子之义理也。①

然而大家都知道，戴震的《孟子字义疏证》一书，只是借当时人们认可的考据学形式进行哲学论述而已，并非传统的汉代注疏。而焦循心服"疏证"一书的原因乃在于该书能"还宋归宋"，"还孔子归孔子"的历史还原主义的方法，在区分了宋儒义理与孔子义理之后，再以孔子义理来衡量宋儒义理，而能不以宋儒义理来衡量孔子义理。这样一来，焦循所提倡的"性灵"经学，在形式与内容的两个方面都表现为一种复古主义的特征。不过，这种复古主义并不是真的要回到古典时代，其精神实质当如梁启超所言："以复古为解放"②。而且，在我们看来，这种历史还原主义还表现为一种"求真""求实""求是"的科学精神，从而使其哲学思考打上了该时代"人文实证主义"的方法论的烙印。

## 四、焦循经学思想中的内在张力

求"通"是焦循哲学的目标之一。在焦循的思想中，通是其中的核心概念与观念之一。他经常使用的有"旁通""类通""变通""情通""通核""贯通"等词。而"通核"是他提出的五种学术方法中的一种方法。他说：

> 通核者，主以全经，贯以百氏，协其文辞，揆以道理。人之所蔽，独得其间，可以别其是非、化拘滞，相授以意，各慊其衷。其弊也，自师成见，亡其所宗，故迟钝苦其不及，高明苦其太过焉。③

从原则上讲，焦循最为推崇"通核"的方法，但他也意识到这种方法的弊病。针对通核这种方法的弊病，焦循提出以"汇而通之""析而辨

---

① 焦循：《寄朱休承学士书》，《焦循诗文集》，刘建臻点校，第236页。
② 梁启超：《清代学术概论》，第6页。
③ 焦循：《辨学》，《焦循诗文集》，刘建臻点校，第139页。

之","融会经之全文,以求经之义,不为传注所拘牵,此诚经学大要也"①。

由上文献的分析可知,焦循的人文实证主义方法所表现出的历史还原主义的思想倾向与他的经学所要追求的"性灵"——主体性的独特认识这二者之间,其实存在着一种内在的张力。一方面,在乾嘉时代普遍重视学术研究客观性的历史潮流下,焦循又不能不受这个时代潮流的影响。另一方面,"性灵"经学又要求研究者在经学研究过程中表达出尊重研究者个体主体性的思想倾向。但在他所处的时代里,焦循还不敢,也不可能将研究者的个体主体性强调到后来龚自珍"唯我论"所达到的那样高度。而最为集中又鲜明地体现焦循思想体系中重视经学研究者主体的个性与尊重经典的客观原义这二者之间的内在张力,在于他的学术分类与文章分类的广义知识分类学的思想之中。

(一)学术分类与传统经学研究中的学问分类雏形

就学术分类问题而言,乾嘉学者多持三分法,如戴震分为辞章、义理、考据。焦循则将学术分成五种类型,并进一步认定,这五种学问并非都适合每个人,学者当以自己的性情特质来加以选择,以发挥研究者的长处。而且,他还告诫学者们要清醒地认识到各自学问之所长与所短,如他说:

> 今学者众矣,而著书之派有五:一曰通核,二曰据守,三曰校雠,四曰摭拾,五曰丛缀。此五者,各以其所近而为之。通核者,主以全经,贯以百氏,协其文辞,揆以道理,人之所蔽,独得其间。可以别是非,化拘滞,相授以意,各慊其衷。其弊也,自师成见,亡其所宗,故迟钝苦其不及,高明苦其太过焉。据守者,信古最深,谓传注之言紧确不易,不求于心,固守其说,一字不敢议,绝浮游之空论,卫古学之遗传。其弊也,跼蹐狭隘,曲为之原,守古人之言而失古人之心。……丛缀者,博览广稽,随有心获,或考订一字,或辨证一言,略所共知,得未曾有溥博渊深,不名一物。其弊也,不顾全文,信此屈

---

① 焦循:《辨学》,《焦循诗文集》,刘建臻点校,第 139 页。

彼,故集义所生,非由义袭,道听途说,所宜诚也。五者兼之则相济,学者或具其一而外其余,余患其见之不广也,于是乎辨。①

从上述所引文献可以看到,焦循对不同类型学问的长处与内在局限进行了分析,要求学者努力做到"五者兼之而相济",体现了焦循在"求是""求真"过程中所具有的广博学术胸襟,也是其"性灵"经学精神的具体体现。然而,在下面要提及的"述意"方法中,焦循经学思想中的内在张力更为鲜明。

(二)"述"类文章与"求是"精神

在焦循广义的知识分类学思想中,他提出了一种在我们看来更为简洁,也更具哲学意味的分类方法,即从文章学的角度看,根据文章的性质,将文章分成"述意""叙事"的分类方法。他说:

> 意之所不能明,赖文以明之。或直断,或婉述,可详引证,或设譬喻,或假藻缋,明其意而止。事之所在,或天象算数,或山川郡县,或人之功业、道德,国之兴衰、隆替,以及一物之情状,一事之本末,亦明其事而止。明其事,患于不实;明其意,患于不精。学者知明事难于明意矣。以事不可虚,意可以纵也。然说经之文,主于意。而意必依于经,犹叙事之不可假也。孔子之十翼,即训故之文,反复以明象变、辞气,与《论语》遂别。后世注疏之学,实起于此。依经文而用己意以体会其细微,则精而兼实。故文莫重于注经,叙事则就事以运其事,必令千载而下,览其文而事之,毫末毕著。②

上述文献中,焦循将解释经文的"述意"文章看作是超越单纯的叙事与一般性的"述意"文章,具有"精而兼实"的特征。他认为,孔子作"十翼",通过训诂的方法,反复推敲阐明易之象变、辞气,与《论语》直接"述意"颇为不同。这种带有实证方法特征的注经述意之文,实际上高于一

---

① 焦循:《辨学》,《焦循诗文集》,刘建臻点校,第139页。
② 焦循:《与王钦莱论文书》,《焦循诗文集》,刘建臻点校,第266页。

般的"述意"文章,也高于一般的"叙事"文章。因此,从表面的文章类型学来看,焦循将文章分成了"述意"与"叙事"两大种类,似乎无所偏好,但就焦循个人的思想倾向性而言,他更强调"述意"一类文章的重要性。他进一步说道:

> 学者诩于人:辄曰吾述乎尔。问其何为乎述,则曰学孔子也。孔子所谓"克己复礼","善人为邦百年",皆古语。……"己所不欲,勿施于人",则《周书》《管子》所已言也。吾述乎尔吾学孔子乎尔,然则所述奈何? 则曰:汉学也。呜呼,汉之去孔子几何岁矣,汉之去今又几何岁矣? 学者学孔子者也,学汉人之学者,以汉人能述孔子也,乃舍孔子而述汉儒。汉儒之学果即孔子否邪? 穆姜妇人也,胥臣管仲,齐桓晋文之臣也,而孔子述之,则孔子而生近世,必不屏绝唐宋元明而专取汉人也,明矣。……学者述孔子而持汉人之言,惟汉是求而不求其是,于是拘于传注,往往扞格于经文,是所述者,汉儒也,非孔子也。而究之汉人之言,亦晦而不能明,则亦第持其言而未通其义也,则亦未足为述也。且夫唐宋以后之人,亦述孔子者也。持汉学者,或屏之不使犯诸目,则唐宋之述也,讵无一足征者乎? 学者或知其言之足征而取之,又必深讳其姓名,以其为唐宋以后之人,一若称其名遂有碍乎? 其为汉学者也,噫,吾惑矣![1]

在上述这段话里,焦循反对从狭隘的"汉学"立场出发,对唐宋以来的儒家思想采取贬抑的态度。他认为,真正善于把握古人思想精神的,就在于突破语言的限制而上达"求是"的境界,从而才能做到"善述"前人的思想。如果仅仅局限于历史性的时间观念,以为汉人距孔子的时代近,故而他们所述的孔子思想可能更真实,这恰恰是一种靠不住的想法。太拘泥于"传注"的字面意思,不从经典的整体精神来体会经典中的意义,其结果只会导致"第持其言而未通其义"的结果。因此,在如何"述"

---

[1] 焦循:《述难四》,《焦循诗文集》,刘建臻点校,第135页。

的问题上,焦循的思想与传统语言哲学中"言不尽意""得意而忘言"的观点更为接近,虽然他并未就此有明确的论述。如果从下面一段论"述"的文字看,我们认定焦循在"言意"观方面更倾向于"得意",大致是没错的。只是他在强调"得意""得实"的理论目标时,并不轻视语言的作用,而只是强调"述"的活动——即言语活动要以得其"实质"为目标,并要摒弃个人的主观偏好,使"述"更具有客观性。他说:

> 善述人者如善医,各审其人之阴阳、表里、虚实,研究而洞悉之,然后用攻用补,用凉用热,各如其人之病,而无我之心也。……学者述人,必先究悉乎万物之性,通乎天下之志,一事一物,其条理缕析分别,不窒不泥,然后各如其所得,乃能道其所长,且亦不敢苟也。其人著撰虽千卷之多,必句诵字索,不厌其烦,虽一言之少,必推求远思,不忽其略,得其要,把其精,举而扬之,聚而华之,隐者标之,奥者易之,繁者囊之,缩者修之,郁者矢之。善医者存人之身,善述者存人之心,故重乎述也。不善述者,拂人之长,引而归于己之所知,好恶本歧,去取寡当。绘人者嫌眇而著瞭,恶偻而形直,美则美矣,而非其人矣。[1]

焦循以医学科学为例,强调以综合的判断为基础,正确地把握患者病情的重要性,进而论证在经学研究过程中,善述者正解地把握所述对象的重要性。从思想原则上讲,这种类比可以成立,即通过综合的理性判断可以把握经典的基本意思。但是,经学研究的对象——经典意义与医生所把握的病人病症来说,还是有相当大的不同。病症的客观性要大于经典意义的客观性——尽管这种具有很强客观性的病症也不是很容易把握的,此点焦循似乎没有注意到。不过,我们能够理解,焦循之所以强调"述意"一类文章正确把握作者原义的重要性,与乾嘉学者(包括焦循本人在内)在学术方面所追求的"求真"精神密切相关。乾嘉学者非常

---

[1] 焦循:《述难五》,《焦循诗文集》,刘建臻点校,第136页。

强调"实事求是"，如果学者在"实事"的层面都不能保证客观性，其所追求的"是"——真理就缺乏根基。这正是焦循强调"述意"一类文章所体现出的深层次的语言哲学的思考。

由上所论，我们可以看到，焦循强调的"述意"已经超越了简单地建立在对文字的训诂和语言的表面理解之上训诂主义的主张，而是强调对于孔子整体精神的准确叙述。在精神上与戴震的思想更为接近，然而，这样的"述意"就不可避免地加入了经学研究者的个人理解，因而其客观性是极容易引起第三者的怀疑与质疑的。作为乾嘉时代哲学思想的代表人物戴震，他的"由字通词，由词通道"的思想也仅仅说是"通道"，在思想的理解方面并没有过分地强调客观性。而焦循的"述意"说法，特别强调了经学研究者对经典意义理解的客观性，这虽然有其理论上的合理性，然而在实际的研究过程中是无法完全做到的。就焦循本人强调经学研究中的"性灵"这一旨趣来说，他其实想要强调的是研究者的个体主体性。然而，在那样一个普遍重视经典研究中的客观本义的历史潮流下，焦循无法摆脱时代所加于他的思想上的压力。透过他所提出的"述意"概念，恰恰可以看到焦循经学思想中的内在紧张性。而这种紧张性在龚自珍那里以一种更加明显的方式表现出。龚自珍一方面极力强调"尊我"——"众人之我"，另一方面又极力地表现出"尊史"的观点，把章学诚的"六经皆史说"进一步地深化与细化，提出了"周之世官大者史。史之外无有语言焉；史之外无有文字焉；史之外无人伦品目焉"的激进主张，而且将中国的所有文化现象都纳入了史学的范畴，提出了"夫六经者，周史之宗子也"，"五经者，周史之大宗也"，"诸子也者，周史之小宗也"①等新主张。乾嘉学术追求客观性与强调学者的个性这二者之间的紧张关系，在摆脱了经学束缚之后，将学术的目标彻底地转向"求真"的目标，则学者们依据自己的个人价值偏好、才情而选择自己独特的问题意识，则学术研究中的个性问题与学术研究中的"求真"目标就可以实现内在的

---

① 龚自珍：《古史钩沈论二》，《龚自珍全集》，王佩诤校，第21页。

统一，并能相得益彰了。

（三）"性灵"经学与焦循哲学思想中的个体主体性

从"性灵"经学的角度看，焦循的经学研究及其所体现出的哲学思想倾向，表现出较鲜明的重视知识精英个体主体性的思想特征。学术界有关焦循的研究已经发表了很多有价值的成果①，然而，对于焦循"性灵"经学思想，以及通过对这一种新经学思想的阐发而揭示出"后戴震时代"乾嘉学术的微妙变化，即更加重视经学研究者个体主体性因素的增长，似乎关注得不够。② 此处略学界同仁已有研究之详，详他人研究之略，尝试以"性灵"经学为题，对焦循思想中所体现出的对经学研究者个体主体性关注的新倾向，以及这一新倾向与焦循思想中重视经典意义还原的"人文实证主义"方法之间的内在紧张关系作一简要的论述，以推进学术界有关焦循的思想研究。

我们在前面相关章节曾指出，以戴震为代表的乾嘉学人在从事哲学思考时，依托音韵训诂等广义语言学的方法，和相关的典章制度知识、古代科学史知识以及版本校勘、文献考订等人文考古的手段，开创了一种新的"人文实证主义"的经学与子学研究方法，从而使得该时代的哲学思考表现出明显的"人文实证主义"的色彩。这种人文实证主义的方法，在阮元的经学研究，段玉裁、王念孙、王引之的语言学研究，任大椿、孔广森等人的制度学研究中表现得最为突出。然而，我们通过对焦循的初步研究发现，作为乾嘉学派后期重要代表人物之一的焦循，其哲学思考与经学研究，虽然基本上沿着戴震所开创的"人文实证主义"的路径，但在具体的研究过程中表现出了鲜明的个人特色，那就是：在追求经典原意与表达学者个人"性灵"的二者之间，焦循的思想稍稍有偏向于学者个人

---

① 比较代表性的专门研究成果有陈居渊的《焦循阮元评传》、赖贵三的《台海两岸焦循文献考察与学术研究》、刘建臻的《焦循著述新证》等。其他的思想通史、明清思想史、哲学史和学术史等均有专门章节涉及焦循的思想与学术成就。

② 最近，日本学者山口久和在其所著的《章学诚的知识论——以考证学批判为中心》一书中，对此章学诚思想中重视研究者主体性的思想有比较充分的阐发，值得重视。

"性灵"的倾向,从而与戴震等人努力通过实证方式发掘蕴涵于经典之中的"道"的客观化倾向了有非常微妙的偏差,使得"后戴震时代"的乾嘉经学研究与哲学思考,表现出了为研究者的个体主体性张目的新倾向。①而且,这一潜滋暗长的、重视知识精英的个体主体性的思想,在章学诚的史学研究、袁枚的诗歌创作理论那里也得到了某种历史性的回应。章学诚在史学研究过程中,经常强调研究者的"别识心裁"和"神解精识"的重要性,而针对学问中的功力与性灵的关系,也有明确的论说。他曾说:"仆尝谓功力可假,性灵必不可假,性灵苟可以假,则古今无愚智之分矣。"②

在诗歌创作理论方面,袁枚继承了中国传统诗歌理论中"主情派"以及晚明以来文学领域里重视作者个性的文艺思想,如李贽的"童心说",公安三袁的"性灵说"等,再一次高举"性灵"的理论大旗,反对当时诗歌理论界以王渔洋、沈德潜为代表的"神韵说""格调说",以及翁方纲为代表的"肌理"说,认定"自'三百篇'至今日,凡诗之传者,都是性灵,不关堆垛。惟李义山诗,稍多典故,然皆用才情驱使,不专砌填也"③。

虽然,在他们三人的思想体系里,"性灵"一词的内涵不尽相同,但都包含着对知识精英个体主体性之尊重的思想内核,这一点大体上是可以说得通的。因此,焦循的"性灵"经学思想其实是在经学研究的领域反映了"后戴震时代"哲学思想中知识精英个体主体性增长的另一种倾向。这一思想倾向与稍后成长起来的诗人、思想家龚自珍的"唯我论"思想的出现④,在思想史上恰恰表现为一种非常巧妙的历史过渡。这种思想史的历史细节再一次生动地表明,中国哲学的现代性过程并不因为清政权

---

① 戴震"大其心"的经学解释学思想,亦体现了这种倾向,然未能作为主要特色凸显出来。
② 章学诚:《与周永清论文》,《文史通义新编新注》,仓修良编注,第726页。有关此一问题的论述,可以参见山口久和《章学诚的知识论——以考证学批判为中心》一书第五章的相关论述。
③ 袁枚:《随园诗话》卷五,《袁枚全集》第3册,第141页,南京,江苏古籍出版社,1993。
④ 龚自珍的典型论述有:"众人之宰,非道非极,自名曰我。我光造日月,我力造山川,我变造羽毛肖翘,我理造文字语言,我气造天地,我天地又造人,我分别造伦纪。"参见龚自珍《壬癸之际胎观第一》,《龚自珍全集》,王佩诤校,第12页。

的建立而中断,他以自己固有的客观历史进程在注经解经研史的夹缝里向前推进。

侯外庐先生曾在分析焦循"易学"中的形式主义的"均衡"理论时指出,"焦氏在哲学上的有关同一、相对的理论,是一种商业世界的观念的预觉,是谭嗣同的商业式的'仁学'的先行者"。他"在抽象的理论上,反映了世界商业的交换关系"。① 这一说法不一定十分准确,但却启迪我们要努力发掘焦循思想中包裹在传统"经学"坚硬外壳之下的新哲学思想内容。在我们看来,这一新思想内容之一即是对经学研究者个体主体性的关注与肯定。而且,与历史学领域里的章学诚、诗歌理论领域里的袁枚等人关注知识精英阶层个体主体性的思想相应和,汇聚成为"后戴震时代"中国传统社会里继续壮大的新思想潮流。

在讨论训诂与经典的关系时,焦循一方面遵循乾嘉学者的共识:"训诂明而后经义明"的广义语言学的思想路线。另一方面,他又非常强调经学研究过程中研究者的个体"性灵"的重要性,而且对于"立言之人"的独特价值有非常独到的见解,如他说:

> 夫人各有其性灵,各有其才智。我之所知,不必胜乎人;人之所知,不必同乎己。惟罄我之才智,以发我之枢机,不轨乎孔子,可也。存其言于天下后世,以俟后之人参考而论定焉。②

这一肯定个人"性灵"与才智的独特性的思想,既肯定了个体的内在价值,又强调了立言之人应当具有广阔的胸襟,一方面承认自己所知的有限性,另一方面又不轻视自己有限之知的价值,表现出一种温和的认识论上的个体主义思想倾向;更为可贵的是,他的这一重视知识精英个体主体性的思想还包含有温和的反权威主义的思想,认为只要是自己个体独特性的真实表达,哪怕不遵守孔子的思想,也是可以的。但这不是自大狂妄,而是期待后人的考订,也不怕后人批评,因为在知识方面,我

---

① 侯外庐:《中国思想通史》第五卷,第558页。
② 焦循:《说秕》,《焦循诗文集》,刘建臻点校,第181页。

们总有可能是出错的。因此，在真理观方面，焦循表现出开放而又灵活的特征。

不过，最能体现焦循经学研究的独特性，从而也展示了他的哲学思想的新颖之处的，乃是在于他将研究者的"性灵"引入经学研究活动之中。他认为：

> 经学者，以经文为主，以百家子史、天文、术算、阴阳、五行、六书、七音等为之辅，汇而通之，析而辨之，求其训故，核其制度，明其道义，得圣贤立言之指，以正立身经世之法，以己之性灵，合诸古圣贤之性灵，并贯通于千百家著书立言者之性灵。以精汲精，非天下之至精，孰克以与此？[①]

上述一段文字，焦循其实从三个大的方面阐述了如何从事经学研究的问题。从研究的对象看，要以经文为主要对象，旁及诸子百家及相关的知识；在研究的方法上，既要运用综合的方法，又要运用分析的方法，而且还要运用训诂的方法，制度史的知识等。上述两个方面偏重于客观性的一面，力求阐明经学中的道义。第三个方面要调动研究者的主体"性灵"，这可以看作是一种独具匠心的研究。其成果可能并不完全符合经文的原意，但又契合经学的精神。这一点非常重要，体现了"后戴震时代"的乾嘉学者在追求经学原初的、客观性意义的目标下，重视一种保证客观性、原义的训诂学与制度史的考证方法的同时，还在追求另一种新的精神，即强调研究者主体性的方法。这种方法，在戴震那里就是通过"大其心"的方法以契合古圣贤之伟大的心灵。而在焦循这里，则是通过张扬研究者"性灵"的方法，以求得对经学真精神的理解。在戴震的语言哲学那里，为了解决古今悬隔，徒用语言方法不足以理解古圣贤之精神的时候，引进了"大其心"的方法。然其主要手段与方法是"由词以通其道"与"知识考古"的客观性方法。在焦循这里，则首先强调经学研究者

---

[①] 焦循：《与孙渊如观察论考据著作书》，《焦循诗文集》，刘建臻点校，第 246 页。

要有"性灵",并且通过自己的性灵来契合古圣贤之性灵,从而"贯通于千百家著书立言者之性灵",在贯通的过程中实现经学的研究创新。而实现经学研究者的"性灵"与对古贤圣"性灵"契合的主要方法与工具,是他所着重强调的"假借"方法,以及"述意"一类的文章。

在焦循看来,经学绝对不是死记硬背的学问,而是一种充满着"性灵"的学问。他甚至认为:

> 盖惟经学,可言性灵。无性灵不可以言经学。故以经学为词章者,董贾崔蔡之流,其词章有根柢无枝叶。而相如作《凡将》,终军言《尔雅》,刘珍著《释名》,即专以词章显者,亦非不考究于训故、名物之际。晋宋以来,骈四俪六,间有不本于经者。于是,萧统所选,专取词采之悦目。历至于唐,皆从而仿之际,习为类书,不求根柢,性情之正,或为之汩。是又词章之有性灵者,必由于经学,而徒取词章,不足语此也。赵宋以下,经学一出臆断,古学几亡于是。为词章者,亦徒以空衍为事,并经之皮毛,亦渐至于尽,殊可闵也。①

焦循在此处所说的"性灵",用今天的话来说,即是研究者个人的独立思考精神与切实的人生体验,凭借这一"性灵",然后再从经典中寻找出与时俱进的、普遍的人文精神或曰人文价值。从这一点看,其"无性灵不可以言经学"的说法与同时代的大诗人袁枚在诗歌创作方面提出的"性灵说",历史学家章学诚重视历史学研究中的"性灵"问题,具有时代精神的共鸣之处,即都从不同的领域出发提出了重视知识精英的个体主体性的问题。这将戴震"大其心"的经学诠释思想又向前推进了一步。

## 第二节　段玉裁的语言哲学思想

段玉裁(1735—1815),字若膺,号茂堂,江苏金坛人,乾隆时举人,是乾嘉时代杰出的学者,语言学家,早年师事戴震。除在对待程朱理学的

---

① 焦循:《与孙渊如观察论考据著作书》,《焦循诗文集》,刘建臻点校,第246页。

态度上不同于戴震之外,在学术与思想方面,他对戴震的学术、思想或继承,或发展,终身对戴震保持高度的敬意。一旦遇到恰当的地方,就对戴震的思想加以传播与表彰。在其精心结撰的《说文解字注》一书中,"理"字条突破字典学的惯例,大段引证戴震在《孟子字义疏证》中对"理"字的定义,由此可见段玉裁服膺戴震学说之一斑。

## 一、段玉裁的"求是"精神

"实事求是"是乾嘉学术研究的共同精神纲领,但每个学者对此具体精神纲领的理解有一定的差异性,从而显示了乾嘉学术共同体内部精神内涵的丰富性。段玉裁学术的主要成就在《说文解字》的研究方面,但其学术思想非《说文解字注》一书所能范围。相对于其师追求"十分之见"而言,段玉裁在"求是"方面表现了某种谦逊的态度,而且将"求是"上升到人生终极价值追求的高度,深化并推进了该时代学人对"实事求是"共同精神纲领的理解。

### (一)"凡著书者,将以求其是而已"

相对于焦循、阮元而言,段玉裁更是一个语言学家而不是一个哲学家。他在促使 18 世纪中国哲学的语言学转向的过程中,其思考与哲学更远,而与语言学更近。即使如此,他在有关训诂、注经原则、治经方法等方面的论述,仍然涉及了广义的语言哲学问题。特别是他在古典语文学的研究中所贯彻的追求真知的精神,与戴震是相通的。他说:"凡著书者,将以求其是而已,非将以求胜于前人而要名也。将以求胜于前人而要名,则吾斯未信,而欲天下后世信之,无是理也。虽然,吾非以要名,吾非以求胜于人而诚求其是,则其书之成,宜必可信矣。"[①]他曾经批评当时人模仿明人王应麟著《困学纪闻》和明末清初大学者顾炎武著《日知录》的著书方法,认为这种著书方法有两种弊端,一是好为异说,二是剿说雷同,中无所得,仅是邀名而已。他自己的观点是:著书应当追求真知。他

---

[①] 段玉裁:《左传刊杜序》,《经韵楼集》卷四,《续修四库全书》第 1434 册,第 626 页。

说:"闻之东原师曰:知十而皆非真知,不若知一之为真知也。洞彻其本末,釐剖其是非,核诸群书而无碍,反之吾心而帖然,一字一句之安妥,亦天地位,万物育之气象也。久能所说,皆得诸真知,故近以自娱娱亲,远以娱人,涣然冰释,怡然理顺,其传世行后无疑也。"①

不仅如此,段玉裁还认为,通过这种追求真知的活动,上可以神交古人,下可以神交后人,使人的生命存在超越时间的限制而进入永恒的境界。他说:"夫人有心得之处、超乎古人者,必恨古人不我见,抑余以为古人有言有为,未尝不思后人处此必有善于我者,未尝不恨后之人不可见也。"②这种在追求真知的活动中寻求短暂生命的永恒意义的思想,恰恰可以从一个侧面说明,乾嘉学者的学术活动并非仅仅是外在的政治高压的结果,他们在考据学的学术研究工作中寻找到了一种精神寄托。这也是我们从学术史内在的角度理解乾嘉时代考据学兴盛的一个关键之所在。

通过对王应麟、顾炎武为代表的"博闻强记"式的著书活动的批评,段玉裁提出了自己的为学主张,认定考据学乃为学问之全体。他说:"考核者,学问之全体,学者所以学为人也。故考核在身心性命伦理、族类之间,而以读书之考核辅之。今之言学者,身心伦理不之务,谓宋之理学不足言,谓汉之气节不足尚,别为异说,簧鼓后生,此又吾辈所当大为之防者。然则余之所望于久能者,勿以此自隘,有志于考核之大而已。"③

此处需要稍加辨析的是:段玉裁在此所说的"考核",已经不再是局限于狭义的考据了,而是包含了"身心性命伦理"等抽象的思想内容,只是他要以知识论的"求真"方式来实现他的哲学思考。

① 段玉裁:《娱亲雅言序》,《经韵楼集》卷八,《续修四库全书》第 1435 册,第 75 页。
② 段玉裁:《娱亲雅言序》,《经韵楼集》卷八,《续修四库全书》第 1435 册,第 75 页。
③ 段玉裁:《娱亲雅言序》,《经韵楼集》卷八,《续修四库全书》第 1435 册,第 75 页。

(二)"真是日出"——"求是"是一个历史的过程

与其师戴震追求"十分之见"的确然性知识目标不尽相同,段玉裁认为"追求真是"是一个过程,不是一劳永逸的活动。后代胜于前代,后人不得已要与前人不同,是追求真理的一般规律所规定的,并不是有意要难为前人。他说:

> 著书者,固以天下后世信从真是之为幸,而非以天下后世信从未必真是之为幸。左氏非不乐公羊、谷梁之后出,杜氏非不乐刘炫辈之后出,朱子在今,必深幸诋议之有人。夫君子求为可信,不求人之信。求其真是,而亦不敢自必为真是。此真是之所以日出也。①

这种"为求真是而求真是"的纯学术态度,充分体现了乾嘉学者在知识论方面所具有的纯粹"求真"精神。而且,段玉裁清醒地意识到,追求"真是"是一个历史的过程,后来的人不断地发现"真是"是服从知识本身的规律,因而会不断地产生新的真理。段玉裁对"真是日出"的信心,从原则上预示了他之后的世界不断产生各种"真是"的历史,而他得出这一科学性的预言是从人文学研究的过程中获得的。就追求"真是"是一个过程的认识而言,他有超逸其师戴震追求"十分之见"之处。因为戴震似乎没有看到"十分之见"是一个理想性的目标,而不是一次性完成的。正是因为他这一类学人有这种纯粹的"求真"精神,后来梁启超、胡适等人都认为清代乾嘉学术具有科学精神。

与戴震"由字通词,由词通道"的语言哲学的纲领相比,段氏更强调经文与语言学的相互独立性,以及在此独立性基础上所具有的相互关联性。更有甚者,在段氏看来,语言学的根本在于熟悉声类,即语音学的基础作用,不理解语音学,古典的语言学也就缺乏坚实的基础,语言学的基础不扎实、不牢靠,对经典意义的理解则失去了可信性。因此,段玉裁非常重视声音与意义的关系,将戴震的"由字通词,由词通道"的一般语言哲学思想,细

---

① 段玉裁:《左传刊杜序》,《经韵楼集》卷四,《续修四库全书》第 1434 册,第 626 页。

化为"由音通字义，由字义再通道"的语言学的哲学思考。

不仅如此，段玉裁还重视发掘训诂的原则，也即是说更重视对语言学规则的总结，从而为正确地解经提供更加合适的工具。如他在论述训诂的原则时说："训诂必就其原文而后不以字妨经；必就其字之声类而后不以经妨字。不以字妨经，不以经妨字，而后经明。经明而后圣人之道明。点画谓之文，文滋谓之字，音读谓之名，名之分别部居谓之声类。……不习声类，欲言六书，治经难矣。"①所谓"不以字妨经"，即是说通过对局部的字词的正确理解与训释，为经文大意的正确把握提供文字、语言方面的正确释义；"不以经妨字"，即是要求解经者具备精湛的文字、音韵学知识，将经文中的字词、语言给出正确的训释。这段话的重点在于强调文字、音韵、训诂的相对独立性及其在解经过程中的重要性。他花费了四十年的时间才出版的《说文解字注》一书，通过对《说文解字》一书的深入研究，提出了"于古形、古音、古义互可求焉"的文字释义方法，为更能逼近古代经典原义提供了更为精确的语言学的释义工具。

（三）"求是"与经学中的人伦之道

值得注意的是，段玉裁的"求是"活动与经学研究中的求道要求具有内在的联系。与戴震的"尊经"思想一脉相承并有所推进，段玉裁认为，"六经"是中国文化的总武库："尝闻六经者，圣人之道之无尽藏。凡古礼乐、制度，名物、训诂之昭著，义理性命之精微，求之六经，无不可得。虽至亿载万年，而学士、大夫推阐，容有不能尽，无他，经之所蕴深也。"②这一经学思想，在一定程度上既限制了段玉裁在思想层面要做进一步的创造性和批判性的思考，也使得他的"求是"活动难以取得与自然科学"求是"的更大成果。虽然，他在音韵学的学术研究方面不乏创见，而且也取得了巨大的学术成就。但他的文字、音韵学研究还只是停留在经学领域，未能在更加广泛的子、史领域里展开自己的研究。段玉裁在经学研

---

① 段玉裁：《周礼汉读考序》，《经韵楼集》卷二，《续修四库全书》第 1434 册，第 589 页。
② 段玉裁：《江氏音学序》，《经韵楼集》卷六，《续修四库全书》第 1435 册，第 27 页。

究过程中提炼出的"求是"理想所表现出的局限性,不只是段玉裁一人的局限性,也是整个乾嘉经学研究中共同存在的局限性。这一源自经学研究内在学理的局限性,也从根本上限制了乾嘉经学研究难以取得更大的学术成就,更遑论形成推动社会进步的新思潮了。

在伦理思想方面,段玉裁不像其师戴震那样批评宋代理学,而是认同宋代理学的伦理观念。这也从价值立场上限制了他的"求是"活动具有更加广泛的社会思想启蒙的意义。虽然,他也反对将考据学技术化,要求考据学与求道——即身心性命之学的形上追求结合起来,这一精神努力方向与戴震是一致的,是值得肯定的。但由于"经学"自身的特点限制了其"求是"价值理想的充分实现。

## 二、"治经莫重乎得义,得义莫切于得音"的语言学路途

段玉裁是音韵学家,他对声音与意义的关系更为敏感,其认识也更为系统、深入。在前人研究的基础上,他深化了声音与意义相关联的语言学思想,提出了"治经莫重乎得义,得义莫切于得音"的语言哲学思想和治经的语音学原则。这可以看作是他对乾嘉语言哲学思想的一种独特的贡献。在《王怀祖〈广雅注〉序》中,段玉裁这样说道:

> 小学有形、有音、有义,三者互相求,举一可得其二。有古形,有今形;有古音,有今音;有古义,有今义。六者互相求,举一可得其五。古今者,不定之名也。三代为古,则汉为今;汉魏晋为古,则唐宋以下为今。圣人制字有义而后有音,有音而后有形。学者之考字,因形以得其音,因音以得其义。……治经莫重乎得义,得义莫切于得音。[①]

从上述一段引文可以看出,段玉裁已经将戴震"由字以通其词,由词以通其道"语言哲学思想转化为一种经学的语义、语音学,在学术上推进

---

[①] 段玉裁:《王怀祖〈广雅注〉序》,《经韵楼集》卷六,《续修四库全书》第 1435 册,第 71 页。

了戴震的语言学研究,然在哲学上则更加远离了戴震的思想。

(一)因音求义的语言学方法

在如何辨析字义的问题上,他从语音为主的原则出发,指出:"文字起于声音,六书不外谣俗。六书以象形、指事、会意为形,以谐声、转注、假借为声;又以象形、指事、会意、谐声为形,以转注、假借为声。六书犹五音,十七部犹六律。不以六律不能正五音,不以十七部不能分别象形、指事、会意、谐声四者文字之声韵鸿杀,而得其转注假借。"①

又说:"古六书,假借以音为主,同音相代也,转注以义为主,同义互训也。作字之始,有音而后有字,义不外乎音,故转注亦主音。"②

"字义不随字音为分别。音转入他部,其义同也。音变析为他韵,其义同也。平转为仄声、上入转为去声,其义同也。"③

上述三则材料所讨论的核心问题均是如何辨认经典中"字义"问题。从经典训释的角度看当然与"求道"相关。然而段氏所论的主要意思毕竟在于"求道"的工具与方法上面,只能算是为"求道"提供正确的字义训释基础罢了,并不是"求道"本身。

这一语音学原则在校书过程中亦有自己的价值,他认为,校书的准则可以效法孔子,而以郑玄为汉以后的榜样。郑玄在校书过程中形成的一整套原则与方法可以取法。他说:"郑君之学不主于墨守而主于兼综,不主于兼综而主于独断,其于经字之当定者,必相其文义之离合,审其音韵之远近,以定众说之是非,而以己说为之补正。凡拟其音者,例曰读如、读若,音同而义略可知也。凡易字者例曰读为、读曰,谓易之以音相近之字而义乃瞭然也。凡审知为声相近若形相似,二者之误则曰当为,谓非六书假借而转写纰缪者也。汉人作注皆不离此三者,惟郑君独探其本原。"④

① 段玉裁:《六书说》,《说文解字注》第十五卷下,第 833 页。
② 段玉裁:《古异部假借转注说》,《说文解字注》第十五卷下,第 832 页。
③ 段玉裁:《古音义说》,《说文解字注》第十五卷下,第 816 页。
④ 段玉裁:《经义杂记序》,《经韵楼集》卷六,《续修四库全书》第 1435 册,第 72 页。

上述文献中的"独断"一词,其实是指有根据的学术创见,非今日"武断"之意。在这则文献中,段氏将东汉注经大师郑玄"因音求义"原则总结为三条:(1)拟音者曰读如、读若;(2)易字者曰读为、读曰;(3)通过审音而为声相近形相似者曰当为。这三条原则既是对汉儒注经过程中因音求义原则的归纳总结,也可以看作是乾嘉学者在"因音求义"方面提炼出的语言学原则。从锻造解经新工具的角度看,乾嘉学术也在哲学方法论方面有所突破与创获。如段玉裁认为,"不知虞夏商周之古音,何以得其假借、训诂?不知古贤圣之用心,又何以得其文义而定所从,整百家之不齐与自是"[①]?这就将解经的新工具、新方法提高到了一个新的高度,体现了乾嘉时代重视哲学思考方法论的倾向。

通过专门的语音学知识,段玉裁的确解决了古代经典中的某些疑难问题。如在《密州说》一文中,他通过夷夏之语互训的语言学原则,揭示了《左传》杜注将密州看作是莒国国君买朱鉏之字说法的错误之处。他说:"襄公三十一年经,莒人弑其君密州。'左氏传'书曰:'莒人弑其君买朱鉏,言罪之在也。'杜曰:'买朱鉏,密州字。'案,此语必误!密州双声,朱州叠韵。州为朱鉏,犹邾为邾娄也,断非一名一字。未有弑君书君字者,亦未有圣经书其名,传易之以字而冠以书曰者。昭元年,《左》大卤,《公》、《谷》作大原。《公羊》曰:'地、物从中国,邑、人名从主人。'《谷梁》曰:'号从中国,名从主人。'盖买朱鉏者,从主人,密州者,从中国欤?昭元年左经曰大卤,《左传》以大原释之。此左经曰密州,《左传》以买朱鉏释之,岂非通夷夏之语,互训之欤?中国曰'大原',夷狄曰'大卤';吴谓'善伊'、谓'稻缓',中国曰'善稻';狄人谓贲泉矢胎,中国曰贲泉,皆一夷语一华语也。"[②]

段玉裁的结论是:《左传》杜预注将密州当作莒国国君买朱鉏之字,是错误的。这种称谓方法不合经、传中指称国君的称谓法,而错误的原

---

① 段玉裁:《经义杂记序》,《经韵楼集》卷八,《续修四库全书》第1435册,第72页。
② 段玉裁:《密州说》,《经韵楼集》卷四,《续修四库全书》第1434册,第625页。

因可能是因为华语与夷语的不同导致的。段玉裁对此段文献的考订没有给出最终的确定性答案。但他的分析过程是有启发意义的。由此段文献资料可知,通过专门的语言知识,的确可以解决经典传注中一些细节性的知识问题。但这与哲学思考相距甚远。我们可以这样说,透过语音分析来解决古代经典中疑难意义的辨析工作是段玉裁在乾嘉时代为语言哲学的思考提供语言工具方面所做的新贡献,但其在具体的哲学思考方面,贡献甚微。

(二)"释慊"与"圣之于天道也"辨

强调通过训诂的方法来阐明经义,是乾嘉考据学学者的共识。段玉裁对此亦有论述。他说:"经之不明,由失其义理。义理所由失者,或失其句度,或失其故训,或失其音读。三者失而义理能得,未之有也。"①

段玉裁通过具体的例证,证明训诂手段对正确理解经文的重要性。首先,以《大学》一文中"此之谓自谦"一句中"谦"字为例,段玉裁论证了训诂对于正确理解经义的重要性。他说:

> 《大学》曰:"所谓诚其意者,毋自欺也。如恶恶臭,如好好色,此之谓自谦,故君子必慎其独也。"郑注云:"谦读为慊。慊之言厌也。"凡言读为者,易其字,与言读如拟其音不同。《说文》心部:"慊者,疑也。"是许叔重谓慊即今"嫌疑"字。郑意慊,即歉。徐仙民音古簟反,是也。汉人歉、嗛、慊三字义略同。凡云言者,皆以转注假借达其义,谓此慊字当以厌为言。厌,《释文》不为音,盖读于艳切,自恨也。《正义》释厌为安静,读同毛诗《小戎》"湛露之厌厌",于经义甚隔。朱子读慊苦叶切,云:"快也,足也。"似于经义亦未协。古书虽多以慊为惬者,而此则非也。经云"毋自欺。"何者为"自欺"? 人各有炯然不昧处。恶恶如恶恶臭然,好善如好好色然。自觉未能无此恶,自觉未能有此善,耿耿自恨于中而人所不知,此之谓自慊也,此所谓

---

① 段玉裁:《"在明明德,在亲民"说》,《经韵楼集》卷二,《续修四库全书》第 1434 册,第 616 页。此句中"句度"即"句逗"。

独也。"自欺"云者,自欺其所自慊。虽自恨未能有,未能无而不诚心致力于有之无之也。"毋自欺"者,慎其所独知而诚心致力于有之无之也。"自慊"为自欺、不自欺之根,工夫全在慎独。孟子言乍见孺子将入井,皆有怵惕恻隐之心,呼尔蹴尔之箪食豆羹,皆有羞恶不受之心,谨守此心,即是慎独;不守此心,即是自欺。下文"小人闲居为不善,无所不至"。此不慎独而自欺者也。及于厌厌然,掩其不善著其善,则其自慊之心未尝无,而自欺者终不能欺人。君子惕于十目所见,十手所指而慎独以充之,则意诚而驯至于心广体胖。不自欺而人亦共见,一反一正,皆以申明如恶恶臭。以下四句,郑既云谦读为慊矣,而又能云慊之言厌也者,正恐人读为"行有不慊于心"之慊,同惬而以此足之。汉人嗛谦慊通用。子夏《易传》用嗛为谦。《大学》之篇用谦为嗛,惟慊字汉人少用。谦嗛,即嗛歉。嗛者,口有所衔也。人有不自得于心,正如口有所衔未下于嗌,乃不快不足之反。而心广体胖,乃是快足之境。①

上述引文过长,但不如此不足以完整地反映段氏的本意。段氏的意思是说,《大学》文中的"自谦"的"谦"字当为"嗛"字,嗛为厌之意,"自慊"为"自恨",即段氏所云:"人各有炯然不昧处"的所谓"独"也,而不是如朱子等所注:为德性自足之意。段氏的解释虽非定论,然其新的释义是奠定在复杂而曲折的字义与语义分析基础之上的,带有语言学的实证特征。

其次,他通过对《孟子》文本中"圣之于天道也"一句的文本辨析,借孟子与朱子的伦理思想阐发了自己的认识论思想——"凡心所能通曰圣",从而将传统思想中"圣"的观念由重德性的倾向转换到重认知的方向。在《孟子"圣之于天道也"说》一文里,段玉裁说道:

　　《孟子》各本作"圣人之于天道也",赵注亦云:"圣人得以天道王

---

① 段玉裁:《〈大学〉"此之谓自谦郑注"释》,《经韵楼集》卷三,《续修四库全书》第 1434 册,第 617—618 页。

于天下。"《朱子集注》乃云:"仁义礼智天道在人,则赋于命者,所禀有厚薄清浊,不以圣为仁义礼智之类,天道为父子、君臣、宾主贤者之类。"令孟子一例之句,忽生颠倒,每以为疑。

通过文本考察,段玉裁认为,经文中多了一个"人"字,原文当为"圣之于天道也。"他认为:

> 圣非圣人之谓。《尚书大传》曰:"心之神明谓之圣。"《洪范》曰:"恭作肃,从作乂,明作哲,聪作谋,睿作圣。"《小雅》亦云:"或圣或否,或哲或谋,或肃或乂。"《周礼》教民六德:智、仁、圣、义、忠、和。智、仁、义、忠、和,皆所性而有,则圣亦所性而有也。《说文》曰:"圣者,通也。凡心所能通曰圣。"天道者,凡阴阳五行日星历数吉凶祸福,以至于天人性命之理。人有通其浅者,有通其深者,有通其一隅者,有通其大全者,有绝不能通者。其间等级,如奕者之高下然。犹仁于父子,义于君臣,礼于宾主,智于贤否,各人之所知所能,固不可以道里计矣。是皆限于天所赋者,故曰命也,但其所行虽未能诣极,而其性善无不可以扩充诣极者,故曰有性焉,君子不谓命也。于分别贤否曰智,于明乎天道则曰圣,各就其事言之,常人所通不谬者,亦曰圣,如曲艺中皆有圣是也,如农夫有能占晴雨者,极而至于李淳风,刘文成之术数。小儒皆言性理,以至孔孟之言性与天道,皆得云圣之于天道。由是言之,则五句一例,而无所不伦矣。①

在上述文献中,段氏通过文本分析,将圣人对于"天道"的垄断权还之于众人,并断言:"常人所通不谬者,亦曰圣。"从而把历史上的圣人与凡人之间的绝对界线取消了,而代替为一种认识上的程度差别:"有通其浅者,有通其深者,有通其一隅者,有通其大全者,有绝不能通者。其间等级,如奕者之高下然。"更有甚者,他认为,各行各业中,凡能明于天道

---

① 段玉裁:《孟子"圣之于天道也"说》,《经韵楼集》卷四,《续修四库全书》第 1434 册,第 634—635 页。

者,都有自己的"圣人",从而将"圣人"普泛化。

从纵向的思想史的比较角度看,段氏的这些思想是以考据学的知识形态表现出来,与李贽直接的"非圣非贤"的直白议论相比,显得非常地冷静、理性,没有直接诉之于人的情感的感染力。与王夫之在历史哲学中以思辨的方式阐发的"众人当以圣人自居"的哲学相比缺乏思辨的力量,但通过诉之于人的理智的理解力,从而会间接地产生一种理性的思想启蒙意义。

### 三、段玉裁的治经方法与语言哲学的方法论追求

#### (一)"由字通词"方法的进一步细化——寻求本字

在具体的训诂方法方面,段玉裁进一步提出了"寻求本字"说。如他说:"凡治经,经典多用假借,其本字多见于《说文》,学者必于《尔雅》、传、注得经义,必于《说文》得字义,既读经、注,复求之《说文》,则可知若假借字,若为本字。此治经之法也。"①

这一"寻求本字"的方法可以从他对《大学》文本中"明明德"一词的训诂中窥测一斑。他说:

> 《大学》曰:"大学之道,在明明德,在亲民,在止于至善。"明明之故训,见于《尔雅》,释训曰:"明明、斤斤,察也。"察者,宣著之谓。郑康成氏曰:"明明德者,谓显明其至德也。"凡言显明者,皆谓明之至。其字古文作㕞。《说文》曰:"㸖,察微杪也。从日中视丝,会意。"重言明者,其德自小至于大,自内至于外,自微至于著,自近至于远,自迩室屋漏至于家国天下。下文云"明明德天下",谓大明于天下,即《书》之"光被四表""格于上下""勤于四方"也,非重言明不足,形容其积累之盛。其文见《诗》者曰:"明明上天,照临下土。"曰"明明在

---

① 段玉裁:《聘礼辞曰非礼也,敢对曰非礼也? 敢》,《经韵楼集》卷二,《续修四库全书》第1434册,第593页。

下,赫赫在上"。《传》云:"明明,察也。"①

段氏对"明明德"的辨析的确体现了哲学思想之不同。其意为彰显君王的最高德惠,由近及远,由室家而至于天下。而不是把先验具有的内在光明峻德彰显出来。唐宋儒的解释是从修养论的理论背景出发来解释"明明德"一词的,而段氏是从社会政治学的角度解释"明明德"的。段氏的解释有文本与训诂的根据,而唐宋诸儒的解释在语言的句法上也说得通。然不管如何,由此例可以看出,段氏的文字训诂学中包含着隐晦的哲学思考,这一点是毫无疑问的。

段玉裁还进一步考察了这种训诂谬误的根源。他认为,自孔颖达之后,"释《大学》明明德曰:谓身有明德而更章显之,皆为明其明德,与郑注绝不合,为后儒读经错谬之始。古经言'明明',皆煌煌、赫赫之类"②。段氏所论既有学术意义,也有思想史的意义。

如果说:"一字之义,当贯群经",是戴震语言解释学的基本纲领,那么,这一纲领在段玉裁训释《大学》"在明明德"一句中,则得到非常典型地运用。他引《诗经》《尚书》《尔雅》《礼记》《左传》等经典,以证明"明明"为"察"之意,非如唐人、宋人将"明明"二字拆开,释为明"明德",他说:

> 定本、集注本皆作"但议明德也",无上明字,已为不古。至孔本但作明义、明德,妄增义字,令下引《大学》不相贯,由浅人不解"明明"之语,妄为增窜耳。……朱子云:"明,明之也。明德者,人之所得乎天而虚灵不昧,以具众理而应万事者也。"虚灵不昧,语近佛氏本来面目之云,特以理字易心字,谓吾儒本天,释氏本心耳。复初之云,始见于《庄子》。《大学》言充积,非言复初也。失古经句度。故训以私定之句度。故训释经,非《大学》之旨也。至于程子之读"亲民"为"新民",则又失其音读者也。汉儒有改读经字者,而"大学之道在亲民"不得援此例。人与人,患隔而不亲。亲民之事,必兼富

① 段玉裁:《"在明明德,在亲民"说》,《经韵楼集》卷三,《续修四库全书》第1434册,第616页。
② 段玉裁:《"在明明德,在亲民"说》,《经韵楼集》卷三,《续修四库全书》第1434册,第616页。

之、教之,未有不使民菽粟如水火而责以仁者,即《大学》一篇言之曰:"小人乐其乐而利其利",曰"为人君止于仁,与国人交止于信"。曰"民之所好好之,民之所恶恶之,不以利为利,以义为利。"是岂偏言教化耶? 失其音读,而为政之次第失矣,尚何至善之可求耶? 近儒王文成亦言不当读新矣。往者东原师作《大学补注》,为予言开宗二句之义,而其书未得见,因述以诒后之人。①

段玉裁辨"明明德"与"亲民"问题,虽是考据学的问题,但却是关涉到儒家政治哲学、心性哲学的大问题。他对宋明儒的批判,对戴震哲学思想的继承,贯注于字里行间。以"寻求本字"的考据方式曲折地阐发了其与戴震相同的哲学思想。

（二）总结汉人的注经原则与读注的方法

段玉裁通过总结汉人注经原则,为经典的正确阅读提供训诂学的技术与方法,从而为正确地把握经典原义提供人文学的方法论的支持。他说:

> 汉人作注,于字发疑正读,其例有三:一曰读如、读若;二曰读为、读曰;三曰当读为。读如、读若者,拟其音也。古无反语,故为比方之词。读为、读曰者,易其字也。易之以音相近之字。故为变化之词,比方主乎同,音同而义可推也。变化主乎异,字异而义瞭然。比方主乎音,变化主乎义,比方不易字,故下文仍举经之本字。变化字已易,故下文辄举所易之字。注经必兼兹二者。故有读如,有读为。字书不言变化,故有读如,无读为。有言读如某,读为某,而某仍本字者,如以别其音为以别其义。当为者,定为字之误、声之误而改其字也,为救正之词。形近而讹,谓之字之误,声近而讹谓之声之误。字误、声误而正之,皆谓之"当为"。凡言读为者,不以为误。凡言当为者,直斥其误。三者分而汉注可读,而经可读。三者皆以音

---

① 段玉裁:《"在明明德,在亲民"说》,《经韵楼集》卷三,《续修四库全书》第 1434 册,第 616—617 页。

为用。六书之形声、假借、转注于是焉在汉之音,非今之四声二百六韵也。非通乎虞夏商周汉之音,不能穷其条理。①

上述有关汉人训诂学原则的总则,虽然属于语文学范畴,但从古代经典阅读的角度看,仍然可以放在广义的古典语言范围之内,因为,理解了汉人注疏的原则有助于理解经典的意义,虽不直接涉及语言分析,而与语言分析密切关,从而构成他的语言哲学思想的一个有机组成部分。

## 四、语言分析与段玉裁的政治伦理思想

段玉裁也论述了传统哲学中的天道与人道的问题,特别是通过对文字与古代制度的分析,对古代版本文字错讹的考订,从而阐述了传统政治、伦理思想中的君道、臣道、子道、妇道等问题,表现了乾嘉时代学者以古典语言学的方式关心传统哲学之道的一般特征。在个别地方,也对理与天理一词的意义进行阐发。他是这样论述天道的:"天道者,凡阴阳五行日星历数吉凶祸福,以至于天人性命之理。人有通其浅者,有通其深者,有通其一隅者,有通其大全者,有绝不能通者。其间等级,如弈者之高下然。"②

由此段文献可知,段氏的天道观实包含有人道心性、伦理之法则的内容。他以人对"道"的理解程度为标准,划分人的思想境界的高低。惜乎其所论过于简略,不足以充分地展现其对哲学形上学的思考。

### (一)杀弑之辩与"政治之道"

段玉裁对天道论述的文字并不多见,他从经典中所追求的道,主要是属于传统儒家"民本"思想的政道和维护君主政治权威的君道,以及维护固有等级制度的子道与妇道。在辨析《春秋三传》中"杀"与"弑"二字不同含义的一系列文章中,他基本上是以维护君主政治权威的"政治之

① 段玉裁:《周礼汉读考序》,《经韵楼集》卷二,《续修四库全书》第 1434 册,第 589 页。
② 段玉裁:《孟子"圣之于天道也"说》,《经韵楼集》卷四,《续修四库全书》第 1434 册,第 634—635 页。

道"为己任，如他说：

> 凡《春秋》传于弑君或云杀者，述其事也。《春秋》经必云弑者，正其名也。弑者，臣杀其君也。弑之言试也（见《白虎通》）杀于六书，从殳杀声。弑于六书，从杀省式声，杀声于音在脂部。式声于音在之部。脂之者，古音之大判，彼此不相假借者也。凡六书假借，必其音同部。是故杀与弑音殊义殊。汉《公羊》经传假试为弑，断无有假杀为弑者也。凡三经三传之用杀为弑者，皆讹字也。……凡传中记事言曰杀某君者，时时有之，非必讹字也，惟其述经为训，则必依经曰弑，无有作杀者，如《左氏传》书曰弑其君，《书》曰弑其君之子是也。经文于杀诸侯必曰弑。二百四十二年，凡书弑二十六，《春秋》正名之书也，周公之典，曰放弑其君则残之，正其名曰弑，定其罪曰残。残者，掌戮所谓膊焚辜肆也，惟其名正而后罪定，书弑者，圣人所以残之也。自汉以后，经籍讹舛，杀而讹弑者且有之，弑而讹杀者尤多矣。陆德明为释文绝无裁断之识，但于隐四年卫弑其君完发，凡曰弑，本又作杀，同音弑。凡弑君之例皆放此，可以意求，不重音。乌呼，此何等大事而谓圣人垂世立教之书，本无一定之字，可以蒙混书之，待读者定其字乎？[①]

上述看似烦琐的杀、弑之辨，其实包含有段氏的政治伦理关怀。其思想大体可以从如下四个层次去理解：其一，杀、弑二字不同音，故绝不通假。以此证明此二字不可混用。其二，三经、三传书杀诸侯之事皆曰弑，无有作杀，作杀皆为讹字。以此论定经、传严判弑君为犯上的行为。其三，圣人对弑君行为进行正名，名之曰弑，定其罪曰"残"。对于残、贼之类的人物严加惩罚，就是合理的。其四，段玉裁认为，汉以后经籍中，杀、弑二字经常混淆，此点不能不加辨别。段氏此点所论是否完全准确为另外一回事，然其通过考据的方式维护君道的神圣性，这一思想倾向

---

① 段玉裁：《春秋经杀弑二字辨别考》（辛未正月），《经韵楼集》卷四，《续修四库全书》第1434册，第620—621页。

是十分鲜明的。

针对晋里克弑君之事，段玉裁反复阐明君道、臣道、子道问题，表明段氏的语言学研究其实是关系到传统儒家的政治、人伦之道的，尽管其所追求的人伦之道的思想内容属于旧的东西。他说：

> 左氏、谷梁氏皆作杀，惟公羊作弑。孰（原文为执，讹错。引者注）是乎？曰：公羊是也。曷为公羊是？曰：《春秋》以是为弑。未逾年之君，发凡也。缘孝子之心不敢称君，故称子；缘臣民之心不可一日无君，子即君也。公羊子曰弑其君之子。何其君之子者？未逾年君之号也。不书弑，是在丧之君，可弗君之也，故《春秋》书弑，以立万世臣道之防也。然则何不言弑其君也，不滑没其实也，不以臣道灭子道也。古者必逾年而后即位，未有逾年而遽即位者，则书弑其君齐公子。商人弑其君，舍是也。书弑以正商人之罪，书君以见舍之子道未尽也。然则据宋子之例，何不言晋里克弑晋子奚齐也？曰：宋子者，以世子在丧者也，其君之子者，非世子而其君杀世子立之者也，又以见父道之不正也。《坊记》云，鲁《春秋》记晋丧，曰弑其君之子奚齐及其君卓。云及其卓者，隐括之辞，以一弑领二事，则所据经之两书弑明矣。[1]

段玉裁此处所辨，就是要在重视血缘亲情与重视君臣政治伦理之间保持平衡。就君主的家庭内部关系而言，不要因为政治权力的关系而伤害父子之间的血缘亲情；作为社会政治生活而言，人民当以君臣之间的上下关系为重。因此，段玉裁本人同意《公羊传》对晋国国君之子奚齐被杀之事，以被"弑"的方式加以定性。这一结论，体现了段玉裁绝对尊重君臣之大伦的政治思想倾向。就此点而言，段氏的思想反而从孟子"闻诛一夫纣，未闻弑君也"的进步思想上倒退了。我们通过历史知道，奚齐其实是一暴君，段玉裁却从维护君主专制的君臣之伦的立场出发为其作

---

[1] 段玉裁：《晋里克弑其君之子奚齐》，《经韵楼集》卷四，《续修四库全书》第 1434 册，第 623 页。

辩护。就此点而言,其政治思想严重违背了其师戴震的民本政治立场。

不仅如此,段玉裁还通过对《春秋》及"三传"中君母弑君之例的分析,表达了他要维护"父道"的男权主义思想。"或问于余曰:三代以下史书所载母事弑君者有矣,求之《春秋》之例,其将以弑书之乎? 抑否乎? 应之曰:是当书弑其君也。"①他以宋襄夫人王姬以及鲁哀姜两人弑君为例,表明《春秋》一书之所以据实书之,名之曰弑,主要是"以立万古之防,闲其不主"。对鲁哀姜在齐参与了弑其君于齐国之事,段玉裁并借何休评《公羊传》的话为引子,表明本他本人重视男权中心时代的孝道思想。他说:"何休说《公羊》曰:'念母则忘父,背本之道也。故庄公绝文姜,乃为孝。'呜呼,唐中宗知此,可以处武照矣。"②

由上述所引的诸文献可知,段玉裁的杀、弑之辨,表面上看是以考据学方式对弑、杀二字的异同进行辨析,实际上是关乎政治伦理的重大问题。从他一味维护君主的绝对地位和男权的思想倾向来看,其政治伦理思想与其师戴震相比有较大的后退。然而,透过对这些考据学的典型文献分析可以看出,其考据学绝非饾饤之学,而是与"求道"目标有关,这一点是毫无疑义的。只有他们对道的具体内涵的规定是不同的。

(二)段玉裁的伦理思想

在《与严厚民杰论〈左传〉》一文中,他通过文本考订,认为《左传》中"人尽夫也,父一而已,胡可比也"属于讹错导致的。他说:

> 祭仲之壻雍纠将杀祭仲,雍姬谓其母曰:"父与夫孰亲?"其母曰:"人尽夫也,父一而已,胡可比也?"人即禽兽其心,未有肯云"人尽夫者"。此乃开成石经一误而莫之正,是以名儒不窥也。唐律疏义音义两引,皆作"天"字。考杜注云:"妇人在室则天父,出则天夫。"是知传文作"人尽天也"。祭仲之妻意谓:人尽天之所覆也。妇人未有不天父、天夫者,但父为生我之天,至亲者一人而已。夫则为

---

① 段玉裁:《君母弑君当书弑论》,《经韵楼集》卷四,《续修四库全书》第 1434 册,第 624 页。
② 段玉裁:《君母弑君当书弑论》,《经韵楼集》卷四,《续修四库全书》第 1434 册,第 624 页。

所适之天，其亲不比生我者也。此盖祭仲妻知雍纠有变，故以重于夫诱其女，正以成己重夫之志，以保全祭仲。①

段氏对"人尽夫也"一句作版本考订，的确富有学术意义。然其中所包含的伦理思想尤为值得注意，即段氏绝对维护传统男权中心主义的伦理观，认为女人在家以父为天，出嫁后以夫为天。在"所生之天"与"所适之天"的比较、选择当中当以"所生之天"为重，即夫妻之情与血缘亲情二者，更重视血缘亲情。段氏此处的考辨，既有版本学的根据，在理论上也很雄辩，然未必切合春秋时代的伦理观。"人尽夫也"是指一种可能性，即女人在找丈夫的过程有多种选择，并不是像段玉裁所想象的那样，任何一个男人都可以成为丈夫。相对于择偶的多种可能性而言，生身的父亲只有一个。不过，段氏对此句非常有名的重视血缘亲情伦理的思想命题提供新的版本依据，还是具有学术价值。

段玉裁很少讨论哲学问题，然而，在其最为重要的语言学著作《说文解字注》中，偶尔也阐发一些哲学思想。如释"理"字时，他就借释"理"字的字义，宣传其师戴震的新"天理"观，进而也表达了他自己对"天理"的看法。他说：

郑人谓玉之未理者为璞。是理为剖析也。玉虽坚，而治之得其鰓理以成器不难，谓之理。凡天下一事一物，必推其情至于无憾而后即安，是之谓天理，是之谓善治。此引伸义也。戴先生《孟子字义疏证》曰："理者，察之而几微必区以别之名也。是故谓之分理。……天理云者，言乎自然之分理也。自然之分理，以我之情絜人之情而无不得其平。"②

由上所论可以看出，像段玉裁这样的乾嘉时代的一流考据学者，在他看似纯客观性的语言学研究中，其实也包含着深厚的现实关怀与一定

---

① 段玉裁：《与严厚民杰论〈左传〉》，《经韵楼集》卷四，《续修四库全书》第1434册，第627页。
② 段玉裁：《说文解字注》第一卷，第15—16页。

的政治哲学、伦理学的理论思考。至于他的理论思考成果是否具有思想史的价值，那又是另一回事。不可否认，清代的政治高压对于段玉裁等考据学者们的思想还是有相当大的影响的，但我们并不能像有些学者所认为的那样，认为清代的考据学都是清廷的御用学术。更公正一点说，清代的很多学者恰恰是通过考据学的治学方式来逃避政治高压，将他们称之为"学隐"，也许更恰当一些。

## 第三节　阮元的仁学与人性论

阮元（1764—1849），字伯元，号芸台，江苏仪征人。他是乾嘉考据学的殿军，其学术成就是多方面的。龚自珍在《阮尚书年谱第一序》中，从十个方面概括了其学术成就，虽略嫌夸张，然大体上比较接近实际。其中，龚氏对其训诂学作了这样的概括："尝谓黄帝名物，宣尼正名，篇者句所造，句者字所积，古者有声音而有语言，有语言而有文字，自分隶之迭变，而本形晦矣，自通假之法繁，而本义晦矣。识字之法，以经为谥；解经之法，以字为程。是公训诂之学。"①由龚自珍的概述可知，阮元在语言哲学方面具有综合性的特征，他既认同乾嘉时代"因音求义"的基本训诂主张，又重视训诂过程中的注重"本字"法，在训诂与解经两方面，既重视经义，即思想的内在逻辑性，又重视从文字入手的实证方法。在一定程度上可以将他看作是乾嘉学术的总结者。目前出版的一般学术通史著作与断代史著作，对阮元的经学思想、哲学思想都有论述，②然而从哲学方法论的角度集中论述其思想特征的还不多见。本节主要从广义的语言

---

① 龚自珍：《阮尚书年谱第一序》，《龚自珍全集》，王佩诤校，第 225—226 页。
② 如侯外庐《中国思想通史》第五卷中虽然论述了阮元的研究方法与文化史观，但由于他的哲学观的影响，并没有看到阮元借助语言学工具从事哲学思考的特征，反而认为阮元并不是一个哲学家。王茂等人合著的《清代哲学》一书虽然承认阮元有哲学思想，并着重论述了其新的仁学思想，但对其哲学思考的语言学方法几乎没有触及。陈居渊在《焦循阮元评传》中对阮元思想与学术的地位给予了很高的评价，认为他是重塑乾嘉经学典范式的人物，但对其通过语言学方法从事哲学思考的特征也未给予关注。

学角度①,论述其哲学思考的方法论特征。

## 一、阮元论道

阮元对于"道"的论述文字不多,他所说的"道",主要是指"圣贤之道",因而,他的道论思想基本上关注的是人伦与政治之道。

从求道的方法来看,阮元继承并发展了戴震"由字以通词,由词以通道"的训诂学方法,坚持认为:"圣贤之道存于经。经非训诂不明。"②

而在训诂的方法与求道的目标这二者之间,阮元的思想保持着高度的张力,他既反对空言论道,亦反对沉溺于具体的名物研究之中而不顾"求道"的目标。如他说:"圣人之道,譬若宫墙,文字训诂,其门径也。门径苟误,跬步皆歧,安能升堂入室乎。学人求道太高,卑视章句,譬犹天际之翔,出于丰屋之上,高则高矣,户奥之间未实窥也。或者但求名物,不论圣道,又若终年寝馈于门庑之间,无复知有堂室矣。"③阮元的意思是说,圣贤的根本精神、法则是一个严谨的体系,像一栋宏大的建筑,而文字训诂就是这座宏大建筑的门径。不经过文字训诂的门径如何进得了圣贤博大精深的思想体系?有些人将圣贤之道看得很虚玄,瞧不起章句训诂,这就好像在一尊高房上飞翔,飞得虽然高,但无法深入圣贤思想的堂奥。有些人太重视章句训诂,忘记了圣贤之道,就像在门与走廊之间来回走动,根本不知道厅堂宫室在何处。这一譬喻性的说法,极其生动地表达了阮元在章句训诂与探求圣贤之道二者之间保持辩证统一的思想。

但有时为了强调训诂方法的重要性,阮元又认为:"圣贤之言,不但深远者非训诂不明,即浅近者亦非训诂不明也。"④

---

① 所谓广义的语言学,即是将语文学也看作是语言学的一个部分。相关论述可以参见索绪尔著的《普通语言学教程》(高名凯译,商务印书馆1980年版),洪堡特著的《洪堡特语言哲学文集》(姚小平主编并译注,湖南教育出版社2001年版)等著作。
② 阮元:《西湖诂经精舍记》,《研经室集》上,第547页,北京,中华书局,1993。
③ 阮元:《拟国史儒林传序》,《研经室集》上,第36页。
④ 阮元:《论语一贯说》,《研经室集》上,第53页。

他通过训诂，将孔子所说的"吾道一以贯之"这句话，解释成"孔子之道皆于行事见之，非徒以文学为教也"①。贯训为"行事"，不能训为"通彻"。因此，"壹以贯之，犹言壹是皆以行事为教也。弟子不知所行为何道，故曾子曰：'夫子之道，忠恕而已矣。'此即《中庸》所谓'忠恕违道不远，施诸己而不愿，亦勿施于人；君子之道四，某未能一，庸德、庸言、言行相顾之道也'。……此皆圣贤极中极庸极实之道，亦即天下古今极大极难之道也。若云贤者因圣人一呼之下，即一旦豁然贯通，此似禅家顿宗冬寒见桶底脱大悟之旨，而非圣贤行事之道也。……故以行事训贯，则圣贤之道归于儒；以通彻训贯，则圣贤之道近于禅矣"②。

很显然，阮元在此通过训诂的方法，将"一贯"之"贯"训为行事，着重阐释儒家哲学重视人伦日用的道德实践功夫，反对佛教禅宗的顿悟方法及其蕴含的道德修养的虚无化、神秘化倾向。同时也暗示着对宋明理学"蹈虚"思想倾向的批评。

阮元的"道器关系"论颇有特色。他通过对三代钟鼎文的研究，看到了中国传统的"王道"与器皿的关系，从考古学的角度丰富了中国传统的道论思想。他认为，三代及周王朝所体现的治道精神，除《九经》的文字文本之外，还存在于具体的器皿之中。他说：

> 形上谓道，形下谓器，商、周二代之道存于今者，有《九经》，若器则罕有存者，所存者，铜器钟鼎之属耳。古铜器有铭，铭之文为古人篆迹，非经文隶楷缣褚传写之比，且其词为古王侯大夫贤者所为，其重与九经同之。……器者所以藏礼，故孔子曰："惟器与名，不可以假人。"先王之制器也，齐其度量，同其文字，别其尊卑。……商祚六百，周祚八百，道与器皆不坠也。……此古圣王之大道，亦古圣王之精意也。……故吾谓欲观三代以上之道与器，《九经》之外，舍钟鼎之属，曷由观之。③

---

① 阮元：《论语一贯说》，《研经室集》上，第 53 页。
② 阮元：《论语一贯说》，《研经室集》上，第 53—54 页。
③ 阮元：《商周铜器说上》，《研经室集》下，第 633 页。

阮元这一"由器求道"的思想深化了戴震"由字通词,由词通道"的语言哲学思想,使乾嘉考据学的"求道"路径进一步转向了对文物的研究,从而由语言训诂转向了文物史的研究,也将戴震提出的由语言、名物、制度的研究来理解往古圣贤之道的实证思想进一步具体化了。同时,阮元也为中国传统哲学"道器关系"论提供了新的论证方式,将"器"这一哲学范畴具体化为文物的器皿,透过历史上的文物器皿来考察逝去时代的典章制度。从一角度学,阮元的"道器关系"论更具有历史学的实证特征。

## 二、阮元的哲学方法论

从"求道"的方法来看,阮元继承并发展了戴震"由字以通词,由词以通道"的训诂学方法,坚持认为:"圣贤之道存于经。经非训诂不明。""汉之相如、子云,文雄百代者,亦由《凡将》《方言》贯通经诂,然则舍经而文,其文无质,舍诂求经,其经不实。为文者尚不可以昧经诂,况圣贤之道乎?"①

阮元的意思很明确,连汉代的文学家都需要通过经学训诂以实现文质统一的目标,更何况探求隐藏在经典之中的圣贤之道呢!那就更离不开训诂的方法了!

### (一)训诂明然后经义明

阮元也重视求道,但与宋明儒者不同,他更突出训诂方法的基础作用。在阮元看来,"圣贤之言,不但深远者非训诂不明,即浅近者亦非训诂不明也。就圣贤之言而训之,或有误焉,圣贤之道亦误矣,说在《论语》之一贯"②。由此可见,作为考据学殿军的阮元已经将训诂上升到一种哲学方法论的层面,认为离开了训诂手段就无法从事正确的哲学思考了。然而,作为哲学家的阮元比同时代一般的考据学者高明的地方在于:他

---

① 阮元:《西湖诂经精舍记》,《研经室集》上,第 547 页。
② 阮元:《论语一贯说》,《研经室集》上,第 53 页。

是通过训诂方法来阐述自己的哲学思考。例如通过训诂，阮元将孔子所说的"吾道一以贯之"这句话，解释成"孔子之道皆于行事见之，非徒以文学为教也"①。认为"贯"应当训为"行事"，不能训为"通彻"。因此，"壹以贯之，犹言壹是皆以行事为教也。弟子不知所行为何道，故曾子曰：'夫子之道，忠恕而已矣。'此即《中庸》所谓'忠恕违道不远，施诸己而不愿，亦勿施于人；君子之道四，某未能一，庸德、庸言、言行相顾之道也。'……此皆圣贤极中极庸极实之道，亦即天下古今极大极难之道也。若云贤者因圣人一呼之下，即一旦豁然贯通，此似禅家顿宗冬寒见桶底脱大悟之旨，而非圣贤行事之道也。……故以行事训贯，则圣贤之道归于儒；以通彻训贯，则圣贤之道近于禅矣"②。

很显然，阮元在此通过训诂的方法，阐释儒家哲学重视人伦日用的道德实践功夫的精神面向，反对佛教禅宗的顿悟方法及其蕴含的道德修养的虚无化、神秘化倾向，非常含蓄地表达了自己"重行"的哲学思想，以此与宋明儒空谈心性的思想区别开来。

为了将《大学》"格物"一词解释成"至止于事物"的"实践"之学，而不是通过"心灵穷理"，阮元从经、传里引证了大量的例证，并引证钟鼎文、字典来证明"格"为"止"之意。其哲学的论证方式是广义的语言学方法。他说：

> 《礼记》《大学》篇曰："致知在格物，物格而后知至。"此二句虽从身心意知而来，实为天下国家之事。……物者，事也。格者，至也。……格有至义，即有止意，履而至，止于其地，圣贤实践之道也。凡经传所云"格于上下""不格奸""格于艺祖""神之格思""孝友时格""暴风来格"及古钟鼎文"格于太庙""格于太室"之类，皆训为"至"。……《小尔雅》《广诂》曰："格，止也。"知止即知物所当格也。③

---

① 阮元：《论语一贯说》，《研经室集》上，第53页。
② 阮元：《论语一贯说》，《研经室集》上，第53—54页。
③ 阮元：《大学格物说》，《研经室集》上，第54页。

阮元还利用音训的知识,通过对"文"字的重新解释,将《论语》中"文莫吾犹人也"一句做了新的解释,并以此证明训诂明而后经义乃明的道理。他说:"刘端临曰:'文莫吾犹人也',犹曰'黾勉吾犹人也',后人不解孔子语,读'文'为句,误矣。是故训诂不明则圣贤之语必误,语尚误,遑言其理乎?"①

上述文献中"语尚误,遑言其理乎"一句,与戴震批评宋明儒不识字而妄谈心性的言论如出一辙,以此彰显清儒"由字通词,由词通道"的哲学思考路径的优越性。

上述所引的三例表明,作为一种方法论的训诂,在阮元的哲学思考中占有极重要的位置,但并没有成为其学术追求的本身。思想的表达还是第一位的。因此,在训诂的方法与求道的目标这二者之间,阮元的哲学思考始终保持着高度的张力,他既反对空言论道,亦反对沉溺于具体的名物研究之中而不顾"求道"的目标。他所谓"文字训诂"为探求"圣人之道"的门径,即是将训诂活动看作是哲学思考的方法论的明证。同时亦表明,以阮元为代表的乾嘉考据学者并没有沉溺于琐碎的考据之中,时刻在"求道"与"求是"之间保持着思想的张力。

(二)语言学的方法与经验论思维方式——阮元论"心"

与阮元自己一贯重视经验,重视道德实践的思想相一致,阮元也反对将"心"看作是先验的、能知的思维器官。在阮元看来,人的认识能力只能是来自外在的经验。他通过语言学的方法来实现他的哲学论证意图。他说:

> 汉刘熙《释名》曰:"心,纤也。言纤微无物不贯也。"此训最合本义。盖纤细而锐者皆可名曰心,但言心,而其钎锐、纤细之意见矣。……《易》《说卦》云:"坎,其于木也,为坚多心。"虞翻云:"坚多心者,枣、棘之属。"案:枣、棘之属,初生未有不先见尖刺者,尖刺即心也。……《诗·凯风》:"吹彼棘心,棘心夭夭。"皆言枣、棘初生有

---

① 阮元:《释门》,《研经室集》上,第33页。

尖刺，故名曰心，非谓其木皮外裹赤心在内也。心果在内，风安得吹之？[1]

　　阮元如此解释"心"字，其思想的针对性何在呢？依我们的理解，他主要反对宋明理学与心学传统以来将"心"看作是先验地具有某种知识、原理在其中的一种先验的能藏能识的思维器官，而是从经验主义的思想逻辑出发，只把"心"看作是一种能识的器官，并不先验地具备一切。他通过训诂的方法表达了这样一种经验论的认识论思想："心"只有通过与外在事物的接触，才能具备知识。"心"并不是常识所认为的那样，是木皮包裹在外而"赤心"在木皮之内的东西。"心"只是一纤微之物，具有敏锐、纤细统贯万物的功能，而且保持着与外物接触、感应的特征。这正是戴震一再批评宋儒有关"心具万理应万事"的思想的继续。只是阮元没有戴震那么有思想的锋芒，而是在貌似客观性的训诂学面目下，委婉地表达了自己的经验论的认识论思想。

　　考察许慎的《说文解字》一书，我们可以看到，将"心"解释在人身之内，是汉儒以来最为传统的释义。"心，人心。土臧也。在身之中，象形。"作为乾嘉汉学殿军的阮元却别出心裁，将"心"解释成露于外的纤细之物，从而曲折地表达他的经验论哲学思想。由此，我们可以再一次地看到，乾嘉考据学的训诂方法，并非像他们自己所自称的那样，在学问方面仅仅是"实事求是"，追求客观真理。其实，像阮元这样的大学问家，仍然是有意通过字义的选择来表达他自己的哲学思想。只是相对于宋儒直接的哲学创造而言，阮元这样的以学问表达思想的方法与策略，使得他的哲学思想从形式上看更具有历史语义学的客观性。究其实，仍然是在从事一种新的哲学思考。在《性命古训》一文里，阮元将"事"与传统哲学中的"心"对立起来，认为"商周人言性命多在事，在事故实"，"晋唐人言性命多在心，在心故虚"。[2] 这种"求实""去虚"的理论追求正好反映了

---

[1] 阮元：《释心》，《研经室集》上，第5页。
[2] 阮元：《性命古训》，《研经室集》上，第235页。

乾嘉考据学求实、求真的思想品格。因此,我们认定,乾嘉考据学的哲学思考采用了一种语言学策略。他们借阶于训诂方法,从而使该时代哲学思考具有了某种"人文实证主义"的色彩。从广义的语言学角度看,以阮元为殿军的乾嘉哲学思考,深化并丰富了戴震所开创的哲学语言学转向的内含。

## 三、阮元的政治思想与人生、道德哲学

### (一)"顺""鲜""达"三字训释中所表达的政治思想

阮元通过有选择的方式,将儒家经典中并非常用的语词上升到重要的思想史高度,从而通过训诂的方式作一创造性的解释,曲折地表达了他爱民的政治与伦理思想。在《释顺》篇,阮元说道:"有古人不甚称说之字,而后人标而论之者;有古人最称说之恒言要义,而后人置之不讲者。孔子生春秋时,志在《春秋》,行在《孝经》,其称至德要道之于天下也,不曰'治天下',不曰'平天下',但曰'顺天下'。'顺'之时义大矣哉,何后人置之不讲也!《孝经》'顺'字凡十见。……'顺'与'逆'相反,《孝经》之所以推孝弟以治天下者,顺而已矣。故曰:'先王有至德要道以顺天下,民用和睦,上下无怨。'……是以卿大夫士本孝弟忠敬以立身处世,故能保其禄位,守其宗庙,反是,则犯上作乱,身亡祀绝,《春秋》之权所以制天下者,顺逆间耳,鲁臧、齐庆皆逆者也。此非但孔子之恒言也,列国贤卿大夫莫不以顺、逆二字为至德要道。是以《春秋》三《传》、《国语》之称'顺'字者最多,皆孔子《孝经》之义也。"①

阮元通过文献训诂,得出了这样的政治学结论:"圣人治天下万世,不别立法术,但以天下人情逆叙而行之而已。(《尔雅》:'叙,顺也。')故孔子但曰'至德要道以顺天下'也。'顺'字为圣经最要之字,曷可不标而论之也。"②阮元从经典中找出"顺"字,无非是借经典的权威来阐发自己

① 阮元:《释顺》,《研经室集》上,第26页。
② 阮元:《释顺》,《研经室集》上,第29页。

的哲学思想。他如此推崇"顺"字，其实与戴震讲"达情遂欲"的伦理与政治学的主张有异曲同工之妙。而且与李贽所讲的顺民之情，遂民之欲，民本自治的伦理、政治思想，在精神上也是相通的。

在《释鱼苴》篇，他认为古"鲜"字虽然从字义的角度看属于鱼部，但从音的角度看，与斯相近，因而可以相互通借。此点，顾炎武、惠栋都已经从训诂学的角度揭示了这一道理。阮元在此基础上，进一步以经典为例，证明将"鲜"释为"斯"的重要性。他说：

> 元谓"鲜""斯"通籍之迹，求诸经传多有可稽释者，少误便成舛谊，今试释之。有以"斯"本语词，籍声近之"鲜"为用者，则有《尚书·无佚》曰："文王怀保小民，惠鲜鳏寡。""鲜"即"斯"字，言文王惠斯鳏寡，即祖甲保惠于庶民，不敢侮鳏寡之义是也。《伪孔》训鲜为"少"，失之。又《立政》曰："知恤鲜哉。"《诗·蓼莪》曰："鲜民之生，不如死之久矣。""鲜"皆当训"斯"字。……而《伪孔》训"鲜"为"少"，《毛传》训"鲜"为寡，并失之。①

上述所引的阮元分析表明，只有将"鲜"释为"斯"而不释为"少"，才能揭示出儒家经典中关爱生民的民本思想精神。一字之义的细微差别，使得儒家经典的精神迥然有异。训诂方法如何与哲学思考无关？训诂的重要性亦由此可见一斑。

在《释达》篇，他针对宋明以来将"达"理解成"明体达用"之"达"，提出了一种重视事功的人生观。他说：

> "达"之为义，圣贤道德之始，古人最重之，且恒言之，而后人略之。元按：达也者，士大夫智类通明，所行事功及于家国之谓也。②

他反复引证古代经典，以证明"达"非"达用"之"达"，而是指士大夫

---

① 阮元：《释鱼苴》，《研经室集》上，第6页。
② 阮元：《释达》，《研经室集》上，第29页。

"学问通明,思虑不争,言色质直,循行于家国之间无险阻之处也"。①

阮元对"达"字作如此的训诂,在今人看来,颇有翻案之嫌。因为"闻达"之"达"、"达人"之"达",就有"达用"等事功的追求。阮元一反儒家经典训释中的常训,而别心裁地将"达"训为"士大夫智类通明,所行事功及于国家之谓之也",无非是要借助经典的权威来表达自己的哲学思考而已。这种表面上的"考据之实"其实追求的是"思想之虚"而已。其对"相"字的训释,亦体现了"以实求虚"的思想特征。

在《释相》篇,阮元说道:"自周、秦以来,同宰辅之臣皆名曰'相',相之取名,必是佐助之义。""相"之本字为"襄"字,"古人韵缓,平仄皆可同义,是以'辅相'之'相'亦可平志,'赞襄'之'襄'亦可去声,后人昧此,故不知'襄''相'音同,可假借矣。"②

阮元的伦理学思想集中体现在《性命古训》一文里。在该文里,他通过对儒家经典中性、命两字的意涵分析,得出"节性"的伦理主张。阮元认为:"古性命之训虽多,而大指相同。"仅以《尚书》《召诰》《孟子》《尽心》二说为例可知。《召诰》上说:"节性,惟日其迈。王敬作所,不可不敬德。"又说:"若生子,罔不在厥初生,自贻哲命。今天其命哲,命吉凶,命历年。"又说:"王其德之用,祈天永命。"通过对这些文献的分析,阮元进一步地得出自己的哲学观点,认为《召诰》所讲的"命","即天命也。若子初生,即禄命福极也。哲与愚,吉与凶,历年长短,皆命也。哲愚授于天为命,受于人为性,君子祈命而节性,尽性而知命。故《孟子》《尽心》亦谓口目耳鼻四肢为性也。性中有味、色、声、臭、安佚之欲,是以必当节之"③。

阮元的"节性"说,在理论上将"人欲"纳入了"人性"的范畴之中,既符合孟子的人性论思想,亦与戴震的人性论思想保持着理论上的一致性,故具有反对宋儒"以天理为性"、排斥人欲的伦理思想倾向,含蓄地表

---

① 阮元:《释达》,《研经室集》上,第 230 页。
② 阮元:《释相》,《研经室集》上,第 34 页。
③ 阮元:《性命古训》,《研经室集》上,第 211 页。

达了反理学的思想特征。

在论述心性修养的传统伦理学问题时，阮元通过训诂的方式，揭示了"主敬"与"主静"的区别。他说"古圣人造一字必有一字之本义，本义最精确无弊。'敬'字从'苟'从'攴'。'苟'，篆文作'苟'（音亟），非'苟'（音狗）。'苟'即'敬'也，加'攴'以明击敕之义也。'警'从'敬'得声得义。故《释名》曰：'敬，警也，恒自肃警也。'此训最先最确。盖敬者言终日常自肃警，不敢怠逸放纵也。……非端坐静观主一之谓也，故以肃警无逸为敬。凡服官之人，读书之士，所当终身奉之者也。……盖静者，敬之反也"①。

联系宋儒心性修养论，如周敦颐"主静"，二程、朱子"主敬"，且程朱的心性修养论都坚持"主一谓之敬"的观点。阮元既反对"主静"的修养论，亦反对"主一谓之敬"的修养思想，而是"以肃警无逸为敬"，即以自我反思、敲打、不懈怠、不放纵为敬。阮元对"敬"的这一解释显然含蓄地批评了宋儒及程朱理学的修养论，在具体的理论主张上表现出反宋儒的思想倾向。

（二）阮元的仁学与"性命"思想

乾嘉学者阐发哲学思想，往往通过训诂的方式，以实证的方法追求一种理想中的客观之意。阮元通过训诂的方式，对原始儒家的仁学思想，以及宋明以来详细而热烈讨论过的"性命"思想，给出了他自己新的解释。

阮元将仁学看作是孔子的核心思想，如他说："孔子为百世师，孔子之言著于《论语》最多。《论语》言五常之事详矣，惟论'仁'者凡五十有八章，'仁'字见于《论语》者凡百有五，为尤详。若于圣门最详切之事论之，尚不得其传而失其旨，又何暇别取《论语》所无之字标而论之邪？"②问题是，在《〈论语〉论仁论》长文里，阮元几乎是通过资料长编的方式，将《论

---

① 阮元：《释敬》，《研经室集》下，第 1016 页。
② 阮元：《〈论语〉论仁论》，《研经室集》上，第 176 页。

语》中涉及"仁"字的资料集中在一起,同时又引证其他文献,以证明孔子的仁学思想是他阮元所理解的那样:"相人偶为仁"之意。因此,阮元的仁学思想并不就是孔子"仁学"思想的原意。在我们看来,阮元运用训诂的方式对孔子仁学的思想所作的解释,在相当大的程度上其实表达了阮元本人的仁学思想。然而,由于阮元的"新仁学"思想是建立在文字训诂基础之上的,以一种貌似的客观性面目掩盖了其新思想的光芒。这一含蓄的新思想与其作为三朝大吏的身份极其吻合。如果不理解他通过语言学的方法进行哲学思考的思想特征,下列有关仁和己与私的论述与辨别就很难被看作是一种哲学的论述。

他为了证明"仁,即相人偶"新仁学观点,以训诂的方式引证了大量的语言学文献:"许叔重《说文解字》:'仁,亲也。从人二。'段若膺大令《注》曰:'见部曰:"亲者,密至也。"会意。'《中庸》曰:'仁者,人也。'《注》:'人也,读如相人偶之人,以人意相存问之言。'《大射仪》:'揖以耦。'《注》:'言以者,耦之事成于此意相人耦也。'《聘礼》:'每曲揖。'《注》:'以人相人耦为敬也。'《公食大夫礼》:'宾入三揖。'《注》:'相人耦。'《诗·匪风》《笺》云:'人偶能烹鱼者。偶能辅周道治民者。'……以上诸义,是古所谓人耦,犹言尔我亲爱之辞。独则无耦,耦则相亲,故其字从人二。"①

在"仁即相人偶"的仁学思想前提之下,阮元又通过大量的训诂材料,并从文本内部语词的内在一致性原则上出发,进一步论证宋儒将"己"释为"私","克己"解释为战胜"己身私欲"的观点属于对经典的误解,从而以"乾嘉汉学"的语言学工具重新阐发他的仁学思想。他说:"颜子'克己','己'即'自己',与下文'为仁由己'相同,言能克己复礼,即可并人为仁。……仁虽由人而成,其实当自己始,若但知有己,不知有人,即不仁矣。……若以'克己'字解为私欲,则下文'为仁由己'之己,断不能再解为私,而由己不由人反诘辞气与上文不相属矣。"②

---

① 阮元:《〈论语〉论仁论》,《揅经室集》上,第 176—179 页。
② 阮元:《〈论语〉论仁论》,《揅经室集》上,第 181 页。

　　为了进一步证明自己的"己非私"的观点更符合孔子的原意,他先引前贤毛奇龄(字西河)来支持他的观点。"毛西河检讨《四书改错》曰:'马融以约身为克己,从来说如此。惟刘炫曰:"克者,胜也。"此本扬子云"胜己之私之谓克"语。然己不是私,必从"己"下添"之私"二字,原是不安。至程氏,直以己为私,称曰:"己,私欲"。《集注》谓"身之私欲",别以"己"上添"身"字,而专以"己"字属私欲,于是宋后书皆注"己"作"私",引《论语》"克己复礼"为证,诬甚矣,毋论字义无此,即以本文言,现有"为仁由己","己"字在下,而一作"身"解,一作"私"解,其可通乎?'"①

　　次引同时代凌廷堪的研究成果来支撑他自己的观点:"凌次仲教授曰:'即以《论语》"克己"章而论,下文云"为仁由己,而由人乎哉"!"人""己"对称,正是郑氏相人偶之说。若如《集注》所云,岂可曰"为仁由私欲乎"? 再以《论语》全书而论,如"不患人之不己知","夫仁者,己欲立而立人,己欲达而达人。"……"己所不欲,勿施于人。"……皆"人""己"对称。……若作私欲解,则举不可通矣。'"②

　　其实,自戴震始就一直反对宋儒将儒家经典中的"己"解释为"私",而且这种思想可以从学术史追溯得更早些,如王夫之就提出"有我之非私"。由此可以看出,阮元的伦理学思想在基本精神上属于中国"早期启蒙"思想的阵营。只是他的新思想深深地隐藏在其分散的字义考据学之中,一般情况下不容易被发现,而且是以追求古典人文知识的客观意义的面貌出现的,没有戴震的思想那样具有批判的锋芒,故很多人不太注意到阮元的反宋儒的思想。

　　阮元"新仁学"思想的语言学方法大体如上。下面再从其"性命论"思想看其语言学的方法。在性命论的传统哲学命题方面,阮元为反对李翱的"复性说",通过对《尚书》《孟子》《诗经》中有关"性命""威仪"等词语的重新解释,提出了"节性"的"性命说"。如果仅从语言学的方法角度

① 阮元:《〈论语〉论仁论》,《研经室集》上,第182页。
② 阮元:《〈论语〉论仁论》,《研经室集》上,第183页。

看,阮元对"性命"论述的新意在于:他将"性"与"生"联系起来,以说明人性内在地包含着情与欲的感性成份。他说:"'性'字本从'心'从'生',先有'生'字,后造'性'字,商周古人造此字时即已谐声,声亦意也。"①由此,他将《尚书·西伯戡黎》篇中"王曰:'我生不有命在天'"一句中的"生"字解释为"性"字,并认为这是虞夏商周四代以来首次出现的"性"字,《周易》卦、爻辞只有"命"字,无"性"字,表明"性"是包括于"命"之内的,而且表明"性受于天"。而性与命发生关联也首见于此篇。由此可以看到李翱"复性说"之不符合儒家的性命理论以及性命理论的常说史。②

要而言之,阮元通过一系列的训诂方法,将晋唐人的"性命说"与商周人的"性命说"的差异作出了如下的概括:"晋唐人言性命,欲推之于身心最先之天,商周人言性命者,祗范之于容貌最近之地,所谓威仪也。"③"商周人言性命多在事,在事故实,而易于率循。晋唐人言性命多在心,在心故虚,而易于附会,习之此书是也。"④也即是说,晋唐人把性命问题讲得很玄,而商周人讲性命问题很切合日常生活,具有可见性与实在性。而商周人的这种质朴的"性命观"其实也就是阮元本人的性命观。

总之,阮元通过语言学方法,重新阐释了儒家的仁学与性命理论,体现了乾嘉考据学时代哲学思考的"语言学转向"的特征。这种语言学方法主要是以古典的语文学为内容,表现出强烈的"人文实证主义"色彩。但是,我们也要清醒地意识到,这种语言学方法其实还是一种经典解释学方法,其中包含了思想者个人浓厚的主观理解成份,并不像自然科学,甚至也不像社会科学那样,具有特别强势的客观性色彩。虽然,这一语言学方法的转向的意义也许并不像胡适、梁启超所认为的那样具有科学的精神,但至少在思想的形式上为中国哲学开辟了一条"求知""求真"的认识论的新转向。

---

① 阮元:《性命古训》,《研经室集》上,第 230 页。
② 阮元:《性命古训》,《研经室集》上,第 213—214 页。
③ 阮元:《性命古训》,《研经室集》上,第 217 页。
④ 阮元:《性命古训》,《研经室集》上,第 235 页。

## 四、阮元的语言学思想及其历史还原主义

如果说，戴震第一次明确地提出了"由字通词，由词通道"语言哲学纲领与方法，开始了利用文字、词汇、语言的新工具从事哲学思考的语言学转向，那么，其后学如段玉裁、高邮王氏父子、阮元等人则进一步对通道之"字"的新工具进行锻造，在更加精细的经典训诂层面追寻经典的原义，从而实现对经典原义的还原。如何彻底地实现对古代经典意义的还原呢？那就必须找到经典中关键词的"本义"，这样才能真正地获得经典的原初意义。所以，阮元说："古圣人造一字必有一字之本义，本义最精确无弊。"[①]

他在辨别"佞"与"仁"二字的意思时说："是故解文字者，当以虞夏商周初、周末分别观之。"[②]阮元注意到文字意义的历史演变过程，在文字、语言与经典意义的解释与研究过程中，体现了历史主义的思想，这在一定程度上纠正了戴震过于重视语言的共时性特征，相对忽视语言的历时性特征的偏颇。简括地讲，阮元追求本义的历史还原主义是通过"因音求义"和崇尚汉人古训的方法来实现的。

（一）"古字义随音生"

阮元接受了乾嘉语言学研究的新成果，坚持义由音生、因声求义的学术共识，并通过这一语言学原则来寻求一字之古义，进而对经典的意义作出新的解释。他说："古人造字，字出乎音义，而义皆本乎音也。"[③]又说："义从音生也，字从音义造也。试开口直发其声曰'施'……重读之曰'矢'……'施''矢'之音皆有自此直施而去彼之主义，古人造从'㫃'从'也'……之'施'字'，即从音义而生者也。……'矢'为弓弩之矢，象形字，而义生于音。凡人引弓发矢，未有不平引延陈而去止于彼者……此

---

① 阮元：《释敬》，《研经室集》下，第 1016 页。
② 阮元：《释佞》，《研经室集》下，第 1012 页。
③ 阮元：《释矢》，《研经室集》上，第 25 页。

义生于音。"①

通过使用语言学的新工具,阮元对古代经典中的一些难以解释的字的确给出了新的解释,从而使一些千古以来闇而不彰的意思得以显豁出来,体现了语言学的新工具在哲学释义方面的魅力,也以此证明通晓古音的语言学方法在了解经典意义过程中的价值。在《释易彖音》与《释易彖意》两文中,阮元通过复杂的训诂学知识,将彖释为材。在《释易彖音》,通过辨别"彖""彖"二字的不同,以此证明《易传·彖辞》中"彖"字实即古之"彖"字之误,并由此进一步论证《易传》"彖者,材也"的解释,符合孔子本来的意。"《周易》'彖'之为音,今俗皆读'团'之去声,与古音有异。古音当读若'驰',音近于'才',亦与'蠡'字音近。故《系辞传》曰:'彖者,材也。'此乃古音训相兼。是彖意必与'才'音同部。"②

在《释易彖意》一文中,他进一步地说道:"'彖'之为音,既据《系辞》、《大雅》定之矣,然则其意究如何? 孔子'材也'之训究如何? 曰:此但当以'彖'字为最先之字,但言其音,而意即在其中,即如'蠡'字,加虫与不加虫无异也。《方言》曰:'蠡,分也。''蠡'尚训为'分',则'彖'字本训为'分'可知也。'豕撩'即分也,此即孔子之所以训'彖'为'材'也。'材'即'财成天地之道'之'财',亦即'三才'之'才',以天、地、人三分分之也。今人但知写'化而裁之'之'裁',方谓用刀裁物,而不知古人音意相同,字多假借,'材'即'裁'也,'财'亦'裁'也。……是故学者以'彖者材也'求孔子之意不能明,以'蠡者裁也'求之则明矣。若执迂守浅,古音古意终不明矣。"③

在《释门》篇,阮元说道:"凡事物有间可进,进而靡已者,其音皆读'门',或转若'免'、若'每'、若'敏'、若'孟',而其义皆同,其字则展转相假,或假之于叠韵,或假之于同纽之双声。试论之。凡物中有间隙可进

---

① 阮元:《释矢》,《研经室集》上,第22—23页。
② 阮元:《释易彖音》,《研经室集》上,第2页。
③ 阮元:《释易彖意》,《研经室集》上,第4—5页。

者莫首于门矣,古人特造二户象形之字,而未显其声音,其声音为何则与'霠'同也。"①

上述新思想的出现,全是依托音训方法。由此可见,乾嘉时代哲学的语言学转向,的确给该时代的哲学思考提供了新的活力。但不无遗憾的是,这些新思想都被包裹在考据学的形式之中,一是在整体上未能形成新的思想冲击,二是对社会的影响甚微。梁启超曾在总结乾嘉学术不像欧洲的文艺复兴运动那样产生广泛的社会影响原因时说到,乾嘉学术是一方法的运动,而不是一种思想的运动。这一说法未必完全正确。但就阮元的新思想与被考据学所遮蔽的事实来看,梁氏的说法有一定的启发意义。

（二）崇尚"汉人之诂"的复古主义方法

对于文字训诂标准的选择问题,阮元的思想中有崇尚古人的复古主义方法与"实事求是"这一超越时空的本质主义学术理想的矛盾。他一方面说:"余以为儒者之于经,但求其是而已矣,是之所在,从注可,违注亦可,不必定如孔、贾义疏之例也。歙程易田孝廉,近之善说经者也,其说《考工》戈、戟、钟、磬等篇,率皆与郑注相违,而证之于古器之仅存者,无有不合,通儒硕学咸以为不刊之论,未闻以违注见讥。盖株守传注,曲为附会,其弊与不从传注凭臆空谈者等。夫不从传注凭臆空谈之弊病,近人类能言之,而株守传注,曲为附会,其弊与不从传注曲为附会之弊,非心知其意者未必能言之也。"②另一方面他又说,"两汉经学所以当尊行者,为其去圣贤最近,而二氏之说尚未起也。……吾固曰,两汉之学纯粹以精者,在二氏未起之前也"③。

他甚至简单地从历史时间的角度出发,论证汉人的训诂具有可靠性。他说:"汉人之诂,去圣贤为尤近,譬之越人之语言,吴人能辨之,楚人则否,高曾之容体,祖、父及见之,云、仍则否,盖远者见闻终不若近者

---

① 阮元:《释门》,《研经室集》上,第31页。
② 阮元:《焦里堂循群经宫室图序》,《研经室集》上,第250页。
③ 阮元:《国朝汉学师承记序》,《研经室集》上,第248页。

之实也。……谓有志于圣贤之经,惟汉人之诂多得其实者,去古近也。"①

这一崇尚汉人训诂的思想倾向,在一定程度上削弱了其"实事求是"哲学主张的积极意义,并使他的哲学方法论与其哲学目标之间存在巨大的张力。而阮元思想中存在的这一矛盾,在很大程度上是由以惠栋为代表的"吴学"与以戴震为代表的"皖学"两者之间的学术目标不同所导致的。"吴派"惟汉是崇,而"皖派"重视求真求是。作为乾嘉学术的殿军人物的阮元,他想调和两派的思想,因而在自己的思想体系中出现了顾此失彼的现象。

(三)语言分析、典章制度研究与 18 世纪中国哲学的实证化倾向

以戴震、段玉裁、焦循、阮元等为代表的 18 世纪中国哲学,通过语言分析,以及典章制度的研究,以"人文实证主义"的方法重新阐释原始儒家的思想,从而达到对官方提倡的程朱理学的批判。其理论贡献主要有两点:第一,将中国传统哲学以求善为目标的思维方式,转向了以"求真"为目标的思维方式。"实事求是"成为那个时代的共同精神纲领。这一"求真"的学术活动虽然不是在自然科学与社会科学领域里展开的,而仅是在古代经典研究领域里以考证经典原貌、求索经典原义的方式表现出来的,然这种"求真"精神为日后中国知识阶层接受现代西方自然科学知识提供了思想的温床。尽管这种精神努力方向与同时期西方社会兴起的以自然科学为主体的"求真"思潮相比,并没有带来更加巨大的社会历史效应。第二,在这一精神努力方向的指引下,传统的语言学(广义的,包括语文学在内)得到了长足的发展,特别是文字学、音韵学、版本学、校勘学的发展,使得这一时期的文献整理工作取得了前所未有的成就。而且,乾嘉时代末期的金石学的兴起与发展,为 19 世纪末、20 世纪初的甲骨、金文学的研究奠定了学术与思想的基础。很多传统经典经过这一时期学者的整理、校对,由以往的不可卒读变成了文从字顺的善本图书,为19、20 世纪学者的进一步研究提供了足资借用的善本。

---

① 阮元:《西湖诂经精舍记》,《研经室集》上,第 547 页。

当然,18世纪中国哲学的实证化倾向,其自身也有弊病,特别是乾嘉学术的后期,很多学者陷入了细枝末节的考证之中,思想光芒逐渐减弱。像阮元、段玉裁、高邮王氏父子,其哲学思想远逊于戴震,基本上没有多少突破,有些地方还有很大的倒退。不过历史的发展总会有自己的内在逻辑。正当乾嘉考据学走向衰落的初期,清代的"公羊学"却在悄然兴起。作为清代由古文经学向今文经学转化的关键人物之一龚自珍,其语言哲学及其思想的转化,恰好预示着乾嘉考据学的自我转化。这是历史的偶然呢,还是透过这一偶然的历史人物显示了某种历史的必然呢?

## 本章结语

由上三节所论我们似乎可以看出到,乾嘉时代后期以及嘉庆道光时代里,中国学术内部正在酝酿着一种新的变化。这种新的变化可以从不同的角度加以论证,而就其原因而言,也是由多种因素而促成的。然而,从乾嘉学术自身的内在理念——实证方法,以及其所面对的对象——经典文本及其意义之间的关系角度去加以考察,可以看出其内在矛盾运动及其变化。而焦循的"性灵"经学主张,以及这一主张所彰显出的对研究者个体主体性张扬的哲学思想,在一定程度上预示了乾嘉考据学在嘉道以后的变化趋势,即以戴震为代表的乾嘉时代的"人文实证主义"方法论,以及由此方法论所体现的历史还原主义思想倾向,逐渐向着一种带有较强个体主体性的"性灵"经学方向转化。而在"后戴震时代"出现的章学诚的新史学,庄存与、刘逢禄等人为代表经今文学的逐渐兴起,直到龚自珍这位一身兼具经古文与经今文经学两种学统的特殊历史人物的出现,都在不同的学术领域里预示着一种新的、重视经学研究者个体主体性时代的到来。

在乾嘉考据学大的时代背景之下,焦循学术的自身个性特征不太容易彰显出来。他在经学研究中所透射出的哲学新思往往被其玄妙、高深难懂的易哲学体系与数学符号体系所掩盖。然而,其提出的"无性灵不可以言经学"的"性灵"经学思想,其实以非常理论化与学术化的语言表达了乾嘉后期学者对知识精英阶层个体主体性关注的新倾向。这一新倾向与同时代其他领域里一流学者与思想家,如章学诚追求个体主体性的思想倾向交相呼应,从而在一个政治文化处于高度一统的时代里非常含蓄地表达了中国传统社会走向近现代的内在历史要求。从思想史的角度看,也是对戴震"大其心"的经学解释学思想的继承与发扬。而段玉裁、阮元二人的哲学思想贡献主要集中在哲学思考新工具——语言学方法的铸造方面。他们在具体的细节方面提出了一些新的哲学思想,但在整体规模上,尤其是在对旧学的批判力度上,均未超出戴震。当然,"扬州学派"还有汪中、凌廷堪等人,限于本书的篇幅、体例与本人的精力问题,在此暂付阙如。

# 第九章　龚自珍与魏源的哲学思想

龚自珍（1792—1841），字定庵，浙江仁和（今杭州）人。8 岁开始读《登科录》，了解他之前两百年的科名掌故。12 岁接受外祖父段玉裁的文字学研究训练，开始了"以经说字、以字说经"①的学术训练。13 岁，在家塾教师宋璠的指导下，作命题文章《水仙赋》《辨知觉》二文。16 岁，开始读《四库全书总目提要》。19 岁，中乡试副榜第 28 名。27 岁，中乡试第 4 名举人。28 岁，师从刘逢禄研究《公羊春秋》，接受今文经学的思想。38 岁始中进士。30 岁之前，龚自珍著有多篇批评时政的政论文，23 岁时作《明良论》四篇，24 岁至 25 岁的两年里，著有《乙丙之际箸议》25 篇。29 岁，著《西域置行省议》。这篇文章后来受到李鸿章的高度肯定。② 32 岁，作《五经大义终始论》及《答问九篇》《壬癸之际胎观》（九篇）。38 岁时参加殿试，他仿效王安石《上仁宗皇帝书》体例，提出对策。被朝中大臣所忌，以"楷法不中程"为由，未列优等。从此，他失去进翰林院的机会，因而也就从根本上失去了当大学士的机会。龚自珍为此非常郁闷。

---

① 吴昌绶：《定庵先生年谱》，《龚自珍全集》，王佩诤校，第 594 页。
② 李鸿章说："古今雄伟非常之端，往往创于书生忧患之所得，龚自珍议西域置行省于道光朝，而卒大设施于今日。盖先生经世之学，此尤其为荦荦大者。"参见吴昌绶《定庵先生年谱》，《龚自珍全集》，王佩诤校，第 604 页。

　　就学术与思想来说,思想成熟后的龚自珍一直处在古文经学与今文经学的综合与超越的过程之中,对于乾嘉学术中的"汉宋之争"持一调和的态度,这一调和汉宋的学术态度集中体现在《与江子屏笺》一文中。该文对江藩的《汉学师承记》一书提出十不安,其第五、第六不安云:"若以汉与宋为对峙,尤非大方之言;汉人何尝不谈性道? 五也。宋人何尝不谈名物训诂? 不足概服宋儒之心。六也。"①龚自珍深受佛学天台宗与华严宗等思想的影响,而且也深受道家思想的影响。但就其思想的主要倾向而言,是儒家的"经世致用"思想。在人性论、社会政治批判与文学、美学思想等方面,亦受到晚明以来李贽、顾炎武、黄宗羲等人思想的影响。他多次在诗中提到"童心",如"觅我童心廿六年","六九童心尚未消","童心来复梦中身"。②  由于他去世太早,未能接触更多的西方学术思想,其有关社会改革的思想主要受传统经学思想的影响。他对传统社会各种腐朽现象的批判十分深刻、犀利,然对于将要到来的新社会愿景的描绘则十分隐晦。其文章语言古奥,文风汪洋恣肆,颇近庄子。在一定的意义上说,他是中国传统思想的真正的终结者,又是新思想的开启者,颇类似意大利诗人但丁在意大利文学与思想史上的地位。

　　学术界有关龚自珍研究的成果已经很多,我们在吸收前贤研究成果的基础上③,试图在以下三个方面对其哲学思想进行重新阐述:一是在社会政治思想方面集中阐述其朴素的历史唯物论思想,这是前贤与时贤著作品比较忽视的一面;二是对其肯定人性自私的人性论思想进行阐述;三是在语言哲学的新视野下对龚氏的语言哲学思想做深入的挖掘与开拓,以补前贤与时贤所未逮。由于龚氏的著作多有散佚,无法全面地把握他的思想。现仅以王佩诤校定的《龚自珍全集》为底本,论述龚自珍的思想。

---

① 龚自珍:《与江子屏笺》,《龚自珍全集》,王佩诤校,第 347 页。
② 参见陈铭《龚自珍评传》,第 209—210 页,南京,南京大学出版社,1998。
③ 参见侯外庐《中国思想通史》第五卷第十七章,王茂、蒋国保等《清代哲学》第二十四章,陈铭《龚自珍评传》,樊克政《龚自珍年谱考略》等著作。

## 第一节　龚自珍的社会政治思想

侯外庐先生曾经指出，"龚自珍的思想中心是他的社会批判论，他的经史之学则为一种附带研究的东西"。[1] 我们部分地认同侯先生的说法，认定龚自珍的思想中心是社会政治思想，而社会批判思想乃是社会政治思想的中心。在其社会政治思想中，龚自珍还是深入地探讨了人类社会变化之道，尤其是将社会变化的基础奠定在物质生产，特别是粮食生产的基础之上，这是一个十分重要的思想见解。由此思想出发，龚自珍还特别重视人的感性、物质生活的第一性，要求统治者首先满足人们的基本物质生活的需求，然后再谈伦理教化的问题。这一思想倾向与晚明以来反对政治化儒学和"存天理、灭人欲"的伦理异化思想相一致，是李贽等人所创发，由顾、黄、王、陈确等人所光大并丰富的早期启蒙思想一脉相承。

### 一、以饮食为始基的社会政治之道

龚自珍的社会政治思想有一种非常朴素的历史唯物论倾向，将人的饮食之需及其满足看作是圣人之道的开端。他说："圣人之道，本天人之际，胪幽明之序，始乎饮食，中乎制作，终乎闻性命天道。"[2] 就政治上的"聪明"——明智而正确的决断而言，古代圣王要高于普通百姓，但"聪明"之中最伟大的"聪明"是什么？ 就是能够首先给民众解决饮食问题的人。故龚自珍说：

> 聪明孰为大？ 能始饮食民者也。其在《序卦》之文曰："物稺不可不养，屯蒙而受以需，饮食之道也。"其在《雅诗》，歌神灵之德，曰："民之质矣，日用饮食。"是故饮食继天地。又求诸《礼》曰："夫礼之初，始诸饮食。"礼者，祭礼也。民饮食，则生其情矣，情生则其文

---

[1] 侯外庐：《中国思想通史》第五卷，第 650 页。
[2] 龚自珍：《五经大义终始论》，《龚自珍全集》，王佩诤校，第 41 页。

矣。……谨求之《春秋》，必称元年。年者，禾也。无禾则不年，一年
之事视乎禾。《洪范》称祀者何？禾熟而当祀；祀四时而遍，则一年
矣。元年者，从食以为祀；无祀者，从祭以为纪。①

　　龚自珍将儒家传统的《五经》大义的核心精神解释成以"饮食为始
端"，从经学的角度看未必那么贴切，但从哲学思想的创新角度看，恰恰
体现了龚自珍社会政治思想中以满足民众物质生活为出发点的朴素唯
物论思想萌芽。这一朴素的唯物论思想，在其《农宗》篇亦充分地体现出
来。当代中国哲学界著作中，有很多论著将此篇所表达出的社会政治思
想看作是落后的、以农业宗法社会为理想蓝图的乌托邦思想。从社会理
想的角度看，这种评价虽也有一定的合理因素。但就该篇文章的思想核
心精神来看，其主要论述的还是以饮食满足为政治的出发点的观念。
《农宗》篇开篇对社会政治哲学诸问题的思考是非常有深意的，龚自珍这
样追问道："古者未有后君公，始有之而人不骇者何？古者未有礼乐刑
法，与礼乐刑法之差，始有之而人不疑惧者何？古者君若父若兄同亲者
何？君若父若兄同尊者何？尊亲能长久者何？古之为有家，与其为天
下，一贯之者何？古之为天下，恒视为有家者何？"②

　　对于上述七个问题的回答，龚自珍归结为如下一点，即能够让土地
生产出更多粮食的人，就可以成为社会的领导者与统治者。他说：

　　　　生民之故，上戕远矣，天谷没，地谷苗，始贵智贵力，有能以尺土
　　出谷者，以为尺土主；有能以倍尺若十尺、伯尺出谷者，以为倍尺、十
　　尺、伯尺主；号次主曰伯。帝若皇，其禄尽农也，则周之主伯钦？③

　　不仅古代的政治领袖是那些能让土地长出更多粮食的聪明农人，而
且礼乐刑法等上层意识形态也是建立在粮食生产的基础之上，"土广而
谷众，足以芘其子，力能有文质祭享报本之事，力能致其下之称名，名之

①　龚自珍：《五经大义终始论》，《龚自珍全集》，王佩诤校，第41—42页。
②　龚自珍：《农宗》，《龚自珍全集》，王佩诤校，第49页。
③　龚自珍：《农宗》，《龚自珍全集》，王佩诤校，第49页。

曰礼,曰乐,曰刑法。儒者失其情,不究其本,乃曰天下之大分,自上而下。吾则曰:先有下,而渐有上。下上以推之,而卒神其说于天,是故本其所自推也,夫何骇? 本其所自名也,夫何疑何惧? 儒者曰:天子有宗,卿大夫公侯有宗,惟庶人不足与有宗。吾则曰:礼莫初于宗,惟农为初有宗"①。

既然一切上层建筑均以农为初宗,则各种政治设施均起于农业生产物质基础之上。龚自珍说:

> 上古不讳私,百亩之主,必子其子;其没也,百亩之亚旅,必臣其子;余子必尊其兄,兄必养其余子。父不私子则不慈,子不业父则不孝,余子不尊长子则不悌,长子不赡余子则不义。……农之始,仁孝悌义之极,礼之备,智之所自出,之为也百亩之农,有男子二,甲为大宗,乙为小宗,小宗者,帝王之上藩,实农之余夫也。②

龚自珍甚至由此得出了一个非常惊世骇俗而又颇有道理的结论:"不以朝政乱田政"③。他给出了这样一个政治结论:"是故筹一农身,身不七尺,人伦五品,本末原流具矣! 筹一农家,家不十步,古今帝王,为天下大纲,细目备矣! 木无二本,川无二原,贵贱无二人,人无二治,治无二法,请使农之有一田、一宅,如天子有万国天下。"④龚自珍这段话的意思是说,只要筹划好一个农人的身体之所需,则治天下的本末之事全部解决了。只要筹划好一个农人家庭之所需,而一个家庭所需之地不需要"十步"那么大,则古今帝王治理天下的大纲细目全部都具备了。树没有两个根本,河流没有两个源头,人不分贵贱,没有额外不同的治理办法;治理国家没有另外特殊的制度,只要让农民有一份田地,有座房子,这样天子就有万国天下的领土。可见,龚自珍以非常晦涩的语言表达了非常

---

① 龚自珍:《农宗》,《龚自珍全集》,王佩诤校,第49页。
② 龚自珍:《农宗》,《龚自珍全集》,王佩诤校,第49页。
③ 龚自珍:《农宗》,《龚自珍全集》,王佩诤校,第51页。
④ 龚自珍:《农宗》,《龚自珍全集》,王佩诤校,第51页。

深刻的社会政治与社会治理思想,也是明代农民起义与近代太平天国起义要求"耕者有其田"的政治纲领在龚自珍思想里的集中反映。

## 二、社会批判与社会变革思想

龚自珍的社会变革思想萌芽甚早,在青年代时他就已经敏锐地觉察到清王朝政治的腐败,写出了《明良论》四篇,深得其外祖父段玉裁的欣赏:"四论皆古方也,而中今病,岂必别制一新方?"①在这一组政论文中,龚自珍就王朝政治如何培养士气、增进廉耻、改革用人制度,奉行理想的"政道",提出了自己的系列主张。龚自珍认为,王朝政治应当让士人、王公大臣有体面的生活,否则他们就无心于政治事务。这与今日高薪养廉论颇有相合之处。龚自珍说:"三代以上,大臣、百有司无求富之事,无耻于言富之事。……人主之遇其臣也,厚以礼,绳以道,亦岂以区区之禄为报?然而禹、箕子、周公然者,王者为天下国家崇气象,养体统,道则然也。孟子曰:'无恒产而有恒心,惟士惟能。'虽然,此士大夫所以自律则然,非君上所以律士大夫之言也。"②

年轻的龚自珍对专制政治泯灭士人气节的做法给予了猛烈的批判,他说:"士皆知有耻,则国家永无耻矣;士不知耻,为国之大耻。历览近代之士,自其敷奏之日,始进之年,而耻已存者寡矣!官益久,则气愈媮;望愈崇,则诌愈固;地益近,则媚亦益工。至身为三公,为六卿,非不崇高也,而其于古者大臣巍然岸然师傅自处之风,匪但目未睹,耳未闻,梦寐亦未之及。臣节之盛,扫地尽矣。非由他,由于无以作朝廷之气故也。"③而之所以朝廷不能兴起士人、大臣之气节,主要是由于专制政治奴役从政者之心,"朝见长跪、夕见长跪之余",让大臣坐而论道,与君主平起平坐的政治平等传统被消除殆尽的缘故。

---

① 龚自珍:《明良论四》,《龚自珍全集》,王佩诤校,第 36 页。
② 龚自珍:《明良论一》,《龚自珍全集》,王佩诤校,第 29 页。
③ 龚自珍:《明良论二》,《龚自珍全集》,王佩诤校,第 31 页。

龚自珍还非常深刻、犀利地揭露了专制政治消磨士气的另一种阴招，那就是在京城里广设妓馆，从而达到拑塞天下游士心思、言论的目的。他说："士也者，又四民之聪明喜议论者也。身心闲暇，饱暖无为，则留心古今而好议论。留心古今而好论议，则于祖宗之立法，人主之举动措置，一代之所以为号令者，俱大不便。凡帝王所居曰京师，以其人民众多，非一类一族也。是故召募女子千余户入乐藉。乐藉既棋布于京师，其中必有资质端丽，桀黠辨慧者出焉。目挑心招，捭阖以为术焉则可以塞天下之游士。乌在其可以箝塞也？曰：使之耗其资财，则谋一身且不暇，无谋人国之心矣；使之耗其日力，则无暇日以谈二帝三王之书，又不读史而知古今矣；使之缠绵歌泣于床第之间，耗其壮年之雄材伟略，则思乱之志息，而议论图度，上指天下画地之态益息矣；使之春晨秋夜为蠮体词赋、游戏不急之言，以耗其才华，则议论军国臧否政事之文章可以毋作矣。如此则民听壹，国事便，而士类之保全者亦众。"[1]

龚自珍非常敏锐地指出，士无气节，实是整个国家民族的悲哀，而造成灾难的原因则出自朝廷之上的专制政治。他说："农工之人、肩荷背负之人则[2]无耻，则辱其身而已；富而无耻者，辱其家而已；士无耻，则名之曰辱国；卿大夫无耻，名之曰辱社稷。由庶人贵而为士，由士贵而为小官，为大官，则由始辱其身家，以延及于辱社稷也，厥灾下达上，象似火！大臣无耻，凡百士大夫法则之，以及士庶人法则之，则是有三数辱社稷者，而令合天下之人，举辱国以辱其家，辱其身，混混沄沄，而无所底，厥咎上达下，象似水！上若下胥水火之中也，则何以国？"[3]

龚自珍虽然还缺乏现代西方式的民主政治理念，但他所提出的"为政之道"，在中国传统政治框架内还是具有消解皇权专制主义毒素的意义。他说："律令者，胥吏之所守也；政道者，天子与百官之所图也。守律令而不敢变，吏胥之所以侍立而体卑也；行政道而惟吾意所欲为，天子百

---

① 龚自珍：《京师东藉说》，《龚自珍全集》，王佩诤校，第 118 页。
② 此"则"字当为"若"字。
③ 龚自珍：《明良论二》，《龚自珍全集》，王佩诤校，第 32 页。

官之所以南面而权尊也。为天子者，训迪其百官，使之共治吾天下，但责之以治天下之效，不必问其若之何而以为治，故唐、虞三代之天下无不治。"①

他吸收了明末清初黄宗羲、顾炎武的政治改革思想，坚持"君臣共治群分"与"一命之官莫不分天子之权"的精英民主政治理想，反对设立过于苛细的一家之私法、不可破之例束缚大臣为天下百姓办事的手脚。他说："天下无巨细，一束之于不可破之例，则虽以总督之尊，而实不能以行一谋、专一事。夫乾纲贵裁断，不贵端拱无为，亦论之似者也。然圣天子亦总其大端而已矣。至于内外大臣之权，殆亦不可以不重。权不重则气不振，气不振则偷，偷则敝。权不重则民不畏，不畏则狎，狎则变。……圣天子赫然有意千载一时之治，删弃文法，捐除科条，裁损吏议，亲总其大纲大纪，以进退一世，而又命大臣以所当为，端群臣以所当从。内外臣工有大罪，则以乾纲诛之，其小故则宥之，而勿苛细以绳其身。"②

如果说，黄宗羲曾经提出了"臣道"，要求传统士人从"为天下的目的"出发来做官，那么，龚自珍则提出了"宾宾"的理想，要求士人不要"籍道以降"。他是这样界定王朝政治中的"宾"之类大臣的身份的："故夫宾也者，生乎本朝，仕乎本朝，上天有不专为其本朝而生是人者在也。"③正因为"宾"不是专为一朝政治服务的，所以这些人从事政治活动主要是服从"政道"的原则，为国家、为百姓做事，因而具有相对独立的政治人格与处事原则。龚自珍说：

> 兴王圣智矣，其开国同姓魁杰寿考，易尽也，宾也者，异姓之圣智魁杰寿考也。其言曰：臣之藉，外臣也；燕私之游不从，宫库之藏不问，世及之恩不预，同姓之狱不鞠，北面事人主，而不任叱咄奔走，捍难御侮，而不死私难。是故进中礼，退中道，长子孙中儒，学中史。④

① 龚自珍：《明良论四》，《龚自珍全集》，王佩净校，第34页。
② 龚自珍：《明良论四》，《龚自珍全集》，王佩净校，第35—56页。
③ 龚自珍：《古史钩沈论四》，《龚自珍全集》，王佩净校，第28页。
④ 龚自珍：《古史钩沈论四》，《龚自珍全集》，王佩净校，第27页。

甚至在王朝更迭之际,这些"宾者"也应当受到真正的王者的尊重。其理何在? 龚自珍认为:"古之世有抱祭器而降者矣,有抱乐器而降者矣,有抱国之图藉而降者矣。无藉其道以降者,道不可藉也。下至百工之艺,医卜之法,其姓氏也古,其官守也古,皆不能以其艺降。"[1]

而对于这样异姓的"圣智魁杰"之宾,王者应当"芳香其情以下之,玲珑其诰令以求之,虚位以位之"[2]。

上述龚自珍通过历史学的方式阐述的反专制政治的思想,要求大臣以道自尊,也要求理想中的王者尊重抱道之大臣,其实是明末清初反皇权专制政治思想的继续,也是中国传统政治思想中士大夫与天子共治天下的政治理想的一种继续。

龚自珍还对传统政治中所谓的"王道"思想进行了犀利的批判,提出了"王者取天下有阴谋焉"的惊世骇俗之论。在《葛伯仇饷解》一文中,对《逸周书》中"葛伯仇饷"一事进行重新解释,认为葛虽贫,葛伯作为一国之君,绝对不可能做杀人夺酒肉之事,其原因是商汤制造的阴谋而已。他说:

> 王者取天下,虽曰天与之,人归之,要必有阴谋焉。汤居亳,与葛为邻,葛伯不祀,汤教之祀,遗以粢盛可矣;乃使亳众往为之耕,春耕、夏耘、秋收,乃囷乃米……亳众者何? 窥国者也,策为内应者也。老弱馈者何? 往来为间谍者也。葛虽贫,士可兼,葛伯放而柔,强邻圣敌,旦夕虎视,发众千百入其境,屯于其野,能无惧乎? ……仇者何? 众词,大之之词。杀者何? 专词。杀一人不得言仇,仇不得言杀。史臣曰:"葛伯仇饷",得事实矣。又曰:"汤一征,自葛载。"夫葛何罪? 罪在近。后世之阴谋,有远交而近攻者,亦祖汤而已矣。[3]

---

[1] 龚自珍:《古史钩沈论四》,《龚自珍全集》,王佩诤校,第28页。
[2] 龚自珍:《古史钩沈论四》,《龚自珍全集》,王佩诤校,第27页。
[3] 龚自珍:《葛伯仇饷解》,《龚自珍全集》,王佩诤校,第124页。

上述龚自珍所论，显然借用《公羊春秋》的笔法，批评历史上所谓的"王道"政治，将儒家历史上歌颂的大圣人商汤看作是后世政治阴谋的始作俑者。这一曲折的笔法与王夫之在史论中将文王看作是剥夺相权、开始皇权专制始作俑者一样，都是借古讽今的手法。

龚自珍有关社会变革的思想往往通过托古改制的言语方式表达出来。他说："吾闻深于《春秋》者，其论史也，曰：书契以降，世有三等，三等之世，皆观其才；才之差，治世为一等，乱世为一等，衰世别为一等。"①他称自己所处之世为"衰世"，这一"衰世"表面上看"方类治世，名类治世，声音笑貌类治世"②，然而人才绝无，人心已经彻底腐烂，距离大乱之日仅有一步之遥：

> 黑白杂而五色可废也，似治世之太素；宫羽淆而五声可铄也，似治世之希声；道路荒而畔岸隳也，似治世之荡荡便便；人心混混而无口过也，似治世之不议。左无才相，右无才史，阃无才将，庠序无才士，陇无才民，廛无才工，衢无才商，抑巷无才偷，市无才驵，薮泽无才盗；则非但鲜君子，抑小人甚鲜。当彼其世也，而才士与才民出，则百不才督之、缚之，以至于戮之。戮之非刀、非锯、非水火，文亦戮之，名亦戮之，声音笑貌亦戮之。戮之权不告于君，不告于大夫，不宣于司市，君大夫亦不任受。其法亦不及于要领，徒戮其心，戮其能忧心、能愤心、能思虑心、能作为心、能有廉耻心、能无渣滓心。又非一日而戮之，乃以渐，或三岁而戮之，十年而戮之，百年而戮之。才者自度将见戮，则蚤夜号以求治；求治而不得，悖悍者则蚤夜号以求乱。夫悖且悍，且睊然睊然以思世之一便己，才不可问矣。嫠之伦聒有辞矣。然而起视其世，乱亦竟不远矣。③

---

① 龚自珍：《乙丙之际塾议第九》，《龚自珍全集》，王佩净校，第6页。
② 龚自珍：《乙丙之际塾议第九》，《龚自珍全集》，王佩净校，第6页。
③ 龚自珍：《乙丙之际塾议第九》，《龚自珍全集》，王佩净校，第6—7页。

　　龚自珍对衰世的表象作了生动的刻画,黑白混淆,宽和之音与悠扬之音混淆①,道路上一切稀松,不紧不慢,仿佛是治世一般,而实际上是整个社会各个领域里都缺乏人才。其主要原因在于国家将人们的能忧、能思、能作为、有廉耻之心等内在的积极主动意志全部摧毁,表现出的是一夫为刚,万夫为柔的景象。龚自珍还以十分形象的语言揭示了嘉道之际的清王朝政治与社会的现实状态:"履霜之屩,寒于坚冰;未雨之鸟,戚于飘摇;痹痿之疾,殆于痈疽;将萎之华,惨于槁木。"②又说:"日之将夕,悲风骤至,人思灯烛,惨惨目光,吸饮莫气,与梦为邻"。③ 他通过隐喻的方式,将京师与山中之民的力量作一鲜明的对比,预言清王朝社会里行将爆发一场下层民众的革命运动。他认为,由于权贵所处的京师之地,拒绝接纳社会中的"人功精英,百工魁杰",以至于京师之气泄,京师之势力空虚,而让山中实力增加,其结果是"豪杰轻量京师;轻量京师,则山中之势重矣"④,最后是"山中之民,有大音声起,天地为之钟鼓,神人为之波涛矣"⑤。

　　透过对历史上王朝兴替的认识,龚自珍得出了"无八百年不夷之天下,天下有亿万年不夷之道"⑥的历史常变观。这即是说,具体的王朝天下是会改姓换代的,然而政治之道的根本精神是不变的。而这不变的"政治之道",或许就是他在《农宗》篇中所阐述的朴素的唯物论的政治思想。龚自珍甚至还说:"夫五行不再当令,一姓不再产圣。"⑦这其实是在

①《晋书·乐志》载:"是以闻其宫声、使人温良而宽大……闻其羽声,使人恭俭而好礼。"宫音为五音之首,"声始于宫……属土",《汉书·律历志》说:"宫,君也,倡始绝生,为四声纲也",认为宫声在五音之中最重要。土为大地,万物之母,脾土为后天之本,生命活动的持续和气血津液的生化都有赖于脾胃运化水谷精微,而同为"土"的宫音,因为性质的相似,同气相求,可以与脾发生联系。羽音悠扬澄静,柔和透彻,同有水的特性,故羽声入肾。
② 龚自珍:《乙丙之际塾议第九》,《龚自珍全集》,王佩净校,第7页。
③ 龚自珍:《尊隐》,《龚自珍全集》,王佩净校,第87页。
④ 龚自珍:《尊隐》,《龚自珍全集》,王佩净校,第87页。
⑤ 龚自珍:《尊隐》,《龚自珍全集》,王佩净校,第88页。
⑥ 龚自珍:《乙丙之际塾议第七》,《龚自珍全集》,王佩净校,第5页。
⑦ 龚自珍:《古史钩沈论四》,《龚自珍全集》,王佩净校,第27页。

预言爱新觉罗氏的大清王朝即将灭亡。然而,即使如此,龚自珍还是希望清王朝的统治者能进行自我改革,他说:"一祖之法无不敝,千夫之义无不靡,与其赠来者以劲改革,孰若自改革。抑思我祖所以兴,岂非革前代之败耶?前代所以兴,又非革前代之败耶?何莽然其不一姓也?天何必不乐一姓耶?鬼何必不享一姓耶?奋之!奋之!将败则豫师来姓,又将败则豫师来姓。《易》曰:'穷则变,变则通,通则久。'非为黄帝以来六、七姓括言之也,为一姓劝豫也。"①

非常遗憾的是,清王朝并未听从龚自珍的劝告,在太平天国农民起义洪流的冲击下迅速走向衰亡,最后在外国资本主义强大势力的攻击下,加上内部的混乱而迅速走向灭亡。

龚自珍是诗人、文学家,其有关社会变化的理论思考往往借助于文学形象表达出来。其《释风》一文就生动形象地揭示了人类社会变化的不可预期性、渐变而人不知的特征,并形象地论证了人是促使社会风气变化的根本原因。他甚至说社会性质的风气之"风"是风字的本义:"古人之世,儵而为今之世;今人之世,儵而为后之世;旋转簸荡不已。万状而无状,万形而无形,风之本义也有然。"②当有人问"风"之古字"風"从"虫"作何解释时,龚自珍说:"且吾与子何物?固曰:倮蟲。文积虫曰蟲。天地至顽也,得倮蟲而灵;天地至凝也,得倮蟲而散;然而是天地至老寿也,得倮蟲而死;天地犹旋转簸荡于虫,矧虫之自为旋转而簸荡者哉?"③

龚自珍此处以文学的形象语言揭示了人为万物之灵,因人的作用而使天地发生变化的道理。他还进一步借道家之言,阐述了人受社会风气的影响而不知觉,然而因生病而衰老,因衰老而死亡的结局。他说:"道家者流,又言无形么虫万亿,昼夜啮人肤,肤觉者亿之一耳,是故有老死

---

① 龚自珍:《乙丙之际塾议第七》,《龚自珍全集》,王佩诤校,第6页。
② 龚自珍:《释风》,《龚自珍全集》,王佩诤校,第128页。
③ 龚自珍:《释风》,《龚自珍全集》,王佩诤校,第128页。

病。是说也,予亦信之。"①龚自珍在此所说的道家其实为道教,先秦道家没有类似的说法。他这一带有诗化哲学特征的语言形式,带有极强的隐喻性、暗示性、启发力,如果我们仅从概念、范畴的角度来把握他的社会政治思想,往往会觉得他的思想贫乏、浅薄。实际上,他的思想极其深刻且值得反复咀嚼。

## 第二节　龚自珍的心力论与人性论

在《己亥杂诗》中,龚自珍曾吟咏道:"颓波难挽挽颓心,壮士曾为九牧鍼。鐘虡苍凉行色晚,狂言重起廿年瘖。"他深知道光时代的清王朝已经处于颓波横流的衰世,距乱世只有一步之遥。他个人无能为力,只希望通过挽救人心来挽救世道了。龚自珍深受佛教思想的影响,但他将佛教的"救心"思想与儒家经世致用的思想结合起来,希望通过提升众人"心力"来拯救当时社会颓靡的风俗。他说:"心无力者,谓之庸人。报大仇,医大病,解大难,谋大事,学大道,皆以心之力。司命之鬼,或哲或昏,人鬼之所不平,卒平于哲人之心。哲人之心,孤而足恃,故取物之不平者恃之。"②

### 一、以"心力"挽颓波与"尊命"的矛盾

龚自珍无力改变现实,甚至也无力改变众人之"心力",而最终想依托"哲人之心",唤醒众人,改变世界。他又将"尊史"的观念与尊心结合起来,提出了"尊史即尊心"的观点。他说:"史之尊,非其职训、司谤誉之谓,尊其心也。"③

"尊史"如何与尊心结合起来的呢?龚自珍认为,良史必具备善于体察"人心风气",善于表达出真实的"人心风气"的能力。善于体察"人心

---

① 龚自珍:《释风》,《龚自珍全集》,王佩净校,第129页。
② 龚自珍:《壬癸之际胎观第四》,《龚自珍全集》,王佩净校,第15—16页。
③ 龚自珍:《尊史》,《龚自珍全集》,王佩净校,第80页。

风气"称之为"善入",善于表达"人心风气",称之为"善出"。"不善入者,非实录,垣外之耳,乌能治堂中之优耶?"①"不善出者,必无高情至论,优人哀乐万千,手口沸羹,彼岂复能自言其哀乐耶?"②正是从善入、善出"人心风气"的角度看,龚自珍认定尊史即是"自尊其心",而且因为史家自尊其心,则史官之职因此而得到尊重,史官的语言也因此得到尊重,史官之具体作者也得到尊重。在这样的前提下,龚自珍提出了"出乎史,入乎道,欲知大道,必先为史"的历史哲学命题。这一历史哲学命题以前所未有的哲学新观念表达了对新历史学——忠实反映、表达民众心声的人本史学的高度推崇,既是对章学诚"六经皆史"思想命题的继承,也是一种发展与创新。

在《庐之推》一文,龚自珍希望通过士人坚持庐墓的守丧之礼,以培养天下士人之德,进而理解圣人祀其先王之礼所具有整合天下人心的教化意义。他说:"士德之盛者,能知圣人。圣人者,合万国之欢心,以祀其先王,大命必于庙,其始升歌曰:'济济多士,秉文之德'。而卒称无斁于人,以如将万年焉,由此其推也。"③这种政治理想带有很强的空想色彩,但他希望当社会精英阶层——士群体能够起到引领众人的积极作用,从而改变社会的衰朽之象,还是有积极意义的。

龚自珍批评专制政治摧残人心,摧毁人的气节。他说:"昔者霸天下之氏,称祖之庙,其力强,其志武,其聪明上,其财多,未尝不仇天下之士,去人之廉,以快号令,去人之耻,以嵩高其身;一人为刚,万夫为柔,以大便其有力强武。"④这种对专制政治的批评,上接晚明顾、黄、王等人的反专制思想,下开近代以来士人思想解放之先声,而他对"一人为刚,万夫为柔"的专制政治现象批判的深刻性,是先前反专制政治思想所难以比拟的。龚自珍一方面批判千百年来的专制政治历史,另一方面又希望有

---

① 龚自珍:《尊史》,《龚自珍全集》,王佩诤校,第81页。
② 龚自珍:《尊史》,《龚自珍全集》,王佩诤校,第81页。
③ 龚自珍:《庐之推》,《龚自珍全集》,王佩诤校,第96页。
④ 龚自珍:《古史钩沈论一》,《龚自珍全集》,王佩诤校,第20页。

理想的圣王出现,这样的圣王能培养人的气节,从而改变社会的风气,他说:"气者,耻之外也;耻者,气之内也。温而文,王者之言也;惕而让,王者之行也;言文而行让,王者所以养人气也。"①

现实中的龚自珍在政治上不可能有什么作为。他只能借用佛教"发心愿"的形式,来表达自己的救世思想。在《发大心文》中,他化用佛教的行文风格,以奇诡的文风形式表达了拯救世界的无穷心愿。他说:

> 我若不以今生坐大愿船,自鼓愿楫,尽诸后身,终成蹉忽,负恩无极,是谓枉得人身,虚闻佛法。……我今誓发大心,凡生人伦,受种种恼,大心菩萨深知因果,各各有故,略可设说。②

甚至说,假设有后身仍生人间,"皆当发心而正思惟。如遇它横逆,应正思惟,生安受心;遇他机械,应正思惟,生怜他心;遇他作恶,应正思惟,生度他心;遇他冥顽,不忠不孝,不存血性,于家于国,漠然无情,应正思惟,生感动他心"③……

龚自珍一腔改革、救世之心,在无情的现实面前只能化为泡影。他在自己的精神世界里借助佛教的力量来鼓励自己,以孤胆英雄的形象来从事改革的事业,今生不遂心愿,来生继续奉行。这一借助大乘佛教的精神力量来从事社会改革的思路,被部分近代革命家所利用,其中章太炎就是典型的例子。

龚自珍一方面高调提倡"心力",另一方面却也"尊命"。他所说的"命",既是天命,也是"君命",而其共同特征是,既"必信",又"不必信"。所谓"必信",即指有一定的规律性。所谓"不必信",即指又有一定的偶然性。要而言之,让人捉摸不透又不得不接受的一种命令、结局,就叫作命。他说:

> 儒家之言,以天为宗,以命为极,以事父事君为践履。君有父之

---

① 龚自珍:《古史钩沈论一》,《龚自珍全集》,王佩诤校,第 20 页。
② 龚自珍:《发大心文》,《龚自珍全集》,王佩诤校,第 392—393 页。
③ 龚自珍:《发大心文》,《龚自珍全集》,王佩诤校,第 392—393 页。

严,有天之威;有可知,有弗可知,而范围乎我之生。君之言,唐、虞谓之命,周亦谓之命。……夫天,寒、暑、风、雨、雷必信,则天不高矣;寒、暑、风、雨、雷必不信,则天又不高矣。①

面对"命",人只有被动的接受,无论是正命、不正命,无如何者,都要接受。他还认为,儒家言"命",不仅比佛教更加细致、完备,而且在觉世牖民方面,儒家之言最妙。由此,他将儒家传统中的"发乎情,止乎礼义"的命题改造为"发乎情,止于命"的命题。他说:"三百篇之世及迁之世,天竺法未东,命之正,命之无如何,又各有其本,因是已,缘是已,宿生日已,诗人、司马迁,惜乎其皆未闻之。未闻之而不能不立一说,使正者受,不正者亦受,无如何者亦受,强名之曰命。总人事之千变万化,而强诿之曰命,虽不及天竺书,要之儒者之立言,觉世而牖民,莫于此,莫善于此!或问之曰:传曰:'发乎情,止乎礼义。'其言何若? 应之曰:子庄言之,我姑诞言之;子质言之,我姑迂言。夫我也,则发于情,止于命而已矣。"②

这样一来,龚自珍在提倡"心力"与"尊命"之间,就表现出了极大的思想张力,也体现了其作为地主阶级改革家内在的软弱之处。他无法找到真正改革社会的动力,所以最终又将改革社会的任务寄托在个别英雄身上。他提出的"尊任"观念——即推崇社会上见危求难的任侠之豪杰,就体现了龚自珍在社会改革方面的无奈。他说:"《周礼》:'以九两系邦国之民,八曰友以任得民。'又曰:'以六行教万民:孝、友睦、姻、任、恤。'杜子春曰:'任,任朋友之事者。'周爵五等,公侯伯子男,任也;子,以谷璧养人;男,以蒲璧安人。曾子曰:'士不可以不弘毅,任重而道远。'任也者,侠之先声也。古亦谓之任侠,侠起先秦间,任则三代有之。侠尚意气,恩怨太明,儒者或不肯为;任则周公与曾子之道也。世之衰,患难不相急,豪杰罹患难,则正言庄色厚貌以益锄之;虽有骨肉之恩,夙所卵翼

---

① 龚自珍:《尊命一》,《龚自珍全集》,王佩净校,第83页。
② 龚自珍:《尊命二》,《龚自珍全集》,王佩净校,第83页。

之子,飘然拒绝,远引事外。"①

上述引文中,龚自珍试图通过对《周礼》中"任"字的重新解释,找到社会改革的经典依据。他提倡周公与曾子提倡的儒侠精神,以急世道为己任而不以一家之安危为意,以为公和牺牲小家的精神担当起社会改革的重任。龚自珍的这种精英式的社会改革理想,与他在人性论方面肯定人性自私的伦理学说,看似有矛盾,实则并不矛盾。他肯定人性自私,是要政治家看到普通大众的人性具有自私的特性,要求政治活动满足大众的需求。而在社会改革方面,他呼呼的是精英士人阶层自觉承担起社会改革的任务。这是传统士阶层自律性要求的体现。

## 二、肯定人性有私的人性论与伦理学思想

在伦理学方面,龚自珍高度肯定了"私"对于人类社会与人伦建设的重要性,反对"大公无私"的伦理观念。这一思想应当说是对李贽肯定"人必私,而后其心乃见"观念的继承。② 龚自珍从大自然有"私"、历史上圣君哲后皆有"私",以及历史政治伦理都肯定私的三个层面,论证了人性有私的合理性。从自然的层面,龚自珍这样说道:

> 天有闰月,以处赢缩之度,气盈逆虚,夏有凉风,冬有燠日,天有私也;地有畸零华离,为附庸闲田,地有私也;日月不照人床闼之内,日月有私也。③

从圣君哲后的层面,龚自珍说道:

> 圣帝哲后,明诏大号,劬劳于在原,咨嗟于在庙,史臣书之。究其所为之实,亦不过曰:庇我子孙,保我国家而已,何以不爱他人之国家,而爱其国家?何以不庇他人之子孙,而庇其子孙?且夫忠臣忧悲,孝子涕泪,寡妻守雌,扞门户,保家世,圣哲之所哀,古今之所懿,

---

① 龚自珍:《尊任》,《龚自珍全集》,王佩净校,第85—86页。
② 虽然,目前并没有直接文献证明龚自珍读过李贽的书。
③ 龚自珍:《论私》,《龚自珍全集》,王佩净校,第92页。

史册之所纪,诗歌之所作。忠臣何不忠他人之君,而忠其君? 孝子何以不慈他人之亲,而慈其亲? 寡妻贞妇何以不公此身于都市,乃私自贞私自葆也?①

从历史上的政治伦理的层面,龚自珍以反面例子与孟子正面维护"私"的正面角度,再一次论证"私"的合理性。他说:

> 且夫子哙,天下之至公也,以八百年之燕,欲予子之。汉哀帝,天下之至公也,高皇帝之艰难,二百祀之增功累胙,帝不爱之,欲以予董贤。由斯以谭,此二主者,其视文、武、成、康、周公,岂不圣哉? 由斯以谭,孟子车氏,其言天下之私言也,乃曰:"人人亲其亲,长其长而天下平。"且夫墨翟,天下之至公无私也,兼爱无差等,孟子以为无父。杨朱,天下之至公无私也,拔一毛利天下不为,岂复有干以私者? 岂复舍我而徇人之谒者? 孟氏以为无君。且今之大公无私者,有杨、墨之贤耶?②

龚自珍由上述所论,得出了一个非常耸人听闻的结论,无私即是禽兽。他说:

> 且夫狸交禽媾,不避人于白昼,无私也。若人则有闺阃之蔽,房帷之设,枕席之匿,赪颡之拒矣。禽之相交,径直何私? 孰疏孰亲,一视无差。尚不知父子,何有朋友? 若人则必有孰薄孰厚之气谊,因有过从谦游,相援相引,款曲燕私之事矣。今日大公无私,则人耶,则禽耶?③

从上述三则材料来看,龚自珍对"人必有私"合理性的论述,在逻辑上非常严密。第一则材料是从自然哲学的角度肯定"人必有私"的合理性。本来天地运行是自然而然的,不存在私与不私的问题,然而龚自珍

---

① 龚自珍:《论私》,《龚自珍全集》,王佩诤校,第92页。
② 龚自珍:《论私》,《龚自珍全集》,王佩诤校,第92页。
③ 龚自珍:《论私》,《龚自珍全集》,王佩诤校,第92页。

以诗人的想象力对天地的运行规则做了一个拟人化的论证，特别是“日月不照人床闼之内，日月有私也”的说法，完全是为了肯定人的私密性生活的合理性而借助日月的自然现象来保证其神圣性。此层论述绝对不能从自然科学的角度来理解，那样只能是笑话。第二则材料主要是揭露了历史上所有王朝政治为“私天下”的本质。从而通过“私天下”的政治史来证明人性自私的普遍性，也揭露了历史上帝王以天下为公的道德虚伪性。该则材料讲到女性自私其身的例证并不恰当，但以歪曲的方式肯定了人保护自我的基本人权。第三则材料是通过历史上“公天下”实践活动的失败与孟子肯定人性私的理论的讨论，再一次证明“人性自私”是正当的、合理的。不过，龚自珍虽然竭力肯定人皆有“私”的一面，但并不因此而否定人当有“公”的一面，而在整体上，他主张公私兼顾，公不废私。他说：

> 《七月》之诗人曰：“言私其豵，献豜于公。”《大田》之诗人曰：“雨我公田，遂及我私。”《楚茨》之诗人曰：“备言燕私。”先公而后私也。《采蘋》之诗人曰：“被之僮僮，夙夜在公，被之祁祁，薄言还归。”公私并举之也。《羔羊》之诗人曰：“羔羊之皮，素丝五紽，退食自公，委蛇委蛇。”公私互举之也。①

龚自珍在此处所引的公私兼顾的经典材料，顾炎武在《日知录》中也引用过。这表明，晚明与清中晚期的进步思想家具有声气相通的一面，也显示了晚明与清代的早期启蒙思想具有一脉相承之处。当然，从理论论证的周密性角度来看，龚自珍论证“私”的合理性的理据是值得商榷的。首先，天地自然无所谓私与公，自然而然也。其次，古代圣帝哲后的自私行为，孟子批评杨朱、墨翟的观点，并不能证明自私就是绝对正确的，至多只能说自私有其历史的合理性。从禅让的角度，以及从最高政治权力转移不影响下层百姓生活，尤其不导致无辜百姓流血的仁政观点

① 龚自珍：《论私》，《龚自珍全集》，王佩诤校，第92—93页。

看,子哙、汉哀帝未必不可以贤于文、武、成、康、周公。最后,禽兽交配不避人,亦是自然而然的行为,无所谓公与私。龚氏理论论证方面确实存在不严密的问题,但丝毫不影响他为"私"的合理性进行理论辩护的伦理倾向的进步意义。晚明以降,伴随着商品经济的大力发展,思想界出现了一股潜流,为商人的谋利行为进行伦理正当性与合理性的辩护的思潮,李贽开其端,顾炎武、黄宗羲等人继其后,龚自珍为"私"的合理性进行理论上的辩护,可以看作是这股潜流的继续。而这股思想潜流恰恰预示并呼唤着新型的资本主义性质的工商业社会的来临。

龚自珍在人性论方面持"人性无善无不善"之论,从思想的近源看,应当说深受阳明"无善无恶是心之体"的思想影响。从远源看是受告子思想的影响。他说:

> 龚氏之言性也,则宗无善无不善而已矣,善恶皆后起者。夫无善也,则可以为桀矣;无不善也,则可为尧矣。①

他进一步阐述荀、孟人性论思想的异同,并申述自己性无善恶的人性论思想的理由,说道:

> 知尧之本不异桀,荀卿氏之言起矣;知桀之本不异尧,孟氏之辨兴矣。为尧矣,性不加菀;为桀矣,性不加枯。为尧矣,性之桀不亡走;为桀矣,性之尧不亡走;不加菀,不加枯,亦不亡以走。是故尧与桀互为主客,互相伏也,而莫相偏绝。古圣帝明王,立五礼,制五刑,敝敝然欲民之背不善而向善。攻劓彼为不善者耳,曾不能攻劓性;崇为善者耳,曾不能崇性;治人耳,曾不治人之性;有功于教耳,无功于性;进退卒亢百姓万邦之丑类,曾不能进退卒亢性。②

龚自珍的结论是:

> 是故性不可以名,可以勉强名;不可似,可以形容似也。扬雄不

---

① 龚自珍:《阐告子》,《龚自珍全集》,王佩诤校,第129页。
② 龚自珍:《阐告子》,《龚自珍全集》,王佩诤校,第129页。

能引而申之,乃勉强名之曰:"善恶混。"雄也窃言,未湮其原;盗言者雄,未离其宗。告子知性,发端未竟。[1]

龚自珍的意思是说,人性就其自然性而言,所有的人都是一样的。人在现实生活中最终表现为善人或恶人,完全是后天的教育、教化、环境影响的结果。要让全社会的人转化为善人,就需要好的社会制度。由此可以看出,龚氏的人性论思想与政治改革思想具有内在的一致性。而仅从此一点看,他对人性善恶问题的论述有与颜元相似之处。

## 第三节　龚自珍的语言哲学与"宗史"思想

以戴震为代表的乾嘉考据学实际上开启了中国哲学的语言学转向。而由戴震开创的 18 世纪中国哲学的语言学转向,经由焦循、段玉裁、阮元等人的继承与发展,到龚自珍的时代为止,基本上告一段落。作为段玉裁的外孙,同时又是清代公羊学大家刘逢禄的弟子的龚自珍,在清代哲学史与学术史上占有特殊重要的位置。一方面,龚自珍通过其外祖父段玉裁,对清代古文经学有着深刻的了解;另一方面,他又不囿于古文经学在文本中寻找真理,借助解经来曲折地表达自己的政治与社会理想的做法,而是直面社会现实问题,提出自己的社会与政治改革主张,进而对古代经典做出了别开生面的解释。因此,我们把龚自珍看作是清代古文经学向今文经学转换的关键人物,通过对他的语言哲学思想的研究,来考察 18 世纪中国哲学的语言学转向的终止点及其朝向新方向转换的可能性与契机。

### 一、从语言学转向史学

我们认为,把龚自珍看作是 18 世纪中国哲学"语言学转向"的转折点式的人物,是非常合适的。他的学术活动虽然主要在 19 世纪,但他特

---

[1] 龚自珍:《阐告子》,《龚自珍全集》,王佩诤校,第 129 页。

殊的家庭背景与学术背景，使他可以担当这一历史任务。从 12 岁起，其外祖父段玉裁就开始教他阅读许慎《说文解字》部目，17 岁时他开始收集各种碑刻①，从《家塾策问》一文可以看出，龚自珍对乾嘉时期语言学发展的历史非常熟悉，且以非常精练的语言做出了总结，并揭示了其发展的趋向。他从以下八个方面概括了中国古代语言学研究的主要问题及清代语言学研究的特点：第一，六书的变化问题到许慎得到一大总结，而"六书之目，有体有用"。第二，中国古代语言学著作有三大类：《说文》是形书，《尔雅》《广雅》是义书，《声类》是音书。第三，中国文字及书面语的特色："以字义而论，一字有一字之本义，有引申之义，有假借之义，往往引申假借之义，通行于古今而本义反晦。"第四，汉代言六书者有多家，在次第方面有小的不同，但在"形声与谐声"方面有大的不同。按照当时段玉裁的语言学研究成果，可将古音分为十七部。第五，对小学的分类更加条理化："六书为小学之一门，声又为六书之一门，等韵之学，又为声中之一门。"第六，声韵之学与明经之学相关："古韵足裨经读"，"古韵明而经明"，"等韵明而天下之言语明"。第七，"语言亦文字"。不同类型的字典，包括当时新出土的钟鼎器铭文，都可以作为许慎《说文》著作的补充。最后，他认同戴震以来乾嘉学者的经学解释学思想："夫解经莫如字也，解字莫如经也"，"古未有不明乎字，而称经生者也"，将经学的语言学解释与语言学的历史文本考察结合起来，从而构成一个"语言—经典意义和经典文本—语言意义"的相互循环的语言学解释学系统。这可以说是龚自珍继承乾嘉学派语言哲学思想的典型例证。而且，也正是在龚自珍的总结里，乾嘉考据学与经典释义学构成了一个具有内在逻辑关系的知识体系，使传统的训诂实践具备了训诂学理论的结构，并从训诂学迈向了经典解释学的新境界。

在《最录段先生定本许氏〈说文〉》一文中，他从十个方面总结了段玉裁的语言学思想，仅举其中四条为例，表明龚自珍的语言学思想来自家

---

① 参见樊克政《龚自珍年谱考略》，第 41、53 页，北京，商务印书馆，2004。

学背景。其一,"本义"说。"段先生曰:许氏书与他师训诂绝异,他师或说其初引伸之义,或说其再引伸之义,许则说其仓颉、史籀以来之本义,然本义十七八,非本义亦十二三,何也? 本义亡则如就后义说之,去古稍远,时为之势为之也。"

其二,"本字"说。"段先生曰:群经诸子百家假借同声之字,东汉而降,增益俗字,则并不得称为假借字。假借字行,而本字废矣,俗字行,而本字废矣。许书绝用本字,当如此作。后儒反疑其迂僻,则由沿习假借与沿用俗字二端之中也。"

其三,"以声为义"说。"段先生曰:古今先有声音而后有文字,是故九千字之中,从某为声音,必同是某义,如从非音者定是赤义,从番声者定是白义,从于声者定是大义,从酉声者定是臭义,从力声者定是文理之义,从协声者定是和义,全书八九十端,此可以窥上古之语言。于协部发其凡焉。"

其四,"引经以说字"说。"段先生曰:许引经以说字,后人不察而改经,如艸部有薼,引《易》之薼以说之,岂许所见《易》有作薼者哉?"[1]

又,在《龚自珍全集》中有《说文段注札记》一文,这也表明他曾经对其外祖父段玉裁的《说文解字注》下过功夫。有了这些家学的背景,他对乾嘉以来通过语言学路径研究经学的得失评价就有了学术的基础。其语言哲学思想也就有了语言学的学术基础。

龚自珍深受乾嘉考据学的思想影响,对于宋明理学不重视小学的思想有较含蓄的批评。在《抱小》篇,他高度肯定通过小学而上达天人性命之学的治学路径,而将探求天人性命之学的任务推到他日。他说:

> 古之躬仁孝,内行完备,宜以人师祀者,未尝以圣贤自处也,自处学者。未尝以父兄师保自处也,自处子弟。自处子弟,故终身治小学。小学者,子弟之学;学之以侍父兄师保之侧,以待父兄师保之顾问者也。孔子曰:入则孝,出则弟,有余力以学文。学文之事,求

---

[1] 龚自珍:《最录段先生定本许氏说文》,《龚自珍全集》,王佩净校,第258页。

之也必劬,获之也必创,证之也必广,说之也必涩。不敢病迂也,不敢病琐也。求之不劬则粗,获之不创则剿,证之不广则不信,说之不涩则不忠,病其迂与琐也则不成。其为人也,淳古之至,故朴拙之至,故退让之至;退让之至,故思虑之至;思虑之至,故完密之至;完密之至,故无苟之至,故精微之至。小学之事,与仁、爱、孝、弟之行,一以贯之已矣。若夫天命之奥,大道之任,穷理尽性之谋,高明广大之用,不曰不可得闻,则曰俟异日,否则曰:我姑整齐是,姑抱是,以俟来者。①

龚自珍认为,正是通过"小学"——乾嘉时代的音韵、训诂学、制度与度数之学的长期而严肃的训练,理想的道德人格因此而被养成。而这种表面上看起来与人格修养无关的学术研究活动,恰恰可以"与仁、爱、孝、弟之行"一以贯之。因为,传统的小学是经学的一部分,小学研究不外在于经学研究。"小学"之"小",形式上看不如讲天人性命之学广大精神微、深奥,但恰恰可以培养理想的人格。龚自珍提出的七个"之至"——淳古之至、朴拙之至、退让之至、思虑之至、完密之至、无苟之至、精微之至,恰恰都是通过"小学"训练完成的。这与其外祖父段玉裁讲考据学可以自立、自娱,可以娱亲,可以让人上神交古人,下神交后人的说法,在精神上颇为相通。"小学"岂止是破碎的饾饤之学,无关于人格的养成。恰恰相反,在"小学"严谨的知识训练过程中,培养出了谦谦君子、有守有为的理想人格。正是从这一角度看,龚自珍的"抱小"论其实与戴震的"由字通词,由词通道"的语言哲学纲领,具有内在的一致性。其通过"抱小"的途径而实现的理想人格培养,即是戴震由文字、语言的阶梯去通达的经中之"道"。

## 二、龚自珍对古典文献定本及本字说的怀疑

从现存的《龚自珍全集》看,他在语言学方面并没有多少成就,但是

---

① 龚自珍:《抱小》,《龚自珍全集》,王佩诤校,第93页。

他通过对其前辈语言学得失的考察,在语言哲学方面倒是提出了一些非常重要的思想。从整体上看,他的语言哲学方面主要思想表现在对文字的起源,以及语言的类型分析上面;另外,与乾嘉后期不断发现的金石文献资料有关,其语言学的兴趣更多的表现在对这些保留着古代语言的金石材料的关注上面。龚自珍的这些努力与清末民初的金文、甲骨文研究倒是有内在的学术史关联,从而使得他的语言哲学思考转向了更为广阔的文化、考古领域。

由于中国哲学在 18 世纪所发生的"语言学转向",发展到龚自珍时代基本上完成了自己的历史使命,而外在的社会环境变化,使得这种关注文本的研究已经没有多少工作可做了。另一方面,乾嘉学者们所追求的恢复古代经典原貌的学术目标本身,也有值得怀疑之处。对此,龚自珍有明确的认识。在《古史钩沉三》一文中,龚自珍以问答的形式表达了这种新的思想认识。当他的朋友李锐、陈奂、江藩要求他为《诗》《书》《易》《春秋》的版本整理出一个定本时,他首先推脱说自己的兴趣不在于此,"方读百家,好杂家之言,未暇也"①。接下来又论证说,这是一件不可能的事情。他说:"然而文、武之文,非史籀之挛也。史籀之挛,孔子之雅言,又非汉廷之竹帛也。汉之徒隶写官,译有借声,皆起而与圣者并有权。然而竹帛废,契木起,斠紬者不作,凡契令工匠胥史学徒,又皆起而与圣者并有权,圣人所雅言益微。"②

这即是说,由于历史上文字发展史的几次形体变化,每一种形体之间的内在联系无法搞清楚,故要将古代的经典整理出一个所谓的"定本",那是不可能的。他还进一步地申述道:

> 今夫《易》《书》《诗》《春秋》之文,十五用假借焉,其本字盖罕矣。我将尽求其本字,然而所隶者孤,汉师之泛见雅记者阙;孤则不乐从,阙则不具,以不乐从之心,采不具之储,聚而察之,能灼然知孰为

---

正字、孰为假借？固不能以富矣。诸师籍令完具，其于七十子之所请益，仓颉、史籀之故，孔子之所雅言，又不知果在否焉。①

龚自珍上述的论述当然带有强烈的夸张性，但在其夸张的语言背后所蕴涵的思想还是相当有说服力的。因为，从文字、语言的变化与发展一面看，很难进行全面的还原，在没有足够证据的前提下从事经典版本的勘定工作，是一件吃力不讨好的事情。当然，在龚自珍的时代，他还很难有现代人所具有的解释学的系统思想，但他上述的一番话也明确地表达了对乾嘉考据学在经典释义方面追求客观性、原始性的怀疑，从而与现代解释学的精神颇有相通之处。在现代解释学看来，古代经典一旦进入思想的解释领域，那种理想的客观性就已经渗透了解释者的主观性。诗人龚自珍的眼光的确是非常敏锐的，他在那个时候已经领会到经典文本还原的不可能性了。因而，他将乾嘉学者对语言学"因音求义"的实证研究、语言运用规律、词汇学研究等合乎逻辑地转向了对广义的语言、文字历史的追溯和对语言与人类文明史关系的探索方面了。

## 三、对文字起源与发展的哲学新思

与乾嘉时代学术追求经典解释的客观性相比，龚自珍更加突出了语言文字、创造过程中的主体能动性。这与他鲜明的"唯我论"哲学思想密切相关，龚自珍的语言哲学思想中最为突出的特色之一，就是强调了人类的"主体之我"在创造文字、语言过程中的主动性，以一种自主的规则——理，制造了文字、语言，从而否定了"易哲学"传统中圣人制造语言、文字的说法。他说："天地，人所造，众人自造，非圣人所造。""众人之宰，非道非极，自名曰我。我光造日月，我力造山川，我变造羽毛肖翘，我理造文字语言，我气造天地，我天地又造人，我分别造伦纪。"②

龚自珍在这里所说的"我"——即现代哲学所讲的个体主体性，是一

---

① 龚自珍：《古史钩沉三》，《龚自珍全集》，王佩诤校，第25—26页。
② 龚自珍：《壬癸之际胎观第一》，《龚自珍全集》，王佩诤校，第12页。

个与历史上所谓的"圣人"相对立的、普通人的主体之"我"。这种重视"众人之我"的思想，显然是李贽以来，经王夫之等人所提倡、所重视的"凡人之我"的思想在新的历史条件下进一步明确化的表达。他坚持认为："日月旦昼，人所造，众人自造，非圣人所造。乃造名字，名字之始，各以其人之声。声为天而天名立，声为地而地名立，声为人而人名立。人之初，天下通，旦上天，夕上天，天与人，旦有语，夕有语。万人之大政，欲有语于人，则有传语之民。传语之人，后名为官。"①

这一强调众人创造文化与文明的思想，对于中国传统思想中圣人创造文字、语言的思想是一种巨大的颠覆，比起李贽的"圣凡平等"思想更为激进地肯定了人民大众的历史作用。后来，中国的马克思主义者毛泽东在历史哲学方面特别强调人民大众推动历史的作用。我们没有足够的证据说毛泽东的思想与龚自珍的思想有某种联系，但也可以看出，毛泽东的这一历史哲学思想有着深厚的中国文化土壤，在晚清以后的中国社会可以被广大的士人和新派的知识分子所接受。

非常有意思的是：龚自珍以诗人的想象力揭示了人类统治权与语言垄断权力的关系。他认为，在人类社会开初的状态下，人人可与天通，旦夕皆可与天通。然而当出现"万有之大政"的时候，由于要有"传语之民"，则"传语之人"因为掌握了"万有大政"的"传语"权力，因而获得了"官"之名。在古汉语里，"官"就有管理、掌管的意思。《老子》一书云："朴散为器，圣人设为官长。"而在远古"以天为法"的政治时代，或以龙纪官，或以云纪官，或以鸟纪官，都是"天所部，非人所部"②。但由于"后政不道，使一人绝天不通民，使一人绝民不通天，天不降之，上天不降之，上天所天，又不降之。诸龙去，诸鸟不至，诸云不见，则不能以绝。比其久也，乃有大圣人出，天敬降之，龙乃以部至，鸟以部至，云以部至，民昂首见之者，天之藉也"③。

---

① 龚自珍：《壬癸之际胎观第一》，《龚自珍全集》，王佩诤校，第 13 页。
② 龚自珍：《壬癸之际胎观第一》，《龚自珍全集》，王佩诤校，第 13 页。
③ 龚自珍：《壬癸之际胎观第一》，《龚自珍全集》，王佩诤校，第 13 页。

可见,"圣人"的出现一方面是远古黄金时代的结束,同时又是新的人文理想世界的开端,而"圣人历史"的开端就是文字垄断的历史。"既有世已,于是乎有世法。民我性不齐,是智愚、强弱、美丑之始。民我性能记,立强记之法,是书之始。中方左行,东方左行,南方左行,东南方左行,东北方右行,西南方左行,西北方右行,北方右行,皆曰文。文之孳曰字,字有三名,曰声,曰形,曰义。"①

从上述文献可以看到,龚自珍将汉字的形、声、义三要素的形成追溯到缈远的人文历史开端,与戴震、段玉裁、高邮王氏父子及乾嘉学者仅以形、声、义三者互求的方法考索六经及诸子、史学经典文本中某些句子、词汇的本义的做法相比,完全是另辟蹊径的做法,即龚自珍以追溯文字发生原理的方式展开中国文化发生史的文化哲学探究活动。他不再是简单地提供个别的人文知识,而是寻求人文知识的产生原理。龚自珍的这种人文学研究在表面上并没有提供新的人文知识,然而是在更高级的意义上提供了新的人文知识,即他以历史学的眼光将人文知识的产生追溯到远古的开端处,从而在哲学方法论的意义上拓展了新的人文知识视野。

不仅如此,与戴震、段玉裁等人主要从经典文献出发研究中国古代语言、语音规律的前辈学者不同,龚自珍还对金石、砖瓦等实物文献有相当的研究,因而他对于中国文字的发展历史,有了相当科学的认识。他认为:"商器文,但有象形指事而已,周器文,乃备六书,乃有属辞。周公讫孔氏之间,佚与籀之间,其有通六书,属文辞,载钟鼎者,皆雅材也,又皆贵而有禄者也。"②这一观点,将汉字的"六书"特征放在历史学的背景下加以考察,从而在语言学的学科里树立起了历史演进的哲学观念。这是龚自珍对乾嘉时代语言学研究的重大发展。

再加上在语言哲学方面,龚自珍崇尚众人创造"名""语言"的新观

① 龚自珍:《壬癸之际胎观第二》,《龚自珍全集》,王佩诤校,第14页。
② 龚自珍:《商周彝器文录序》,《龚自珍全集》,王佩诤校,第267页。

念,因而从文字发展的实际历史进程看,他认识到文字是不断地完备起来的,不可能是圣人一下子创造、完备起来的。这表明他对文字、语言的"历时性"特征有更为深刻、明确而且系统性的认识。

龚自珍还认为,语言既有自己的时代特征,而且还有不同职业群体的特征,所谓"三代之立言,各有世。世其言,守其法。察天文、刻章蔀,储历,编年月,书日,史氏之世言也。规天矩地,匡貌言,防狂僭,通蒙蔽,顺阴阳,布时令,陈肃圣哲谋,教人主法天,公卿、师保、大臣之世言也。言凶,言祥,言天道,或谳,或否,群史之世言也"①。

龚自珍非常重视历史与语言的关系。他甚至夸张地说:"周之世官大者史。史之外无有语言焉;史之外无有文字焉;史之外无人伦品目焉。史存而周存,史亡而周亡。"②

由语言与历史文献的内在关系,龚自珍进一步探讨了历史文献与传统经学的关系。他说:

> 夫六经者,周史之宗子也。《易》也者,卜筮之史也;《书》也者,记言之史也;《春秋》也者,记动之史也;《风》也者,史所采于民,而编之竹帛,付之司乐者也。《雅》《颂》也者,史所采于士大夫也。《礼》也者,一代之律令,史职藏之故府,百时以诏王者也。小学也者,外史达之四方,瞽史谕之宾客之所为也。今夫宗伯虽掌礼,礼不可以口舌顾,儒者得之史,非得之宗伯;乐虽司乐掌之,乐不可以口耳存,儒者得之史,非得之司光。故曰:五经者,周史之大宗也。③

龚自珍在这里将"六经"(或五经)看作是周史之大宗,着重从书面语言的角度来肯定现存的"五经"不是口头相传的产物,而是以书面语言的形式保存了周王朝的礼、乐等文献,故从书面语言文献的角度看,"五经"可以看作是周史的大宗。

---

① 龚自珍:《乙丙之际塾议第十七》,《龚自珍全集》,王佩诤校,第8页。
② 龚自珍:《古史钩沉论二》,《龚自珍全集》,王佩诤校,第21页。
③ 龚自珍:《古史钩沉论二》,《龚自珍全集》,王佩诤校,第21页。

比章学诚的"六经皆史"的观点更进一步，龚自珍又提出了"诸子也者，周史之小宗也"的新命题，让"史学"与子学发生了关联，并通过"史学"的枢纽将经、史、子三者构成了一个内在联系的知识系统。这一点应当是龚自珍对于中国传统人文知识分类学的一个特殊贡献。龚自珍对于作为史学之小宗的诸子之学，分别给它们命名为：任照之史、任天之史、任约剂之史、任名之史、任文之史、任纬之史、任喻之史、任本之史、任教之史的别名，并批评刘向仅以"道家及术数家出于史，不云余家出于史"①的学术史观是"此知五纬、二十八宿异度，而不知其皆系于天也；知江河异味，而不知皆丽于地也"。②

龚自珍的结论是："诸子也者，周史之支孽小宗也。"③

龚自珍还说："良史者，必仁人也，且史家不能逃古今之大势。"④

相对于乾嘉考据学"以知识说经"的方式而言，龚自珍将中国学术的发展统归于"史学"的思想，是中国传统"经学"逐步走向自我解体的第二步。自王阳明、李贽、章学诚等人"归经于史"的学术思想以来，龚自珍更进一步将诸子之学也纳入史学的范围之内，并从大宗与小宗的关系角度揭示中国史学的内在结构，重新叙述中国传统四部分类的内在逻辑关系，展示了中国传统学术寻求新的内在统一性的历史发展意图。近代新史学的开创者梁启超、胡适等人，对于中国传统的学术以"国故学"统称之，应当也表现了以历史学统一中国传统学术的意图。龚自珍以"史学"统率经学与子学，应当是他们的学术思想前身。也许，梁、胡二人的新史学思想未必意识到这一点，但今天从学术思想史的发展脉络来看，这一暗而不彰的客观思想史进程还是值得我们认真反思与咀嚼的。再者，龚自珍突出语言的历时性特征的思想，与戴震特别重视语言的共时性特征

---

① 龚自珍：《古史钩沉二》，《龚自珍全集》，王佩净校，第22页。
② 龚自珍：《古史钩沉二》，《龚自珍全集》，王佩净校，第22页。此处龚氏所列各种"史"类，颇类似方以智《东西均》中各种"均"。
③ 龚自珍：《古史钩沉二》，《龚自珍全集》，王佩净校，第22页。
④ 龚自珍：《与徽州府志局纂修诸子书》，《龚自珍全集》，王佩净校，第334页。

的思想大相径庭。而之所以有这种不同，一方面由于龚自珍吸取了章学诚的"六经皆史"说，对于乾嘉学派特别重视经学的思维方式有所修正；另一方面，乾嘉考据学，特别是以戴震为代表的皖派考据学，通过语言学、制度学、古代自然科学史的研究，合乎逻辑地要求学术转向，纯粹的语言学研究、制度史与自然科学的实证研究不足以揭示人文历史的内在复杂性。龚自珍以他特有的诗人哲学家的敏锐眼光，自觉地从事着清代学术的转向工作。

## 四、龚自珍对名实关系与言语方式的新阐释

"正名"曾经是先秦诸子语言哲学的重要组成部分，其发端于春秋末年礼乐制度崩溃之际。孔子和老子对名实之间的关系问题都有论述。孔子说："必也正名乎！名不正则言不顺，言不顺则事不成。"老子说："名可名，非常名。"龚自珍处在清代社会由盛转衰的关节点上——按照龚自己的说法，是处在初秋之际①，他对"名"的问题特别敏感。在《六经正名》一文里，他提出了"六经在孔子之前"的主张："孔子之未生，天下有六经久矣"。因此，"六经、六艺之名，由来久远，不可以臆增益"。这样，龚自珍从历史学的眼光出发，再一次从学术上解构了经学的权威与孔子作为经学创始人的圣人权威，其所蕴含的思想解放意义虽然含蓄却意义深远。

不仅如此，龚自珍反对将《论语》《孟子》《尔雅》《孝经》等书当作"经"来侍奉，主张"以经还经，以记还记，以传还传，以群书还群书，以子还子"②。这种历史还原主义思想，一方面是乾嘉考据学精神的延续，另一方面又更加明显地带有历史批判意识，对于科举制度下的士人与现行的考试制度将《论语》《孟子》《孝经》当作"经"来看待的普遍看法，无疑构成

---

① 《己亥六月重过扬州记》："天地有四时，莫病于酷暑，而莫善于初秋，澄汰其繁缛淫蒸，而与之为萧疏澹荡，泠然瑟然，而不遽使人有苍莽寥泬之悲者，初秋也。今扬州，其初秋也欤？"参见《龚自珍全集》，王佩诤校，第186页。
② 龚自珍：《六经正名答问五》，《龚自珍全集》，王佩诤校，第40页。

了一种巨大的挑战。

　　龚自珍从人的主体性的角度讨论名的产生问题,并对名与实的对应关系作了比较详细的分析。他说:

　　　　万物不自名,名之而如其自名。是故名之于其合离,谓之生死;名之于其生死,谓之人鬼;名之于聚散,谓之物变;名之于其虚实,谓之形神;名之于久暂,谓之客主;名之于其客主,谓之魂魄,名之于其淳浊、灵蠢、寿否、乐否,谓之升降;名之于其升降,谓之劝戒;名之于其劝戒、取舍,谓之语言文字。有天,有上天,文王、箕子、周公、仲尼,其未生也,在上天。其死也,在上天。其生也,教凡民必称天,天故为群言极。①

　　在这一段文字里,龚自珍对实与名的关系,以及一些重要的名的内涵作了界定。从一般的名到表述价值概念的名,直到最高的称谓"天",龚自珍都从哲学的角度给予了重新的解释。首先,"名不自名",表明万物的命名都是由人开始的,突出了人类主体对万物命名的作用与意义。

　　其次,人类的所有命名都有与之相适应的对象,如以人鬼来表达生死现象,物变表达气之聚散现象等,而所谓的"语言文字"无非表达人类的劝诫、取舍的价值诉求而已。这种语言分析的思想,在其前辈如段玉裁那里是没有的,但在戴震的《孟子字义疏证》那里是有的。戴震对理、天理、善、性的界定,颇似龚自珍的语言分析方法。只是戴震的哲学思考更为系统,而从现存的文献看,龚自珍的思考则比较零碎而已。

　　其三,往古圣人不是终极价值,也就是说往古圣人不是人类价值的源泉,而只有上天才是人类终极价值的源泉。所谓"天为群言极"一语,再一次从历史文化的哲学本体高度否定了圣人的权威,而将自然之天加以神圣化。

　　龚自珍还认识到名的世界与实的世界的对应关系:

----

① 龚自珍:《壬癸之际胎观第八》,《龚自珍全集》,王佩净校,第119页。

　　　万物名相对者,势相待,分相职,意相注,神相耗,影相藏;势不
　　相待,分不相职,意不相注,神不相耗,影不相藏,将相对之名不成,
　　万事皆不立。万事不自立,相倚而已矣;相倚也,故有势。万理不自
　　立,相譬而已矣;相譬也,故有辨。①

龚自珍透过对名言的相对关系的分析,揭示了对象世界的关系性特
征。没有"相对之名",则万事将无法得以区别开来,因而人也就无法从
事认识世界、改造世界的活动。通过"万物相对之名",去理解、把握"势
相待,分相职,意相注,神相耗,影相藏"的相对而存在的现实世界及其相
互关系。因此,在名实问题上,龚自珍不是简单地认同名能反映实,循名
可以责实的"名实"观。而且,他看到了名言世界的相对关系与对象世界
分立关系二者之间的内在联系,从而进一步凸显了名言世界对于人们把
握对象世界的能动作用。

## 五、龚自珍对思想类型与语言类型的分类

龚自珍认为,语言与思想类型密切相关。"王统以儒墨进天下之言,
霸统以法家进天下之言。"②然而,从历史的起源看,古代的政治、文化是
统一的,所以语言也是统一的。他说:"古之世,语言出于一,以古语古,
犹越人越言,楚人楚言也。后之世,语言出于二,以后语古,犹楚人以越
言名,越人以楚言名也。虽有大人生于霸世,号令弗与共,福禄弗与偕,
观其语言,引弗可用;号令与共,福禄与偕,观其语言,卒弗可用;于是退
而立大人之语言,明各家之统,慕圣人之文,固犹将生越而楚言也。"③

龚自珍对远古时代"语言出于一"的理论设想,与司马迁在《五帝本
纪》中所设想的中华民族源头上都共同出自一个祖先——黄帝的设想,
具有思想结构上的同一性。如果从人类学的角度看,人类起源是多源并

---

① 龚自珍:《壬癸之际胎观第七》,《龚自珍全集》,王佩诤校,第 18 页。
② 龚自珍:《壬癸之际胎观第一》,《龚自珍全集》,王佩诤校,第 15 页。
③ 龚自珍:《壬癸之际胎观第一》,《龚自珍全集》,王佩诤校,第 15 页。

生的,并非同出于一个地区,然后分散开来的。① 依此而言,龚氏的"古之世,语言出于一"的理论设想其实是没有根据的,但他由此而得出的个别结论,即后之世文化具有差异性是非常有价值的。这就从理论上否定了回归"圣人原意",以及通过"因声求义"方式发掘古汉语的原初意义的可能性。因为"后之世"语言出于二,与"古语"不同,这种不同就如同楚国人用越国的语言来命名或称谓,越国人用楚国的语言来命名或称谓,势必会引起命名或称谓的混乱,无法展开交流。

他还从教派的角度区分"域外之言"与"域中之言"两大语言类型。而这两大语言类型实际是两大思想类型,即"方外之言"——儒家学派以外的佛、道二教的语言与"方内之言"——儒家学派的语言。他说:

> 有域外之言,有域中之言,域外之言有例,域中之言有例。有以天为极,以命为的;有不以天为极,不以命为的。域外之言,善不善报于而身,历万生死而身弥存,域中之言,死可以休矣,善不善报于而胤孙。②

龚氏在此所谓的"域中之言",即是中国本土的思想类型,尤其是以儒家为典型代表。他通过对"域中之言"所构筑的名言世界及其一切行为的分析,最终否定了"域中之言"的名言世界一切价值判断的实有性,从而走向了否定"名教"的结论,这是龚自珍语言哲学思想中的"异端"成分,以往学者对此少有论及。如他说:"域中之言,名实其大端,兵为其几。有名,天下兵集之有辞矣;无实,天下之兵集之无患矣。有名无实,是再受兵;有实无名,是再却兵。无名伪有名,耻;无实伪有实,败。名实中,不败,战亦不胜。有名伪无名,霸。败果何丧? 败者不能言;霸果何获? 胜者不能言。非不能言,无以言。故曰:万物不自立。有说十之一,无说十之九;无说十之一,始有说卒无说十之九。善非固有,恶非固有,

---

① 参见萧萐父《古史祛疑》,《吹沙集》,成都,巴蜀书社,1991。
② 龚自珍:《壬癸之际胎观第六》,《龚自珍全集》,王佩诤校,第 17 页。

仁义、廉耻、诈贼、很忌非固有。"①

　　上述"善非固有,恶非固有,仁义、廉耻、诈贼、很忌非固有"的语言哲学结论,已经远远溢出乾嘉考据学"由字以通词,由词以通道"的语言哲学纲领。戴震所开创的由文字、语言探索"经中之道"的语言哲学体系,在龚自珍的历史语言学和语言哲学里已经变成了否定儒家经典中蕴涵着"道"的思想了。因此,龚自珍的语言哲学还从思想性质上开启了对乾乾语言哲学与语言学研究"经中之道"的解构与否定的端绪。

　　龚自珍还从思想的性质角度区分语言的类型:他说:

　　　　温而文,王者之言也;惕而让,王者之行也;言文而行让,王者之所以养人气也。②

又说:

　　　　大人之所难言者三:大忧不正言,大患不正言,大恨不正言。忧无故比,患无故例,仇无故诛,恨无故门,言无故家。③

　　这种语言类型与思想之间相关性的观点,在一定程度上触及了思维与语言的统一性问题,而这一语言哲学思想也是乾嘉时代所没有的新内容。

　　从语言学的角度看,龚自珍本人在这方面并没有多少贡献。但通过他对语言论述的一系列文字看,他对乾嘉以来中国哲学的语言学转向的路径及其局限性是有着某种历史的自觉。他个人能够跳出乾嘉学术透过语言来从事哲学思考的限制,直面现实,直抒己见,表达自己的社会政治理想与哲学思想,为中国哲学的新发展起到了开风气之先的作用。在《己亥杂诗》中,他非常自豪地说:"河汾房杜有人疑,名位千秋处士卑。一事平生无踌蹶,但开风气不为师。"现在看来,龚自珍的自许并不过分。

―――――――――――

① 龚自珍:《壬癸之际胎观第七》,《龚自珍全集》,王佩诤校,第17页。

② 龚自珍:《古史钩沉论一》,《龚自珍全集》,王佩诤校,第20页。

③ 龚自珍:《壬癸之际胎观第六》,《龚自珍全集》,王佩诤校,第17页。

非常可惜的是,龚自珍存留于世间的文字不够多,再加上他的语言深奥难懂,思想奇诡飘忽,对于后人确切地、完整地把握其思想,带来了极大的困难。

## 第四节　魏源的经学与哲学思想

魏源(1794—1857),字默深,湖南邵阳人。其父魏邦鲁曾经是地方上小官僚。魏源9岁应童子试。县令出"杯中含太极"上对,他答以"腹中孕乾坤"下对,让县令大惊。15岁补弟子员,开始研究阳明学。21岁在京问学于刘逢禄,并与龚自珍切磋,学问大进。26岁至山西入学政贺长龄幕,29岁中举,52岁中进士。28岁时,撰写《老子本义序》。30岁撰《两汉经师今古文文家法考》。32岁受贺长龄之请编《皇朝经世文编》,33岁那年冬,《皇朝经世文编》一百二十卷编成。35岁始,着手准备纂著《圣武记》。36岁《诗古微》二卷撰成,47岁重订《诗古微》。48岁受林则徐委托编写《海国图志》。49岁撰成《圣武记》十四卷,该年十二月撰成《海国图志》五十卷,54岁该书增补成六十卷,59岁又增补成一百卷。58岁,补高邮知州,《说文拟雅》书成,并作《说明转注释例》《说文假借释例》二文。61岁,增撰《诗古微》成。62岁,撰成《书古微》。《默觚》上下篇(不知作于何时)较集中地反映了他的哲学思想。在晚清早期的思想界,龚自珍与魏源并称。与龚自珍稍有不同的是,魏源笃信今文经学,并有系统的今文经学的著作《诗古微》《书古微》二书,在道家哲学方面有《老子本义》一书,在应对西方列强入侵的现实政治、军事问题时,魏源曾明确地提出了"师夷长技以制夷"的政治与文化主张。如果说,龚自珍是一个站在传统经学门槛眺望未来中国的先进人物,魏源则是一个已经游走在近代中国社会之中,提出向西方学习具体技术的近代开风气之先的人物。龚、魏二人均有社会变革思想,然而他们用来变革的思想资源主要还是传统经学思想,特别是今文经学及其他诸子的一些思想。从龚、魏二人的社会变革思想来看,中国传统社会即使不遭遇西方列强社会,也会自发产生一些变革的社会思想。正是由于西方近现代资本主义经济、文化的大举入侵,为中国社会变革提供了更加强劲的外在引发力,并提供了明确的变革方向。中西、古今的大交会,由此将中国社会与中华文化引入了一个三千年未有的大变局之中。直到今天,我们仍然处在这个大变局之中,重新在找寻中华文化的方向,并努力重建中华文化的新格局。①

一、魏源的经学思想

作为今文经学家,魏源的主要经学著作有《诗古微》《书古微》《公羊春秋上下》《董子春秋发微》《孝经集传》《礼记别录考》《易象微》《大戴礼记微》《论语类编》《孟子类编》《两汉经师今古文家考》等著作、文章。其经学所指的内容主要是当时认可的十三经,其经学研究方式主要是今文经学一贯使用的"微言大义"法。从哲学的角度看,这种"微义大义"法主要是一种经学的解释学方法。因此,在经学的方法论上,魏源竭力反对清代乾嘉以降的古文经学以"小学"方式治经、努力还原经义的实证经学的路数,主张治经"以淑其身""通经致用"。他说:

> 道形诸事谓之治;以其事笔之方策,俾天下后世得以求道而制事,谓之经;藏之成均、辟雍、掌以师氏、保氏、大乐正,谓之师儒;师儒所教育,由小学进之国学,由侯国贡之王朝,谓之士;士之能九年通经者,以淑其身,以形为事业,则能以《周易》决疑,以《洪范》占变,以《春秋》断事,以《礼》《乐》服制兴教化,以《周官》致太平,以《禹贡》行河,以《三百五篇》当谏书,以出使尊对,谓之以经术为治术。曾有以通经致用为诟厉者乎? 以诂训为音声蔽小学,以名物器服蔽《三礼》,以象数蔽《易》,以鸟兽草木蔽《诗》,毕生治经,无一言益己,无

---

① 本节在写作的过程中主要参考了侯外庐著《中国思想通史》与蒋国保等著《晚清哲学》诸书中有关魏源学术、思想的论述。欲全面了解魏源的思想可以参看陈其泰、刘兰肖著《魏源评传》(南京大学出版社,2005年版)一书。湖南岳麓书社2004年出版的《魏源全集》(20册)是目前研究魏源思想的较好文本。

一事可验诸治者乎？[1]

上述引文中，魏源对经的定义、经的多方面作用进行了简明扼要的阐述，并揭示了道与经的关系。可以从三层次来理解。其一是经的定义问题。魏源持一种经道合一论的思想，认为经即是道通过书面文字记载下来的古代诸事件，让后世人依照这些典型的事件来处理新的事件的历史典范。其二，这些记载在策的典范事件具有多方面的功能，国家层面的高级官员掌握了这些经典就称之为师儒，师儒教育出来的人可以称之为士。士经过九年以上的学习，利用其中的一经来处理天下各方面的事情，从而形成"事业"，总称"以经术为治术"。其三，诸经之中，以及与研究诸经相关的各种学问，总会对治经者有益，诸经亦总有合于治道的。很显然，魏源的"经"论与章学诚的"六经皆史"说、"六经为器"说颇为不同。与戴震所说的"经之至者，道也"的观点亦不相同。他属于绝对的尊经主义者。

与乾嘉古文经学重视人文学研究的实证特征极其不同，魏源特别重视今文经学"口受微言大义"的传经方式与"三世、三统"的历史演进论与政治正当性的谱系，进而为自己的"通经致用"，托经学以言政事提供经学方法论的根据。他说：

> 《春秋》之有公羊氏也，岂第异于左氏而已，亦且异于谷梁。《史记》言《春秋》上记隐，下至哀，以制义法，为有所刺讥褒讳抑损之文不可以书见也，故七十子之徒口受其传指。《汉书》言仲尼没而微言绝，七十子丧而大义乖。夫使无口受之微言大义，则人人可以属词比事而得之，赵沅、崔子方何必不与游、夏同识；惟无其张三世、通三统之义贯之，故其例此通而彼得，左支而右诎。[2]

上则文献表明，魏源相信经学传承中的口耳相传的师承统绪，不认

---

[1]《魏源集》上，第24页，北京，中华书局，2009。
[2]《魏源集》上，第132页。

为任何人可以摆脱师承而能够获得经中的微言大义。后世的经学家,赵
汸、崔子方①在见识上未必赶不上子游、子夏,但他们的经学中没有孔子
口授的张三世、通三统的微言大义,所以他们的经说在这方面说通了在
那方面又不通,显得捉襟见肘。这就表明,经学不只是单纯的知识,不能
简单地通过文字的理解与解释来充分展现其中的精微义蕴。魏源的经
学是与尊重孔子这一古老而又神圣的权威紧密地结合在一起的。

在今文经学传统内部,魏源对于三科、九旨的解释,认同汉儒旧传,
而对同时代孔广森的新三科、九旨说颇不以为然。汉儒三科、九旨说有
两种,一是何休的说法。何休在《春秋文谥例》中指出:"三科九旨者:新
周,故宋,以《春秋》当新王,此一科三旨也";"所见异辞,所闻异辞,所传
闻异辞,二科六旨也";"内其国而外诸夏,内诸夏而外夷狄,是三科九旨
也"。二是东汉宋衷注《春秋》的说法,以张三世、存三统、异内外为三科;
以时、月、日,王、天王、天子,讥、贬、绝为九旨。在宋衷的说法中,三世是
指夏商周,夏为人统,商为地统,周为天统;时月日,指纪事的详略。王、
天王、天子,指称谓的远近亲疏;讥、贬、绝指《春秋》书法评价的轻重。魏
源所信守的就是此二家的三科九旨说,不同意孔广森的新三科九旨说。
孔氏以天道、王法、人情为"三科",以时、月、日,讥、贬、绝、尊、亲、贤为九
旨。他说道:"乃其三科、九旨,不用汉儒之旧传,而别立时月日为天道
科,讥贬绝为王法科,尊亲贤为人性科。如是,则公羊与谷梁奚异?奚大
义之与有!"②

在此一点上,魏源表现出惟汉儒传统是从的尊汉从古的思想倾向。
而在对汉儒今文经学传统的取舍方面,他又特别推崇董仲舒。他说:"若
谓董生疏通大诣,不列经文,不足颉颃何氏,则其书三科、九旨灿然大备,

① 赵汸、崔子方:赵汸,字子常,休宁(今安徽省黄山市休宁县)人,生于元仁宗延祐六年(1319),
卒于明太祖洪武二年(1369)。师事黄泽,受易象春秋之学。隐居著述,作东山精舍以奉母。
洪武二年召修元史。不愿出仕,乞还山。未几,卒。学者称东山先生。汸著有《东山存稿》七
卷,《周易文诠》四卷(均《四库总目》)与《师说》《左氏补注》《春秋集传属辞》,并传于世。崔子
方是北宋苏氏蜀学派的重要人物,以《春秋》学显名。
②《魏源集》上,第133页。

且弘通精渺,内圣而外王,蟠天而际地,远在胡母生、何邵公《章句》之上。盖彼犹泥文,此优柔而厌饫矣;彼专析例,此则曲畅而旁通矣;故抉经之心,执圣之权,冒天下之道者,莫如董生。"[1]

魏源站在今文经学的立场批评乾嘉以降的古文经学,又对今文经学传统里不同于汉儒的一些学术观点进行批判,表面上看是一种学术之争,实际上主要是一种不同的经世思想借助于学术争论体现出来的。除今文经学的立场之外,魏源在经学研究方面的另一个突出特色就是会通诸经之义,而试图对经学的"一贯"之思作出别开生面的解释。这一思想倾向集中体现在《庸易通义》的长文之中。在该文中,魏源列举了二十四条,从多个角度会通《中庸》与《周易》的思想,仅以他开篇总论与二条为例,略窥其综合庸易的思想。他说:"《中庸》之义全通乎《易》,而'未发之中''立天下之大本'者,原于《易》之'何思何虑',各经所未泄之蕴,迥异《大学》以意、心、身为家、国、天下之本。……'《易》无思也,无为也,寂然不动,感而遂通天下之故',非即'喜、怒、哀、乐未发谓之中,发而中节谓之和',为天下之大本、达道者乎?《易》曰'复其见天地之心',岂非《中庸》'莫见乎隐,莫显乎微',徵慎独之心体乎;'君子学以聚之,问以辨之,宽以居之,仁以行之',非即'博学、审问、慎思、明辨、笃行'者乎?"[2]

不仅如此,在其所作的《默觚》上下篇里,他还通过调和宋明理学内部各大学派的思想,作孔、孟赞,颜子、曾子赞,周程、程朱、陆九渊、朱陆异同、杨慈湖、王文成、明儒高刘诸子赞;甚至融通儒道思想,从"为学"与"为治"两个方面,探讨社会治理与人才培养的重大问题,比较集中地体现了魏源的社会与政治思想。

二、魏源的哲学思想

就哲学思想的深邃、系统性而言,魏源远不及清中叶的戴震,更不及

①《魏源集》上,第135页。
②《魏源集》上,第100—101页。

晚明清初的王夫之、黄宗羲等人了。而就其哲学思想的批判性来说看，魏源的思想也不及龚自珍。然在嘉道时期的诸学人当中，魏源的哲学思想却极具代表性，即他以综罗百家的广博性展示了其哲学思考的综合性特点。

（一）魏源的"天"论、"命"论与"鬼神"论

魏源哲学思想的根本特征是"以天为本"。他说：

> 万事莫不有本，众人与圣人皆何所本乎？人之生也，有形神、有魂魄。于魂魄合离聚散，谓之生死；于其生死，谓之人鬼；于其魂魄、灵蠢、寿夭、苦乐、清浊，谓之升降；于其升降，谓之劝戒。虽然，其聚散、合离、升降、劝戒，以何为本，以何归乎？以天为本，以天为归。黄帝、尧、舜、文王、箕子、周公、仲尼、傅说，其生也自上天，其死也反上天。其生也教民，语必称天，归其所本，反其所自生，取舍于此。大本本天，大归归天，天故为群言极。①

魏源所说的"天"，既是我们直觉认识上的"自然之天"，更主要的是儒家经文中的主宰之天，道德之天。《论语》中孔子所讲的"四时行焉，百物生焉"之"天"，《礼运》篇讲"人也者，天地之德，阴阳之会，五行之秀气也"。"政必本于天，殷以降命"之"天"，《尚书·洪范》中所讲的"天"，都是魏源哲学中"天"论思想的来源，也是他所讲之"天"的基本内容。②

魏源甚至认为，人一身内外皆天也。他说："人知地以上皆天，不知一身内外皆天也。'天聪明自我民聪明，天明威自我民明威。'人之心即天地之心，诚使物交物引之际，回光反顾，而天命有不赫然方寸者乎？"③这段文献表明，魏源在多重意义上使用"天"这一概念，人的认识能力来自于"天"，而"天命"亦先天地就驻扎在人的心智之中。因此，他重新解

---

① 《魏源集》上，第 5 页。
② 《魏源全集》第 12 册，第 2—3 页，长沙，岳麓书社，2004。龚自珍亦重视"天"。似乎可以认为，嘉道时期的哲学形上学开始以"天"为宗。
③ 《魏源集》上，第 12 页。

释了"万物皆备于我"的古老命题,说道:

> 人知心在身中,不知身在心中也。"万物皆备于我矣",是以神动则气动,气动则声动,以神召气,以母召子,不疾而速,不呼而至。大哉神乎! 一念而赫日,一言而雷霆,不举动而气满大宅。《诗》曰:"命之不易,无遏尔躬。"知天人之不二者,可与言性命矣。①

上述所引文献表明,魏源借用经文中古老的"天"概念,重新阐述了"天人合一"之说,将王道与神圣之天结合起来。在承认"天"这一超越的形上根据的前提下,谈造命、立命、安命的诸问题。魏源的这一思想与晚明以来重新建立的以气化之道为形上根据的新哲学趋势颇为不合,但在"以复古求解放"的思维方式上又颇为相同。他批评世人反对"天人合一"之说,说道:

> 世疑天人之不合一久矣,惟举天下是非、臧否、得失一决之于利不利,而后天与人事一也! 知是非与利害一,而后可由利仁以几于安仁;知天道之与人事一,而后可造命立命以成其安命。王道之外无坦途,举皆荆棘,而不仁者安仁矣;仁义之外无功利,举皆祸殃,而不知命者安命矣。②

在上述文献中,魏源的意思是说,我们只有知道有一种超越的、神圣的力量在主宰着我们,才能在有限的前提下从事人为的诸事情,否则就不可能成功。由主宰之"天"出发,魏源很合乎逻辑地将"天"予以伦理化的解释,他说:

> 人之为道也,敬天地之性而不敢亵,全天地之性而不敢亏。"事亲如事天,事天如事亲","济济漆漆","如执玉,如奉盈",不必言敬言诚言仁,而诚敬仁有不在其中者乎?"至德要道以顺天下,民用和睦",不必言性言命言天道,而性命道德有不全其中者乎? 大哉,孝

① 《魏源集》上,第13页。
② 《魏源集》上,第20页。

之外无学,孝之外无道也！塞天地,横四海,亘古今,通圣凡,无有乎或外者也;彻精粗,兼体用,合内外,无有乎费贯者也。①

他甚至说:

> 孝子亦天其亲而已,天何尝有不是之风雷？人不敢怨天而敢怨亲,是人其亲而未尝天其亲也;未天其亲,由未尝以道求其身也。诚以道求其身,则但见身有不尽之子职,何暇见亲之圣善不圣善哉！②

魏源将孝提高到如此高的地位,并且说无不是的父母。这种观点在晚明以降出现了反专制、反家长制权威的新思潮之后,显然有点不合时宜。虽然说这是魏源"崇天"思想逻辑的合理延伸,却是其思想中保守或落后的部分。这再一次表明,思想史的发展历程从来就不是直线前进的,旧思想常常以某种回流的方式卷土重来,从而以梦魇的方式纠缠在人们的心灵之中。

与"崇天"思想相关,同时也是其"崇天"思想的另一种表达方式,魏源的哲学思想中又有"崇一"之说。他说:

> 君子之于道也,始于一,韬于一,积于一,优游般乐于一。一生变,变生化,化生无穷。所谓一者何也？地之中也有土圭,道之中也有土圭。③

上文所说的"一",与老子哲学有关,因为老子曾说"昔之得一者,天得一以清,地得一以宁"之类的话。而上文所谓的"土圭",即是测日影用的仪器,与测量广狭的圭臬有所不同,引申而言皆指准则与规范。正因为君子之道始于规范,故又不同于守株待兔式的"执一"。如魏源说:"然则株守夫一者,何以适夫千变,全乎大用钦？举一隅,不足反三隅,望之尽,挹之无余,何以阴噏而阳吐,何以海涵而坤负钦？"④

---

① 《魏源集》上,第15页。
② 《魏源集》上,第15页。
③ 《魏源集》上,第26页。
④ 《魏源集》上,第26页。

应当说,"崇一"与"崇天"是一致的。"一"即是"天","天"即是"一"。此一即是统一、根本、标准之"一",也是绝对的整体。它是无形而有象——直观之天,遍覆包含,无有出于其外;但又广大无极,变化莫测,人物皆不能逃脱其控制。故魏源以"天"为其哲学形上学,兼顾直观与理智,要对世界的变化及其规则性、人的有限性与人又必须主动参与天地造化之中的诸方面问题,给出一个合乎常识与理智的回答。

魏源以"天"为形上根据,在讨论"天"的自然性层面问题时,他又大讲人的操存、参赞、裁成等能动性的一面,从而显示了中国哲学一贯的精神。他说:"一阴一阳者天之道,而圣人常扶阳以抑阴;一治一乱者天之道,而圣人必拨乱以反正;何其与天道相左哉?天左旋,日月五星右转,一经一纬而成文,故人之目右明,手右强,人之发与蛛之网、螺之纹、瓜之蔓,无不右旋而成章,惟不顺天,乃所以为大顺也。物之凉者,火之使热,去火即复凉;物之热者,冰之使凉,去冰不可复热;自然常胜者阴乎!故道心非操不存,人心不引自炽。政之治乱,贤奸之进退亦然。"①

上述魏源提供的论据是经验性的,经不起严格的逻辑分析。但其意思是很明确的,即要通过人对自然之天的逆——反抗,才能成就人间的事业与功绩。魏源一方面承认"命",另一方面又指出"命"所不能拘者的三种情况。如他说:

> 命所不能拘者三,有君子焉,有小人焉。怼山欲壑,立乎岩墙,"下民之孽,匪降自天",此恃命之小人,非命在旦夕所拘者乎?诚知足,天不能贫;诚无求,天不能贱;诚外形骸,天不能病;诚身任天下万世,天不能绝。匪直是也,命当富而一介不取,命当贵而三公不易,命当寿而杀身成仁,舍生取义。匹夫碻然其志,一辈子不能与之富,上帝不能使之寿,此立命之君子,岂命所拘者乎?人定胜天,既可转贵富寿为贫贱夭,则贫贱夭亦可转为贵富寿。《诗》三百篇,福禄寿考,子孙昌炽,颂祷嘏祝而不疑。祈天永命,造化自我,此造命

---

① 《魏源集》上,第10页。

之君子,岂天所拘者乎?①

魏源此处提出的"君子造命"思想基本上积极的,但相对于王夫之的"造命"思想而言,则是一种退步,因为王夫之不仅认为"君子造命",而且认为普通人亦可造命(参见本书第三章)。

与重"天"的哲学形上学思想有关,魏源相信有鬼论。一方面由重天思想出发,魏源相信人有灵魂,如他说:"水火有气而无生,草木有生而无知,禽兽有知而无义,人有气有生有知,亦且有义,故最为天下贵也。是故君子以天为家,以德为本,以道为域;身躯由地而来,向地而归,灵魂由天而来,向天而归。人者不属此地而属天,何可轻忽人性之天,而背圣人之理乎?"②另一方面,从社会治理的角度说,他认为相信鬼神有益于社会教化。他说:"以鬼神为二气之良能者,意以为无鬼也。岂知洋洋在上在左右,使天下齐明承祀,'相在尔室,尚不愧于屋漏'即后儒'天知、地知、人知、我知'之所本,谓天神知、地祇知也。……圣人敬鬼神而远之,非辟鬼神而无之也。……鬼神之说,其有益于人心,阴辅王教者甚大,王法显诛所不及者,惟阴教足以慑之。"③这些文献表明,魏源试图以中国传统社会重视鬼神的宗教思想来辅助他所理想的王道之治,虽然合乎传统政治的经验,但与人类的理智要求、科学发展的趋势不相吻合。

魏源的思想中有浓厚的圣人崇拜情结,过分强调圣人与普通人的不同,这与晚明以降重视圣凡平等的新思想趋势也不甚吻合。他说:

> 心为天君,神明出焉。众人以物为君,以身为臣,以心为使令,故终身役役而不知我之何存。圣人以心为君,以身为城,以五官为臣,故外欲不入谓之关,内欲不出谓之扃,终身泰然而不知物之可营,未有天君不居其所而能基道凝道者也。④

---

① 《魏源集》上,第 20—21 页。
② 魏源:《海国图志》卷七六,《魏源全集》第 7 册,第 1866 页。
③ 《魏源集》上,第 3 页。
④ 《魏源集》上,第 18 页。

又说：

> 惟圣人通于幽明之理，故制礼作乐，饗帝饗亲，进退百神五祀，声气合莫，流动充满于天地之间，则天神降，地祇出，人鬼享，而制作与造化参焉，阴教与王治辅焉，孰谓太虚聚为气，气散为太虚而贤愚同尽乎，礼乐皆刍狗而神道无设教乎？《诗》曰："明明在下，赫赫在上。"①

上述两则材料，一是从德性修养层面说明圣人之所以是圣人，众人之所以是众人的道理。圣人以心为主宰，众人以物为主宰，故众人永远居于道德的较低层面。第二材料则是从政治治理的角度说明圣人之所以能治理众人，是因为他们能领会幽明两界的变化，故能治理天下。这就把圣人神化了。要而言之，魏源"崇天"的哲学思想中，有相当多的积极性思想内容，但也弥漫着一股神秘主义的气氛。这大约与他崇尚今文经学的根本思想倾向有关。

### （二）魏源的人性论与伦理学思想

在人性论的问题上，魏源不相信"气质之性"。他说："气质之性，其犹药性乎！各有所宜，即各有所偏；非煅制不能入品，非剂和众味，君臣佐使互相生克，不能高调其过不及。故气质之性，君子有不性者焉。仁义礼智，孤行偏废，皆足以偾事。贤智之过，有时与愚不肖相去唯阿，况以利欲济其气质，侯有不及无太过乎？"②这就表明，在义理之性与气质之性的问题上，魏源不接受晚明以降进步思想家对"气质之性"不恶的诸观点，基本上坚持宋儒义理之性为人性之根本的观点，这在一点上也可以认为是思想的倒退。但他相信人心之内有先验的、永恒的仁之性。在这一点上，他所表现出来的又是性善论的观点，与宋明以来主流的人性善说是一致的。他说：

---

① 《魏源集》上，第 32 页。
② 《魏源集》上，第 29 页。

因树以为荣枯者华也,华之内有果,果之内有仁,迫仁既成而不因树以荣枯矣;因气以为生死者身也,身之内有心,心之内有仁,迫仁既成而不因形气以生死矣。性根于心,萌芽于意,枝分为念,岂茂为情,则性之华也。①

又说:

谷种为仁,实函斯活。仁者天地之心也,天生一人,即赋以此种子之仁,没然淳然不容已于方寸。故一粒之仁,可蕃衍化育,成千百万亿之仁于无穷,横六合,亘古今,无有乎不同,无有乎或变者也。②

魏源虽然坚持先天的性善说,但在对社会生活中的人何以不善的问题上,则归因于社会环境的影响,不认为是人内在气质之性影响的结果。他认为,仁之种不熟的原因,是因为莠稗侵夺的结果。引申而言,人在社会生活中未能完全展现出其先验的仁性,是因为外在环境没有提供适宜的土壤的缘故。他说:"功利之稗一,记诵之稗一,词章之稗一,技艺嗜好之稗一,生气渗泄,外强中乾,而仁之存者寡矣。"③

正因为如此,魏源十分非常重视"君子以德为本"的思想,他说:"惟本原盛大者,能时措出之而不穷,故君子务本,专用力于德性而不敢外骛,恐其分吾德性之功而两失之也。"④魏源称此为"贯用于体之圣学"。⑤

魏源论学时,将尊德性与道问学作一会通性的理解。他说:"学之言觉也,以先觉觉后觉,故莘野以畎亩乐尧、舜君民之道;学之言效也,以后人师前人,故傅严以稽古陈荼恭默思道之君。觉伊尹之所觉,是为尊德性;学傅说之所学,是为道问学。自周以前,言学者莫先于伊、尹傅二圣,君子观其会通焉。"⑥由此可知,魏源主要还是在传统儒家伦理学的意义

①《魏源集》上,第30页。
②《魏源集》上,第30页。
③《魏源集》上,第30—31页。
④《魏源集》上,第28页。
⑤《魏源集》上,第28页。
⑥《魏源集》上,第1页。

上来讨论"学",而还没有进入对外在经验世界客观知识的关注上面。因此,他所坚持下学上达的思想,也主要是从个人成德的角度来说的,他认为,"技可进乎道,艺可通乎神;中人可易为上智,凡夫可以祈天永命;造化自我立焉。'用志不分,乃凝于神',己之灵爽,天地之灵爽也。'俛焉孳孳,毙而后已'何微之不入?何坚之不剷?何心光之不发乎?是故人能与造化相通,则可自造化"①。

鸦片战争以后,魏源的哲学有所变化,在"知行"关系上,魏源更强调"行"与经验知识的重要性。他说:"'及之而后知,履之而后艰',乌有不行而能知者乎?翻《十四经》之编,无所触发,闻师友一言而终身服膺者,今人益于古人也。耳聒义方之灌,若罔闻知,睹一行之善而中心惕然者,身教亲于言教也。披五岳之图,以为知山,不如樵夫之一足;谈沧溟之广,以为知海,不如贾客之一瞥;疏八珍之谱,以为知味,不如庖丁之一啜。《诗》曰:'如彼行迈,则靡所臻。'"②

因而在认识论的问题上,魏源重视直接经验之于认识的重要性,他说:"山居难以论舟行之险,泽居难与论梯陟之艰。处富不可与论贫,处暇不可与虑猝,处亨不可与言困,处平世不可与论患难。"③

后期的魏源编纂了大量反映西方国家情况、国内政治、军事、地理之类的著作,其中以《海国图志》最为典型。现实政治生活的变化也促使魏源的思想发生变化。这表明魏源还是一个与时俱进的风流人物。

(三)魏源的辩证思维

魏源从《易传》、老子的思想中吸取了抽象的辩证法思想,并着重从政治管理与人生修养方面加以引申,如他说道:

暑极不生暑而生寒,寒极不生寒而生暑。屈之甚者信必烈,伏之久者飞必决。故不如意之事,如意之所伏也;快意之事,忤意之所

①《魏源集》上,第5—6页。
②《魏源集》上,第7页。
③《魏源集》上,第46页。

乘也。众所福,君子不福,不福其祸中之福也;众所利,君子不利,不利其害中之利也。消与长聚门,祸与福同根。岂惟世事物理有然哉?学问之道,其得之不难者,失之必易;惟艰难以得之者,斯能就业以守之。①

又说:

> 不乱离,不知太平之难;不疾痛,不知病之福;故君子于安思危,于治忧乱。……故世人处富贵如贫,君子处贫如富。与人之取,则天下无竞人;取人之舍,斯天下无困境;故君子辟丰如辟患,得歉如得福。②

上述两则材料的第一则意思是说,任何事物发展到极点就会向相反的方向转化。这则没有多少新意。而第二则的意思是说,人类的认识与经验亦应当从相反的方面体会正面价值的可贵与难得。这虽也是常识经验之谈,但在当时有一定的警示意义。

就辩证思维的理论层面来说,魏源主要阐述了"天下之物无独必有对"的辩证法思想,而且还认为,这"无独有对"之中必有主次关系,否则就无法构成一个统一体。从抽象的原则来看,魏源的这种认识应当是正确的。但由之所得出的结论则未必完全是正确的。他说:

> 天下物无独必有对,而又谓两高不可重,两大不可容,两贵不可双,两势不可同,重、容、双、同必争其功。何耶?有对之中一主一辅,则对而不失为独。乾尊坤卑,天地定位,万物则而象之,此尊无二上之谊焉。是以君令臣必共,父命子必宗,夫唱妇必从。……是以君子之学,先立乎其大而小者从令,致专于一,则殊途同归。道以多歧亡羊,学以多方丧生。其为治也亦然。

上述引申的一些结论,如君令臣共、父命子宗、夫唱妇随的诸论断

---

① 《魏源集》上,第18页。
② 《魏源集》上,第19页。

中,还涉及一个是非对错问题,如果君令、父命、夫唱在认识上是错误的,则不应当绝对的服从。而"道歧"也未必就不好,道并行而不相悖的情况也是常有的事情。魏源讲辩证的双方有一主一从之关系,也与今天辩证法思想所阐述的主要矛盾与次要矛盾,矛盾的主要方面与次要方面的辩证思想相去甚远,因为他是在崇阳而抑阴的僵硬形式下来讲对立双方的主与从的关系的。他曾说:"天地之道,一阳一阴。而圣人之道,恒以扶阳抑阴为事。"①这就表明,魏源的辩证思维最终还是被他的形式化而且颇为僵化的崇阳抑阴的思想所窒息。

### 三、魏源的经世思想

魏源的经世思想似可分成两个阶段来理解。前期主要是立足于嘉道时期的社会现实矛盾,提出了一些抽象的变法思想。后期则针对西洋列强的入侵,针对具体的社会现实问题,提出"师夷之长技以制夷"的新经世策略,为中国文化在新的国际环境中的生存与发展,提出了带有一定开放倾向的新思想。其所著的《海国图志》一书,对于中国人全面了解西方文化提供了一个极好的文化窗口。

（一）重有用之学、重"逆"与变革思想

在中国社会未受西方经济、军事势力的粗暴入侵之前,魏源也像当时少数进步士人一样,还是从中国传统文化内部寻求社会变革的思想资源。他仍然相信"内圣外王"之道,认为王道必有性命精微流行其间,他说:"王道至纤至悉,井牧、徭役、兵赋,皆性命之精微流行其间。使其口心性,躬礼义,动言万物一体,而民瘼之不求,吏治之不习,国计边防之不问;一旦与人家国,上不足制国用,外不足靖疆圉,下不足苏民困,举平日胞与民物之空谈,至此无一事可效诸民物,天下亦安用此无用之王道哉?"②

---

① 魏源:《老子本义》,《魏源全集》第 2 册,第 649 页。
② 《魏源集》上,第 36 页。

由此,魏源批评一些士人瞧不起农桑等具体事务的观点。他说:"工骚墨之士,以农桑为俗务,而不知俗学之病人更甚于俗吏;托玄虚之理,以政事为粗才,而不知腐儒之无用亦同于异端。彼钱粮谷簿书不可言学问矣,浮藻饾钉可为圣学乎? 释老不可治天下国家矣,心性迂谈可治天下乎?"①

在经世的问题上,魏源强调经验之知与众人之智的重要性。他说:"以匡居之虚理验诸实事,其效者十不三四;以一己之意见质诸人人,其合者十不五六。古今异宜,南北异俗,自非设身处地,乌能随盂水为方圆也? 自非众议参同,乌能闭户造车出门合辙也? 历山川但壮游览而不考其形势,阅井疆但观市肆而不察其风俗,揽人材但取文采而不审其才德,一旦身预天下之事,利不知孰兴,害不知孰革,荐黜委任不知孰贤不肖,自非持方枘纳圆凿而何以哉?"②

而且,魏源十分重视"逆"的作用。他说:"故真人之养生,圣人之养性,帝王之祈天永命,皆忧惧以为本焉。真人逆精以反气,圣人逆情以复性,帝王逆气运以拨乱反治。逆则生,顺则夭矣;逆则圣,顺则狂矣。草木不霜雪,则生意不固;人不忧患,则智慧不成。大哉《易》之为逆数乎! 五行不顺生,相克乃相成乎! ……顺流之可畏也如是夫!"③

魏源强调"逆"的作用,其实是强调人在社会政治活动中积极、主动参与的作用,并非是完全违反天道或自然规律。圣人"逆气运",并非是逆天道,至多是一种逆潮流、逆风气,然其所逆之中蕴含着更为深刻的道与理,那就是通过仁道的方式去"聚人气"。在政治治理过程中,魏源特别重视聚"人气",而且对于君子与细民,应当采取不同的治理手法。他说:"人者,天地之仁也。人之所聚,仁气积焉;人之所去,阴气积焉。山谷之中,屯兵十万,则穷冬若春;邃宇华堂而皇,悄无綦迹,则幽阴袭人。人气

---

① 《魏源集》上,第 37 页。
② 《魏源集》上,第 36 页。
③ 《魏源集》上,第 39 页。

所蕴,横行为风,上泄为云,望气吹律而吉凶占之。"①"圣人以名教治天下之君子,以美利利天下之庶人。……故于士大夫则开之于名而塞之于利,于百姓则开之于利而坊之于淫。……故曰:刑期以坊淫,庶民之事也;命以坊欲,士大夫之事也;礼以坊德,圣贤自治之学也。世之极盛也,使天下以义为利,其次则以民为利。"②

魏源重"逆"的思想倾向,也在其社会变革论得到了较充分的体现。他要求政治治理根据变化了的实际情况来采取具体的措施,特别重视"时异则世变"的道理。他说:"三代以上,天皆不同今日之天,地皆不同今日之地,人皆不同今日之人,物皆不同今日之物。天官之书,古有而今无者若干星,古无而今有者若干星;天差而西,岁差而东,是天不同后世之天也。"③

在具体的社会政策方面,魏源认为变革得越是彻底,对于民众越是方便。"变古愈尽,便民愈甚"的观点,曾经被看作是激进的变革观念。其实,魏源在此处所讲的变革仅是具体政策层面的变革,而对于儒家的纲常伦理之道是不能变的。他说:"租、庸、调变而两税,两税变而条编。变古愈尽,便民愈甚,虽圣王复作,必不舍条编而复两税,舍两税而复租、庸、调也;乡举里选变而门望,门望变而考试,丁庸变而差役,差役变而雇役,虽圣王复作,必不舍科举而复选举,舍雇役而为差役也;丘甲变而府兵,府兵变而彍骑,而营伍,虽圣王复作,必不舍营伍而复为屯田为府兵也。天下事,人情所不便者变可复,人情所群便者变则不可复。江河百源,一趋于海,反江河之水而复归之山,得乎?履不必同,期于适足;治不必同,期于利民。是以忠、质、文异尚,子、丑、寅异建,五帝不袭礼,三王不沿乐,况郡县之世而谈封建,阡陌之世而谈井田,笞杖之世而谈肉刑哉!"④

①《魏源集》上,第 44 页。
②《魏源集》上,第 45 页。
③《魏源集》上,第 47 页。
④《魏源集》上,第 48—49 页。

　　不过,魏源并不完全割裂古与今的内在关系,只是反对僵化地照搬古代已经不适应变化了的形势的旧法则而已。所以他又讲:"君子之为治也,无三代以上之心则必俗,不知三代以下之情势则必迂。……善治民者不泥法;无他,亲历诸身而已。读、黄、农之书,用以杀人,谓之庸医;读周、孔之书,用以误天下,得不谓之庸儒乎? 靡独无益一时也,又使天下之人不信圣人之道。"①

　　魏源认为,"后世之事,胜于三代者三大端:文帝废肉刑;三代酷酷而后世仁也;柳子非封建,三代私而后代公也;世族变贡举,与封建之变为郡县何异? 三代用人,世族之弊,贵以袭贵,贱以袭贱,与封建并起于上古,皆不公之大者"②。

　　而且在变与不变的问题上,魏源认为,气化无一息不变,而"道"是不变的。他说:"故气化无一息不变者也,其不变者道而已,势则日变而不可复者也。"③魏源所讲的不变之道,实即儒家社会政治哲学中的三纲五常之人伦。

　　(二) 早期民主主义的政治思想

　　在有关封建与郡县之制的优劣问题上,魏源不同于他之前的一些学者的观点,而是以分析的眼光看待封建与郡县之制的优势与不足。他认为:"春秋以前,有流民而无流寇,春秋以后,流寇皆起于流民,往往靦宗社,痛四海。读诗则《硕鼠》'适彼乐郊',《黄鸟》'复我邦族',《鸿雁》劳来中泽,未闻潢池揭竿之患,此封建长于郡县者一也。"④

　　"春秋以后,夷狄与中国为二,春秋以前,夷狄与中国为一。读《诗》与《春秋》,知古者名山大泽不以封,列国无守险之事,故西戎、徐戎、陆浑之戎、赤狄、白狄、姜狄、太原之戎,乘虚得错处其间。后世关塞险要尽属

①《魏源集》上,第 49 页。
②《魏源集》上,第 60 页。
③《魏源集》上,第 48 页。
④《魏源集》上,第 42 页。

王朝,而长城以限华、夷,戎、狄攘诸塞外,此郡县之优乎封建者一也。"①

他还认为:"治天下之具,其非势、利、名乎!井田,利乎;封建,势乎;学校,名乎!圣人以其势、利、名公天下,身忧天下之忧而无天下之乐,故褰裳去之,而樽俎揖让兴焉;后世以其势、利、名私一身,穷天下之乐而不知忧天下之忧,故慢藏守之,而奸雄觊夺兴焉。争让之分,帝王之忧乐天下为之也。"②

在魏源早期的经世思想中,还有一些闪光的思想火花。如他在人才观方面提出"有情方有才"的思想,他说:"人有恒言曰'才情',才生于情,未有无情而有才者也。慈母情爱赤子,自有能鞠赤子之才;手足情卫头目,自有能捍头目之才。无情于民物而能才济民物,自古至今未之有也。小人于国、于君、于民,皆漠然无情,故其心思智力不以济物而专以伤物,是鸷禽之爪牙,蜂虿之芒刺也。"③

在天子与众人的关系问题上,魏源还认为天子亦为众人之所积,故当视天下为天下人之天下,而不能私天下为一人、为一家。他说:"地气随人气而迁徙也。'天地之性人为贵',天子者,众人所积而成,而侮慢人者,非侮慢天乎?人聚则强,人散则尫,人静则昌,人讼则荒,人背则亡。故天子自视为众人中之一人,斯视天下为天下之天下。"④

嘉庆之后,清代的文字狱有所松动,但也没有完全解禁。与魏源同时的龚自珍就有"避席畏闻文字狱,著书只为稻粱谋"的诗句。然而魏源已经明确意识到,民众对时政的批评与国家昌盛的内在关系。他将整个天下看作是人的身体一样,需要息息相通:"天下其一身与!后元首,相股肱,诤臣喉舌。然则孰为其鼻息?夫非庶人与!九窍百骸四支之存亡,视乎鼻息,口中以终日闭而鼻不可一息棝。古圣帝明王,惟恐庶民之不息息相通也,故其取于臣也略而取于民也详。天子争臣七人而止,诸

---

① 《魏源集》上,第 42 页。
② 《魏源集》上,第 44 页。
③ 《魏源集》上,第 35 页。
④ 《魏源集》上,第 44 页。

侯争臣五人而止。至于彻膳之宰,进善之旌,诽谤之木,敢谏之鼓,师箴,瞍赋,矇诵,百工谏,庶人传语,士传言,遒人木铎以徇于路,登其歌谣,审其诅祝,察颜观色其谤议,于以明目达聪,而元首良焉,股肱康焉。"①这一要求当然也与道光之后清王朝社会矛盾的激化密切相关。他希望在上位的统治者能够给民众以表达自己诉求的机会,从而让整个社会上下之间信息沟通,让在上位的统治者做出更加明智、合理的决策。

（三）"师夷之长技以制夷"与开放的文化观

鸦片战争爆发后,魏源的经世思想明显地转向到更为实际的重大社会政治问题的处理方面,其中如何抵抗西洋列强的入侵,保卫中华民族的领土与主权就成为其后期经世思想的主要内容。他提出的"师夷之长技以制夷"的经世策略,在近代中国之初具有极其重要的文化意义。魏源针对当时中国处于劣势的现实,提出了以守为战,以守为款的政治、军事、外交策略。他说:

> 自夷变以来怵幄所擘画,疆场所经营,非战即款,非款即战,未有专主守者,未有善言守者。不能守,何以战?不能守,何以款?以守为战,而后外夷服我调度,是谓以夷攻夷;以守为款,而后外夷范我驱驰,是谓以夷款夷。自守之策二:一曰守外洋不如守海口,守海口不如守内河;二曰调客兵不如练士兵,调水师不如练水勇。攻夷之策二:曰调夷之仇国以攻夷;师夷之长技以制夷。款夷之策二;曰听互市各国以款夷;持鸦片初约以通市。②

且不说魏源的守策能否行得通,仅就其"师夷之长技以制夷"的主张而言,的确在中国近代史上具有开创性的意义。该主张虽然仅停留在技术层面学习西方文化,但毕竟重新打开了中国向西方学习的一条通道。自晚明以来,中国已经开始了学习西方文化的历程,徐光启等先进的中国人大体上都坚持一条"欲求超胜,必先会通"的文化主张。然而自清代

---

① 《魏源集》上,第 67—68 页。
② 《魏源集》下,第 839 页。

康熙年间出现了"礼仪之争"后,中国社会基本关闭了向西方学习的通道。乾隆皇帝又自高自大地拒绝了英国使团马嘎蒂尔要求通商的请求,就更加剧了中国与外界的隔离与封闭,从而使得中国社会对于欧洲社会17世纪到19世纪前半叶近二百五十年所取得的现代文明的巨大成就一无所知。魏源能在当时整体上还处于封闭的中国上层社会提出向西方学习的文化主张,的确重新打开了中国与西方世界接触的一条正确的通道。因此,"师夷之长技以制夷"的政治与军事主张虽然还停留于具体的技术层面,却蕴涵着丰富的思想与文化的含义。因此,中国思想史、哲学史上,将魏源象征性地看作是睁眼看世界的第一人,的确是一个正确的观点。实际上,魏源向西方学习的观点并非仅停留于"师技"的层面,他也提到了一般意义上的了解夷情。如他说:"然则欲制外夷者,必先悉夷情始;欲悉夷情者,必先立译馆翻夷书始;欲造就边才者,必先用留心边事之督抚始。"①既然要了解夷情、翻译夷书,就必然要了解西方的经济、政治制度与学术、思想。而且,在实际的与西方打交道的过程中,魏源已经看到了西方之长不只是在兵器上,而且在军事组织与士兵管理制度上也有其长。他说:"人但知船炮为西洋之长技,而不知西夷之所长不徒船炮也。每出兵以银二十圆安家,上卒月饷银十圆,下卒月饷银六圆,赡之厚故选之精,练之勤故御之整。即如澳门夷兵仅二百余,而刀械则昼夜不离,训练则风雨无阻。英夷攻海口之兵,以小舟渡至平地,辄去其舟,以绝反顾。登岸后则鱼贯肩随,行列整齐,岂专恃船坚炮利哉?"②

魏源还进一步提出了与外国展开正常的经贸活动的思想,并希望通过正常的经贸活动来阻止鸦片的邪恶贸易,内修武备,整饬吏制;外拒强敌,开放市场,从而做到威利并举。他认为,要禁止鸦片对中国人的毒害,必须是内禁与外禁并举。有些人认为"外禁"不可能。魏源认为外禁是可以实现的,而实现"外禁"的手段就是严修武备,同时与西方国家展

①《魏源集》下,第868页。
②《魏源集》下,第874页。

开正常的贸易,并对正常贸易的物品关税加以减裁,而对夹带的鸦片课以重税,这样就可以从根本上杜绝鸦片贸易。他说:

> 今与夷约,果鸦片不至,则尽裁一切浮费,举前此贡使所屡求,大班所屡控者,一旦如其意而豁除之,俾岁省数百万,夷必乐从者又一。彼国入口之货,莫大于湖丝、茶叶;出口之费,莫大于棉花、洋米、呢、羽。今中国既裁浮费,免米税,商本轻省,则彼国不妨于进口之茶、丝,出口之棉、米、呢、羽酌增其税,以补鸦片旧额。此外铅、硝、布等有益于中国之物,亦可多运多销,夷必乐从者又一。威足慑之,利足怀之,公则服之,有不食桑葚而革鸮音者乎? 水师之通贿不惩,商胥之浮索不革,战舰之武备不竞,而惟外夷操切是求,纵获所求,且不可久。矧乃河溃而鱼烂,鸟惊而兽骇,尚何暇议烟禁哉![1]

由上所引的文献可以看出,魏源提出的向西方学习的文化主张,其实并非停留在技术层面,而是已经广泛地注意到文化与制度的诸方面内容。其中还包含着非常具体的商贸往来的经济互惠思想,以及通过经贸活动而改革内部的税制与吏制的经济与政治改革思想。从哲学思想而言不够具有普遍性,但从政治改革的角度看,却是非常具体的,具有可行性。

魏源还在中外文化观方面提出了非常具有震撼性的观点,对于数千年的夷夏之大防的观念产生了强烈的冲击。他说:

> 夫蛮狄羌夷之名,专指残虐性情之民,未知王化者言之。故曰:先王之待夷狄,如禽兽然,以不治治之,非谓本国而外,凡有教化之国,皆谓之夷狄也。且天下之门有三矣,有禽门焉,有人门焉,有圣门焉。由于情欲者,入自禽门者也;由于礼义者,入自人门者也;由于独知者,入自圣门者也。诚知夫远客之中,有明礼行义,上通天象,下察地理,旁彻物情,贯串今古者,是瀛寰之奇士,域外之良友,

---

尚可称之曰夷狄乎?①

魏源要求人们破除陈腐的"夷夏"的观念,睁开眼睛看看中国以外的"教化"之国,认真虚心地学习他国的先进、合理的文化。他对美国的民主政治体制不仅有所介绍,而且持有极其肯定的态度,体现了魏源向西方学习主张的全面性。他说:

> 呜呼!弥利坚国非有雄材枭杰之王也,涣散二十七部落,涣散数十万黔首,愤于无道之虎狼英吉利,同仇一倡,不约成城,坚壁清野,绝其饷道,(遂)[逐]走强敌,尽复故疆,可不谓武乎!……二十七部酋分东西二路,而公举一大酋总摄之,匪惟不世及,且不四载即受代,一变古今官家之局,而人心翕然,可不谓公乎!议事听讼,选官举贤,皆自下始,众可可之,众否否之,众好好之,众恶恶之,三占从二,舍独徇同,即在下预议之人亦先由公举,可不谓周乎!②

上述文献对于美国的民主政治介绍虽然简略,对于民主决策程序的介绍亦有想象之词。但基本内容及其精神是准确的。特别是其中所讲到的不世及、不四载而换届的方法,魏源称之为"一变古今官家之局",实乃睿见卓识!他从中国传统政治哲学"崇公"的思想传统出发,将其"大公"的政治思想,非常巧妙地与西方现代民主政治的精神对接,亦是创见。魏源肯定西方民主政治自下选贤的任官制度,认为这是周密的选拔人才的制度,予以肯定与歌颂,亦体现了他的开放精神与敏锐的洞察力。其表述的语言亦是中国化的,且与中国古代理想的选贤任能思想具体有高度的吻合之处,因而亦很容易被中国人所接受。

魏源是一个非常重视社会实际情况的思想家,他的经世思想与他重视实践知识的哲学思想有高度的内在关联。他所受的教育使得他一时无法摆脱儒家纲常伦理思想的束缚,不可能从根本上意识到中国在近代

① 魏源:《海国图志》卷七六,《魏源全集》第 7 册,第 1866 页。
② 魏源:《海国图志》卷五九,《魏源全集》第 6 册,第 1585 页。

社会的被动、挨打,是因为经济、政治、文化的全面落后所导致的。但他能从实际的社会情况分析出发,提出一些比较可行的政治、经济、外交的主张。其所编的《海国图志》一书,不断地扩大内容,对于当时中国知识界全面了解西方的经济、政治、文化,具有非常重要的引导意义。只是非常遗憾的是,腐朽的清王朝政府无法接纳他的一些相当正确可行的对策与建议。而满汉联合的地主阶级政权按照专制政治的固有逻辑,既拒绝从内部展开真正的自改革,又不能积极主动地向西方学习先进的现代工商业文明,最终一步一步地走向灭亡,同时也将中华民族拖进了灾难深重的历史深渊,使得中华民族在近代的一百五十年里饱受外敌的蹂躏与欺侮。这一沉痛而又血腥的教训,应当永远为中华民族的儿女所牢记,绝对不能让它再次重演!

# 主要参考文献

## 一、基本典籍

[1] 班固. 汉书[M]. 颜师古,注. 北京:中华书局,1961.

[2] 陈寿. 三国志[M]. 裴松之,注. 北京:中华书局,1982.

[3] 陈确. 陈确集[M]. 北京:中华书局,1979.

[4] 崔述. 崔东壁遗书[M]. 顾颉刚,编订. 上海:上海古籍书店,1983.

[5] 戴震. 戴震全书[M]. 张岱年,主编. 合肥:黄山书社,2010.

[6] 邓牧. 伯牙琴[M]. 张岂之、刘厚祜,标点. 北京:中华书局,1959.

[7] 段玉裁. 经韵楼集[M]. 钟敬华,校点. 上海:上海古籍出版社,2008.

[8] 段玉裁. 说文解字注[M]. 上海:上海古籍出版社,1981.

[9] 房玄龄等. 晋书[M]. 北京:中华书局,1974.

[10] 方以智. 东西均注释[M]. 庞朴,注释. 北京:中华书局,2001.

[11] 方以智. 方以智全书[M]. 侯外庐,主编. 上海:上海古籍出版社,1988.

[12] 方以智. 浮山文集前编[M]//续修四库全书:第1398册. 上海:

上海古籍出版社,2002.

[13] 方以智.物理小识[M].上海:商务印书馆,1937.

[14] 方以智.方以智全书[M].合肥:黄山书社,2019.

[15] 方以智.药地炮庄[M].张永义、邢益海,校点.北京:华夏出版社,2011.

[16] 方以智.一贯问答[M]//庞朴,注释.儒林:第一辑.济南:山东大学出版社,2005.

[17] 冯从吾.关学编(附续编)[M].陈俊民、徐兴海,点校.北京:中华书局,1987.

[18] 傅山.傅山全书[M].尹协理,主编.太原:山西人民出版社,1991.

[19] 龚自珍.龚自珍全集[M].王佩诤,校.上海:上海古籍出版社,1975.

[20] 顾炎武.顾亭林诗文集[M].北京:中华书局,1959.

[21] 顾炎武.日知录集释[M].长沙:岳麓书社,1994.

[22] 洪亮吉.洪亮吉集[M].北京:中华书局,2001.

[23] 海德格尔.存在与时间[M].陈嘉映、王庆节,译.北京:三联书店,1987.

[24] 焦循.焦循诗文集[M].刘建臻,点校.扬州:广陵书社,2009.

[25] 焦循.易学三书[M].李一忻,点校.北京:九州出版社,2003.

[26] 李斗.扬州画舫录[M].北京:中华书局,2001.

[27] 李塨.李塨文集[M].邓子平、陈山榜,点校.石家庄:河北人民出版社,2011.

[28] 黎靖德编.朱子语类[M].王星贤,点校.北京:中华书局,1994.

[29] 李颙.与当事论出处[M].二曲集.陈俊民,点校.陈俊民,注解.北京:中华书局,1996.

[30] 李贽.李贽文集[M].北京:中国社会科学文献出版社,2000.

[31] 凌廷堪.校礼堂文集[M].王文锦,校.北京:中华书局,2006.

［32］刘向辑录.战国策［M］.上海：上海古籍出版社,1998.

［33］陆九渊.陆九渊集［M］.钟哲,点校.北京：中华书局,2008.

［34］黄震.黄氏日钞［M］.四库全书本.

［35］黄宗羲.黄宗羲全集［M］.杭州：浙江古籍出版社,2005.

［36］黄宗羲.明儒学案［M］.沈芝盈,点校.北京：中华书局,2008.

［37］黄宗羲、全祖望.宋元学案［M］.北京：中华书局,1986.

［38］马克思、恩格斯.马克思恩格斯选集［M］.北京：人民出版社,1995.

［39］钱谦益.钱牧斋全集［M］.上海：上海古籍出版社,2003.

［40］阮元.研经室集［M］.北京：中华书局,1993.

［41］阮元等.畴人传汇编［M］.彭卫国、王原华,点校.扬州：广陵书社,2009.

［42］唐鉴.唐鉴集［M］.长沙：岳麓书社,2010.

［43］唐甄.潜书［M］.北京：中华书局,1955.

［44］黄晖.论衡校释［M］.北京：中华书局,1999.

［45］王夫之.船山全书［M］.长沙：岳麓书社,2011.

［46］王弘撰.砥斋集［M］.上海：上海古籍出版社,2002.

［47］王念孙.王石臞先生遗文［M］//续修四库全书：第 1466 册.上海：上海古籍出版社,2002.

［48］王守仁.王阳明全集［M］.吴光等,编校.上海：上海古籍出版社,1992.

［49］王引之.王文简公文集［M］//续修四库全书：第 1490 册.上海：上海古籍出版社,2002.

［50］全祖望.全祖望集汇校集注［M］.朱铸禹,汇校集注.上海：上海古籍出版社,2000.

［51］魏源.魏源集［M］.中华书局编辑部,编.北京：中华书局,2009.

［52］魏源.魏源全集［M］.长沙：岳麓书社,2004.

［53］颜元.颜元集［M］.王星贤等,点校.北京：中华书局,1987.

[54] 李塨. 颜元年谱[M]. 王源订,陈祖武,点校. 北京:中华书局,1992.

[55] 袁枚. 小仓山房诗文集[M]. 上海:上海古籍出版社,1988.

[56] 袁枚. 袁枚全集[M]. 南京:江苏古籍出版社,1993.

[57] 张栻. 南轩集[M]. 四库全书本.

[58] 章学诚. 文史通义新编新注[M]. 仓修良,编注. 杭州:浙江古籍出版社,2005.

[59] 朱熹. 朱子文集[M]. 陈俊民,校订. 台北:德富文教基金会,2000.

## 二、相关研究类著作

[1] 蔡元培. 中国伦理学史[M]. 北京:商务印书馆,1910.

[2] 仓修良,叶建华. 章学诚评传[M]. 南京:南京大学出版社,2007.

[3] 陈居渊. 焦循阮元评传[M]. 南京:南京大学出版社,2006.

[4] 陈来. 诠释与重建[M]. 北京:北京大学出版社,2004.

[5] 陈铭. 龚自珍评传[M]. 南京:南京大学出版社,1998.

[6] 陈其泰,刘兰肖. 魏源评传[M]. 南京:南京大学出版社,2005.

[7] 陈祖武主编. 明清浙东学术文化研究[M]. 北京:中国社会科学出版社,2004.

[8] 戴逸主编. 简明清史[M]. 北京:人民出版社,1984.

[9] 丁为祥. 虚气相即:张载哲学体系及其定位[M]. 北京:人民出版社,2000.

[10] 樊克政. 龚自珍年谱考略[M]. 北京:商务印书馆,2004.

[11] 冯天瑜. "封建"考论[M]. 武汉:武汉大学出版社,2007.

[12] 葛荣晋主编. 中国实学思想史[M]. 北京:首都师范大学出版社,1994.

[13] 龚鹏程. 中国文人阶层史论[M]. 兰州:兰州大学出版社,2004.

[14] 辜鸿铭. 中国人的精神[M]. 黄兴涛,宋小庆,译. 海口:海南出

版社,1996.

[15] 顾颉刚. 古史辨自序[M]. 石家庄:河北教育出版社,2000.

[16] 何炳松. 浙东学派溯源[M]. 桂林:广西师范大学出版社,2004.

[17] 洪堡特. 洪堡特语言哲学文集[M]. 姚小平,主编并译注. 长沙:湖南教育出版社,2001.

[18] 洪湛侯. 徽派朴学[M]. 合肥:安徽人民出版社,2005.

[19] 侯外庐. 中国思想通史[M]. 北京:人民出版社,1956.

[20] 胡适. 胡适学术论文集[M]. 北京:中华书局,1991.

[21] 蒋国保. 方以智与明清哲学[M]. 合肥:黄山书社,2009.

[22] 蒋国保. 方以智哲学思想研究[M]. 合肥:安徽人民出版社,1987.

[23] 蒋维乔. 近三百年中国哲学史[M]. 上海:中华书局,1936.

[24] 赖贵三. 台海两岸焦循文献考察与学术研究[M]. 台北:文津出版社,2008.

[25] 李开. 戴震评传[M]. 南京:南京大学出版社,2001.

[26] 李明友. 一本万殊——黄宗羲的哲学与哲学史观[M]. 北京:人民出版社,1994.

[27] 梁启超. 清代学术概论[M]. 上海:上海古籍出版社,2005.

[28] 梁启超. 中国近三百年学术史[M]. 北京:中国书店,1986。

[29] 刘建臻. 焦循著述新证[M]. 北京:社会科学文献出版社,2005.

[30] 刘师培. 清儒得失论——刘师培论学杂稿[M]. 北京:中国人民大学出版社,2004.

[31] 刘述先. 黄宗羲心学的定位[M]. 杭州:浙江古籍出版社,2006.

[32] 路新生. 中国近三百年疑古思潮研究[M]. 上海:上海人民出版社,2001.

[33] 罗炽. 方以智评传[M]. 南京:南京大学出版社,2006.

[34] 吕思勉. 吕思勉论学丛稿[M]. 上海:上海古籍出版社,2006.

[35] 梅尔清. 清初扬州文化[M]. 朱修春,译. 上海:复旦大学出版

社,2004.

［36］潘用微.潘子求仁录辑要［M］.钟哲,点校.北京:中华书局,2009.

［37］钱穆.中国近三百年学术史［M］.北京:商务印书馆,1997.

［38］钱钟书.谈艺录［M］.北京:生活·读书·新知三联书店,2001.

［39］山口久和.章学诚的知识论——以考证学批判为中心［M］.王标,译.上海:上海古籍出版社,2006.

［40］王纪录.中国史学思想通史(清代卷).合肥:黄山书社,2002.

［41］王茂,蒋国保等.清代哲学［M］.合肥:安徽人民出版社,1992.

［42］王瑞昌.陈确评传［M］.南京:南京大学出版社,2002.

［43］魏宗禹.傅山评传［M］.南京:南京大学出版社,2011.

［44］吴根友.戴震、乾嘉学术与中国文化［M］.福州:福建教育出版社,2015.

［45］吴根友.中国现代价值观的初生历程——从李贽到戴震［M］.武汉:武汉大学出版社,2004.

［46］索绪尔.普通语言学教程［M］.高名凯,译.北京:商务印书馆,1980.

［47］夏征农,陈至立主编.辞海(第六版彩图本).上海:上海辞书出版社,1979.

［48］萧萐父.吹沙集［M］.成都:巴蜀书社,1991.

［49］萧萐父,许苏民.明清启蒙学术流变［M］.沈阳:辽宁教育出版社,1995.

［50］萧萐父,许苏民.王夫之评传［M］.南京:南京大学出版社,2002.

［51］熊十力.熊十力全集［M］.武汉:湖北人民出版社,2001.

［52］许苏民.顾炎武评传［M］.南京:南京大学出版社,2006.

［53］许苏民.李贽评传［M］.南京:南京大学出版社,2006.

［54］余英时.方以智晚节考［M］.北京:三联书店,2004.

[55] 余英时. 论戴震与章学诚——清代中期学术思想史研究[M]. 台北:东大图书股份有限公司,1996.

[56] 余英时. 朱熹的历史世界[M]. 北京:三联书店,2004.

[57] 余英时等. 中国哲学思想论集·清代篇[M]. 台北:水牛出版社,1988.

[58] 张岱年. 张岱年文集[M]. 北京:清华大学出版社,1989.

[59] 张其昀. "说文学"源流考略[M]. 贵阳:贵州人民出版社,1998.

[60] 张师伟. 民本的极限——黄宗羲政治思想新论[M]. 北京:中国人民大学出版社,2004.

[61] 张舜徽. 清代扬州学记[M]. 扬州:广陵书社,2004.

[62] 章太炎、刘师培. 中国近三百年学术史论[M]. 上海:上海古籍出版社,2006.

[63] 章太炎. 章太炎学术论著[M]. 刘凌,孔繁荣,编校. 杭州:浙江人民出版社,1998.

[64] 章太炎. 章太炎学术史论集[M]. 溥杰,编校. 北京:中国社会科学出版社,1997.

[65] 张学智. 明代哲学史[M]. 北京:北京大学出版社,2000.

[66] 赵昌智主编. 扬州学派人物评传[M]. 扬州:广陵书社,2007.

[67] 赵俪生. 顾亭林与王山史[M]. 济南:齐鲁书社,1986.

[68] 郑宗义. 明清儒学转型探析——从刘蕺山到戴东原[M]. 香港:香港中文大学出版社,2009.

[69] 支伟成. 清代朴学大师列传[M]. 上海:泰东图书局,1926.

[70] 朱义禄. 颜元李塨评传[M]. 南京:南京大学出版社,2006.

三、相关研究类论文

[1] 东方杂志,21(3).

[2] 彭国翔. 公议社会的建构:黄宗羲民主思想的真正精华[J]. 求是学刊,2006(4).

［3］吴根友.从来前贤畏后生——重评章学诚对戴震的批评［J］.安徽大学学报,2008(2).

［4］吴根友.段玉裁的"求是"精神与其语言哲学思想［J］.华东师范大学学报,2009(2).

［5］吴根友.乾嘉时代的"道论"思想及其哲学的形上学追求［J］.儒教文化研究(国际版):第九辑.崔英辰,主编.首尔:成均馆大学,2008.

［6］吴根友.试论戴震的语言哲学思想［J］.中国哲学史,2009(1).

［7］吴根友.试论阮元哲学思考的语言学路径及其得失［J］.哲学研究,2008(9).

［8］吴根友.唐君毅的"明清思想研究"述评［J］.中国哲学与文化:第七辑.刘笑敢,主编.桂林:广西师范大学出版社,2010.

［9］吴根友.言、心、道——戴震语言哲学的形上学追求及其理论的开放性［J］.哲学研究,2004(11).

［10］杨晋龙.《代扬州学术》导言［J］.(台北)"中央研究院"中国文哲研究所,编.中国文哲研究通讯,15(1).

［11］张立文.戴震［J］.清史研究,2010(3).

［12］周辅成.戴震的哲学［J］.哲学研究,1956(3).

# 后 记

本卷的主要内容是由我一人撰写的,其中第四章第一节的初稿由孙邦金教授执笔,由我修改润色完成。

虽然本书主要由一人执笔完成,但并非一气呵成,很多章节的内容是由以往发表的专业论文修改、加工而成,因而可能存在着学术性有余而可读性不足的缺点。另外,由于是学术性的著作,不像专门为教学而写的哲学史教材,故而有些常识性的观点并未在书中出现。

本书是我二十余年明清哲学研究成果的一次比较集中的展现,其中有些章节与本人已经出版的相关著作有所重合,特此说明。

另外,随着研究的深入,虽对有些论述已经很不满意,但本书已来不及修改了,有些新的论述也无法再重新加入,只能在未来的作品里集中表达了。

伴随着近四十年中国社会的发展,明清哲学研究也遇到了新的挑战与机遇。近百年前辈大师们的研究范式与进路已然成为某种典范,但新的研究范式或进路似乎还未形成。本书可能是处在旧范式向新范式过渡的产物,它一面世可能就会成为历史。但是,作为对百年来明清哲学研究的一个总结性成果,它本身就是通过对历史的总结而面向着未来的。我希望它能成为后来者继续研究明清哲学研究的一块比较稳当的垫脚石,让后来者稳稳地踩着它继续前进。若能如此,则吾心甚慰。

　　是为记。

2021 年 2 月 20 日晚